금강경 법문

한 탑 법문
여 여 엮음

문사수

● 머리말

종교의 목적은 절대무한絶對無限을 실현하려는 것입니다.

모든 인간적인 고뇌는 결코 상대유한의 세계에서 해결될 수 없기 때문입니다.

그렇다고 해서 절대무한의 세계를 우리의 현실 밖에서 구한다면 그런 시도 자체가 곧 상대유한이 되어버리니 어찌 자기모순이라 이르지 않을 수 있겠습니까?

절대무한은 본래의 속성상 자기 이외의 타자他者를 용납하지 않습니다. 본래부터 일체의 시공時空에 두루하여 있기 때문입니다.

그렇다면 어떻게 하여야 절대무한의 실현이 가능하겠습니까?

석가모니부처님께서 설하신 팔만사천법문은 모두가 반야般若, 한 마디로 귀결된다고 할 수 있습니다.
따라서 절대무한을 실현할 유일한 선택이라면 반야 이외에는 아무 것도 없습니다.

한편, 대중 신앙의 입장에서는 상대유한의 세계를 사바세계娑婆世界라 부르고, 절대무한의 세계를 극락정토極樂淨土라고 이름합니다.
그리하여 극락정토는 사바세계에서 서쪽으로 십만억 국토를 지난 곳에 있고, 그곳의 교주는 아미타불阿彌陀佛이신데, 지금도 설법하고 계신다고 합니다.

그리고 정토에 가서 난다는 왕생往生의 방법은 오직 나무아미타불南無阿彌陀佛이라는 육자염불六字念佛만 있을 뿐이라고 일러집니다.

여기에서 우리에게는 어쩔 수 없는 의문이 생깁니다.

절대무한의 실현 방법인 반야와 정토법문에서 가르치시는 염불에 의한 왕생법往生法이 다른 것인가? 아니면 같은 것인가? 하는 것입니다.
물론 이 문제에 대해서는 여러 각도에서 논의가 가능할 것입니다.

그러나 이 두 가지의 법문을 우리에게 내려주신 주인공이 석가모니부처님 한 분이라는 사실에 착안한다면, 이 둘이 결코 다를 수가 없습니다.
그리하여 본인은 두 법문이 하나일 수밖에 없다는 신앙을 전개하였습니다.

반야의 법문과 정토신앙은 마치 한 동전의 앞뒷면과 같습니다.

반야법문般若法門에서 말씀하신 바라밀波羅蜜이 곧 극락이 아닐 수 없고, 반야의 신앙이 나무아미타불 육자염불과 다를 수 없습니다.

우리의 현실이 절대무한의 세계 밖에 있는 것이 아닐진대, 어찌 부처님의 자비광명이 우리의 일상을 비추어 주시지 않겠습니까?

금강경은 석가모니부처님의 귀하신 반야법문의 핵심으로서, 우리나라 불교계에서는 예로부터 이 경을 열반증득涅槃證得의 지침으로 여겨왔습니다.

그래서 문사수법회聞思修法會에서 법우들과 함께 참된 신앙을 배우고 익히는 과정에서 자연스레 금강경 법문을 모시게 되었고, 그 결과를 담게 되었습니다.
그러다보니 경문 전체에 대한 개념적인 설명보다는 핵심 법문을 부각시키며 법회의 현장감을 살리는 방향으로 서술되었습니다.

그리하여 나의 참생명이 부처님생명임을 밝혀주시는 금강경 법문에 감사드리며, 모든 분들에게 부처님의 가르침을 향한 뜨거운 신앙을 고취하고 싶었을 뿐입니다.

사실, 이처럼 법문 내용이 번듯한 모습을 갖춰서 세상에 출간되기까지는 문사수법회의 법사들과 많은 법우들의 노고가 매우 컸습니다.
이 기회에 새삼 감사의 뜻을 표합니다.

끝으로 오늘의 발간을 계기로 우리나라의 불교가 석가세존의 본뜻으로 돌아가서, 이 나라가 본래부터 불국토임이 증명되기를 기원하는 바입니다.

나무아미타불.

한 탑 합장

● **엮은이의 말**

오직 감사와 찬탄뿐입니다

누구든 자신의 존재에 대한, 소박하지만 도저히 참지 못할 물음이 있습니다.
"세상에 태어난 이유와 이루어야 할 성취는 과연 무엇인가?"
그리고,
"앞의 물음들에 답할 만한 수행修行은 어떻게 하는 것일까?" 등을 떠올리면서 말입니다.

분명히 '나'를 중심으로 휘도는 삶을 떠올려본다는 것만으로도 비길 데 없는 즐거움입니다. 그러나 이 또한 알음알이의 장난임이 밝혀지는 것은 시간 문제입니다.

처음이 잘못되면 끝도 어긋나는 것은 당연합니다.
뭘 알고 있다고 생각하니, 겉으로는 겸손을 가장합니다. 내면에서는 남이 모르는 답이라도 알고 있는 양 공연히 우쭐대지만, 실지로는 문자에 구속되고 형식의 틀에 매여 있는데 불과합니다.

그러다보니 꿈과 같고 거품과 같은 현실을 진실인 줄로 알고, 미신迷信을 정신正信으로 사법邪法을 정법正法으로 착각하는 사람들이 어찌 하나 둘이겠습니까?

하지만 금강경 법문에는 이런 물음마저 하찮게 만들 엄청난 위신력威神力이 담겨 있습니다. 온갖 모순과 갈등에 중독中毒된 삶을 일거에 청정케 할 만큼 말입니다.

그것은 바로 '나의 참생명, 부처님생명'이란 통쾌한 법문일지니 생명을 살리는 가르침의 흐름을 멈춘 적이 없습니다.
시간과 공간에 소유되지도, 소유될 수도 없는 자연스러운 흐름을 이어왔습니다. 다만 눈이 있어도 보지 못하고 귀가 있어도 듣지 못하는 사람들만 스스로 외면할 뿐입니다.

그런데 법문을 들으며 새삼 부처님생명으로 태어나는 복福 많은 사람들이 있습니다.
바로 문사수법회의 법우들입니다.

이들은 자신의 삶은 과거의 지나간 사건이 아니요, 앞으로 다가올 막연한 꿈도 아니라는 엄연한 현실을 직시합니다. '나무아미타불南無阿彌陀佛'의 염불에 의지해서 살아갑니다.
언제 어느 곳에서나 가없는 자비광명으로 다가오는 부처님생명을 자신의 참생명으로 펼칩니다.

말 그대로 허망한 구석이라고는 티끌만큼도 찾을 수 없는 완전한 성취가 항상 기다리고 있음을 믿은 당연한 결과라고 할 수 있습니다.

그러면 이런 믿음은 어떻게 확립되었는가?

한탑 회주님의 법문을 들으며 막힌 것은 뚫리고 꼬인 것은 풀려왔습니다. 이렇게 법문을 들으며 보낸 세월의 무게와 쌓은 정성의 높이가 더해질수록 삶은 충만한 감사와 빛나는 찬탄으로 가득하게 되었습니다.

어찌 몇 마디의 말이나 글로써, 중생생명이 아닌 부처님생명으로 살 길을 열어주신 은혜에 값하겠습니까?

그러나 눈은 자신을 보지 못하고, 다른 것을 봄으로써 봄이 성립됩니다. 이와 같은 직접적인 긴장관계가 삶의 내용이기에, 법문이 보다 많은 눈과 귀에 다가가야 합니다.
그래서 만나는 인연마다 전하여, 보고 듣기를 그만두려고 해도 그만둘 수 없게 하여야 합니다.
이것이야말로 금강경의 가르침에 제대로 값하는 도리일 것입니다.

물론 어제의 발자취가 내일의 길을 보증하는 것은 아닙니다. 생명의 흐름에는 오직 지금만이 있을 뿐입니다.
갈 것은 가서 낡게 하고, 올 것은 와서 새롭게 하면 그만입니다. 그래서 옛 것과 새 것이 무한히 얽혀 무한한 흐름을 이어가면 또한 그만입니다.

그렇습니다.

억지로 하고자 함이 아닙니다.

하지 않으면 안 되는 생명의 요구가 전법傳法이기 때문입니다.

그래서 법사와 법우들이 혹은 원고를 모으고, 혹은 교정을 보며 환희에 젖었습니다.

더구나 만만치 않은 출판비를 위해 너나없이 동참하는 아낌없는 공양이 지금도 진행 중입니다.

그러니 이미 동참하였거나 앞으로 동참할 인연들에게 어찌 감사와 찬탄의 박수를 보내지 않을 수 있겠습니까?

이제 『금강경 법문』을 공양하니, 모쪼록 눈 밝은 분들의 눈에 띄어 부처님생명을 길이 누리소서.

그리하여 법문 듣는 사람의 하는 일마다 부처님 일이 되고, 하는 말마다 부처님 말씀으로 넘실대기를 두 손 모아 축원합니다.

나무아미타불.

여여 합장

일러두기

1. 이 책은 철학적인 연구나 분석을 위한 의도를 고려하지 않습니다.

2. 금강경의 법문을 듣고, 어떻게 실천할 것인가에 초점을 맞추었습니다.

3. 차례와 구분은 경전에서 법문하시는 순서를 그대로 따르고 있습니다.

4. 법문 내용을 강조하기 위해서,
   몇 가지의 용어를 기존의 띄어쓰기에 상관치 않고 붙여서 썼습니다.
   예를 들자면, '참생명' 이나 '절대무한' 또는 '부처님생명' 등등이 되겠습니다.

5. 크게 7가지 주제로 분류하였고,
   각 소제목은 말씀의 의미가 드러나도록 임의로 붙였습니다.

6. 중간에는 〈오늘, 부처님생명을 산다〉는 항목을 삽입하였습니다.
   삶에 적용할 12가지의 지침이니, 적극적으로 활용하기 바랍니다.

7. 무엇보다 금강경 자체가 완전한 법문이라는 것을 잊지 맙시다.
   따라서 본서의 풀이 법문을 보기에 앞서,
   항상 앞에 나오는 경전의 말씀부터 읽고 외우기를 권합니다.

8. 오늘의 인연으로 '나의 참생명 부처님생명'으로 살면서,
   무한한 가피加被를 한껏 누리시기 바랍니다.

차례

머리말
엮은이의 말
일러두기

제 1 장   절대 안심의 세계 　　　　　　　　　019

중생이란 착각을 넘어서 ·················· 021
부처님의 참된 이름 - 아미타 ·················· 025
성불成佛의 주체 ·················· 028
부처가 부처 되는 길 ·················· 032
참된 자기실현 - 나무南無 ·················· 035
불법佛法을 배운다는 것 ·················· 041
본래 없는 번뇌망상 ·················· 047
금강경으로 만나는 불교 ·················· 050

　　🍀 오늘, 부처님생명으로 산다 ❶ 　　054

제 2 장 허상을 넘어 실상으로　　057

듣는가, 법문을 　　058
기수급고독원의 정신 　　062
하심下心 하시는 부처님 　　068
일상 속의 진리 　　073
나와 너는 한생명 - 합장合掌 　　076
행복을 책임진다 　　081
부처님의 부르심 　　087
깨달음, 어떻게 간직할까 　　091
꿈을 깨우는 소리 　　095

❀ 오늘, 부처님생명으로 산다 ❷　　099

대립을 넘어서 　　104
마음을 항복받는다 　　110
바꿔야 할 너는 없다 　　114
사라지는 아상我相 　　117
흔들리지 않는 마음 　　120
공포로부터 해방 - 보시 　　124
행복의 심부름꾼 　　129

❀ 오늘, 부처님생명으로 산다 ❸　　133

제 3 장 진리 앞에 정직하라　　137

결론이 없는 인생 　　138
겉모양에 속지 않는다 　　142

끝없는 베풂 · 147
거울에 비친 모습을 바꾸려면 · 149
참다운 믿음 · 152
신령스러운 마음 · 156
믿음으로 산다 · 159

❀ 오늘, 부처님생명으로 산다 ❹ · 162

절대자유의 주체 · 166
즉비即非의 논리 · 172
전법傳法의 복덕 · 178
수행을 점검하라 · 184
성불은 본전치기 · 188
다툼이 없는 사람 · 192
머무는 바 없는 마음 · 196
복 받기를 원한다면 · 204

❀ 오늘, 부처님생명으로 산다 ❺ · 207

뛰어난 복덕福德 · 212
희유한 성취 · 216
오직 1인칭一人稱 · 220
반야의 광명 · 225
실체가 없는 세계 · 228
자신을 비추어 본다 · 231
입장을 바꾼다 · 235
법문法門 들을 뿐 · 238

❀ 오늘, 부처님생명으로 산다 ❻ · 242

제 4 장 업장을 소멸한다   247

　　수보리존자의 눈물 ································· 248
　　의심 없는 받아들임 ······························· 251
　　지금, 법문이 들리는가 ··························· 254
　　참음이 없는 인욕 ································· 258
　　나의 참생명 부처님생명 ························· 266
　　발견하는 행복 ····································· 272
　　❀ 오늘, 부처님생명으로 산다 ❼ ············· 277
　　무한가치를 드러낸다 ····························· 282
　　온 우주로부터 받는 공양 ······················· 288
　　능력의 자각 ·· 291
　　인생은 단막극이 아니다 ························· 294
　　말법시대의 경전 ··································· 302
　　지옥地獄은 있는가 ································ 306
　　❀ 오늘, 부처님생명으로 산다 ❽ ············· 310

제 5 장 응답하는 부처님   313

　　제도할 중생은 없다 ································ 314
　　성불成佛을 믿는다 ································· 320
　　내가 바뀌면 세상이 바뀐다 ······················ 324
　　부처님의 눈 ·· 330
　　마음은 있는가 ····································· 334

오늘, 부처님생명으로 산다 ⑨	337
복福은 닦는 것	342
부처님의 몸	348
운명전환의 원리	354
누가 설법하는가	358
마음 쓰는 법	362
이름이 중생일 뿐	365
법문法門에 응답하라	368
오늘, 부처님생명으로 산다 ⑩	370

제 6 장 호념 속의 삶   375

얻음이 없는 깨달음	376
나는 착하게 살 수 있나	380
누구나 전법傳法 할 수 있다	384
도대체 범부가 있나	392
겉모습에 속지 말라	396
오늘, 부처님생명으로 산다 ⑪	401
운명은 바뀐다	404
행복을 누린다	410
항상 계신 부처님	414
세계는 참으로 있는가	418
진리 또한 이름인 것을	422
오늘, 부처님생명으로 산다 ⑫	425

7가지 보배 ·· 428
위대한 보살심菩薩心 ··· 449
법문 그대로 살 뿐 ·· 454
생명의 약동 ·· 458

제 7 장 회향   463

불난 집에서 가장 급한 일 ··· 465
가시밭을 꽃밭으로 바꾸려면 ····································· 470
기도란 무엇인가 ··· 473
문사수聞思修로 회향하며 ··· 478

제1장 절대 안심의 세계

부처님은 절대무한입니다.

참으로 부처님생명밖에 없습니다.

본래부터 부처님생명이기에

부처가 되어야 할 중생은 따로 없습니다.

중생이란 착각을 넘어서

우리는 현재 대립 세계 속에서 끊임없이 생존경쟁을 전개하며 살고 있습니다. 그뿐만 아니라 내가 사는 일상생활 모두가 완전히 적에 의해서 포위된 상태로 알고 지냅니다. 자연과 대립하고, 국가와 대립하고, 사회와 대립된 세상을 산다고 할 때 마음이 편안할 수가 없습니다.
공포심 속에서 불안한 마음으로 살아가고 있는 것이 우리들의 현실입니다. 그러면서도 마음속에는 자유롭고 두려움 없이 안심하고 살았으면 좋겠다는 바람도 가지고 있습니다.

그러나 분명한 것은 그러한 바람은 대립이 없어진 상태가 아니면 이루어지지 않는다는 것입니다. 어떤 의미에서든 대립이 있으면 거기에는 끊임없이 갈등이 있게 마련이고, 결과적으로 공포에서 벗어나지 못하는 인생을 살 수밖에 없습니다.

이는 우리가 상대유한의 세계에서 살기 때문입니다.
상대相對란 남과 대립해서 살고 있다는 말이며, 유한有限이란 말 그대로 언젠가 죽을 수밖에 없는 인생을 산다는 것을 의미합니다.
따라서 상대유한의 세계 속에서는 불안과 공포가 인간생활 전부를 지배한다고 해도 과언이 아닙니다.

이러한 불안과 공포에서 해방되려고 하니, '내 힘만으로는 처리할 수가 없구나.' 하는 생각을 하게 됩니다. 몸에 병이 났을 때에도 내 힘으로 고치려고 하지만 고칠 수가 없습니다. 또 내 힘으로 남들과의 대립 속에서도 패배자로 떨어지지 않고 승리자로 남으려고 하지만 잘 되지 않습니다.
만약 모든 문제가 해결된다고 해도, 언젠가 오는 죽음의 문제는 내 힘으로 해결할 수가 없습니다.

이런 생각을 하게 될 때 인간은 자기의 한계를 자각하게 되고, '무엇에 의지해야겠구나.' 하면서 의지처를 찾으려고 합니다. 때로는 부정하려는 마음도 없지는 않겠지만, 인생은 괴로움 그 자체라서 괴로움에서 벗어나려고 합니다. 그래서 돈이 있으면 좋겠다, 세력이 있으면 좋겠다, 혹은 자손이 있으면 좋겠다고 하며 여러 가지를 구하는 것입니다.

하지만 결국에는 그런 것 역시 내 괴로움을 해결하지 못한다는 것을 알게 되고, 마침내 궁극窮極의 의지처를 찾아갑니다. 궁극의 의지처는 내 괴로움의 문제를 반드시 해결해주리라고 기대하는 것입니다.

그런데 괴로움이라는 것은 내가 상대유한을 살고 있어서 나타나는 것입니다. 따라서 궁극의 의지처는 상대유한이 아니어야 합니다. 상대유한의 세계에 머물러 있는 한, 상대유한의 세계에서 벌어진 괴로움을 해결할 수 없습니다.
그러므로 궁극의 의지처를 찾아간다는 것은 상대유한이 아닌 것을 찾아간다는 말과 같습니다.

그렇다면 상대유한 아닌 것이 무엇이겠습니까?
그것은 절대무한絶對無限입니다. 우리의 궁극의 의지처는 절대무한밖에 있을 수 없습니다. 이렇게 '궁극의 의지처를 찾아가는 것', 다시 말하면 '절대무한을 찾아가는 것'을 종교宗敎라고 말할 수 있습니다.

이처럼 종교를 믿는 마음은 인간이 자기의 유한성을 자각했을 때 일어납니다. 죽을 수밖에 없는 존재라는 유한성을 자각해야, 비로소 종교로 들어갈 수 있는 것입니다. 유한성에 대한 자각이 없을 때는 아무리 종교를 믿으려고 해도 믿을 수 없습니다.

자신의 유한성을 자각할 때 비로소 무한을 찾으려는 마음이 생깁니다. 상대유한에 남아있는 한, 영원히 자유를 얻을 수 없다는 것을 알기 때문에 상대유한을 떠나서 절대무한을 찾아가고자 하는 마음이 일어나는 것이지요.

이렇게 종교는 절대무한을 실현하게 하는 것을 목적으로 합니다.
모든 종교는 신자들에게 반드시 구원을 약속합니다. 괴로움에 빠져 허덕이고 있는 사람에게 종교를 믿으면 괴로움에서 벗어날 수 있다고 말합니다. 그러면서 우리가 사는 세상은 괴로운 세계이므로 다른 세계로 옮겨주겠다는 구원을 말합니다.

그러나 부처님이 말씀하시는 구원은 그 뜻이 확연히 다릅니다.
우리가 부처님께 의지하는 이유는 부처님은 궁극의 의지처, 즉 절대무한이기 때문입니다. 절대무한이란 대립이 끊어지고 상대가 끊어진 것을 말합니다. 따라서 부처님이라는 분이 절대무한을 찾아가는 나와 별도로 떨어져 계신다고 생각한다면, 나와 대립적으로 있는 존재라는 말이 됩니다.

이렇게 나와 떨어져 있다는 말은, 부처님은 상대적으로 있다는 말이 됩니다. 따라서 나와 상대적인 존재를 절대자로 생각하여, 그분에게 의지한다는 말은 논리상 성립되지 않습니다.

부처님의 참된 이름 - 아미타

어떤 사람들은 부처님을 신적인 존재나 우상처럼 생각하고 있지만, 부처님은 우리와 조금도 다르지 않습니다. 다만 내가 본래부터 부처님생명을 살고 있음을 깨치면 부처님이고, 그렇지 않으면 중생입니다.
우리가 '부처님!' 하고 말할 때 남을 향하는 게 아닙니다. 우리 모두의 참생명을 가리키는 것입니다.

부처님은 상대적인 존재로 계신 분이 아니라 절대무한을 실현하신 분이라고 앞서 말했습니다. 절대무한이란 대립적으로 있지 않다는 말이며, 이 말은 부처님과 나는 2인칭二人稱으로 존재하지 않는다는 말과 같습니다.
그래서 부처님과 나는 1인칭一人稱일 수밖에 없습니다. 나의 참생명이 부처님생명인 것입니다.

우리는 처음에 '상대유한인 내가 살고 있다.'고 생각했습니다. 그러면서 상대유한인 나는 중생이라고 생각하여, 중생인 내가 절대무한을 찾아가야겠다고 생각했습니다. 그렇지만 앞에서 말한 것을 잘 정리해보면, 본래부터 절대무한밖에 다른 것은 없었다는 것을 저절로 알 수 있습니다.

그러므로 부처님은 우리 밖에 따로 계실 수가 없습니다.

부처님은 절대무한입니다. 무형無形입니다. 무형이란 눈으로 볼 수 없다는 의미가 있을 뿐만 아니라, 어떤 제약도 받고 있지 않다는 말과도 같습니다.

어떤 의미로도 제약을 받지 않으니, 이름으로도 제약을 받지 않습니다. 어떤 이름이 붙여졌을 때는 그 이름 아닌 다른 것과 대립이 생깁니다. 그러나 부처님께서는 대립이 없으므로 이름이 없습니다.

그렇지만 당신 생명의 완성을 위해서는 중생을 제도해야 하므로 당신의 이름을 드러낼 수밖에 없습니다.

그래서 시간적으로 영원하신 분, 공간적으로 절대이신 분이라는 뜻인 '아미타阿彌陀, Amita'라고 스스로 이름 지으신 것입니다. 부처님에게는 원래 이름이 없지만, 억지로 중생을 제도하기 위해서 아미타라고 이름 붙인 것입니다.

시간적으로 영원하기에 아미타이며, 공간적으로 절대적이기에 아미타입니다. 시간적인 영원성[無量壽, Amitayus]과 공간적인 무한성[無量光, Amitabha]을 모두 가지고 있기에 무한생명인 것입니다.

아마 여러분 가운데에서도 아미타불阿彌陀佛이 여러 부처님 가운데 한 분이라고 해석하면서, 아미타불이 제일 좋으니 그분께 귀의한다고 생각하시는 분도 있을 것입니다.

그러나 아미타불은 여럿 중에서 하나가 아니라, 온 우주의 진실생명 그 자체입니다. 우주에 아미타 말고 다른 존재는 있을 수 없습니다. 다른 말로 하면 온 우주에 있는 모든 존재가 바로 아미타불이라는 말입니다.

이러한 아미타가 구체적인 모습으로 나타날 때, 석가모니불로도 나타나고, 경우에 따라서는 약사여래, 관세음보살, 지장보살로도 나타납니다.

그리고 불상佛像을 모시는 것을 보고 우상숭배라고 생각하는 사람도 있지만, 불상을 모시는 뜻을 안다면 그렇게 얘기할 수 없습니다.
할아버지의 사진을 예로 들어봅시다.
그것은 사진이니까 하나의 그림에 불과합니다. 그렇지만 그 사진을 볼 때 단순히 그림을 보는 것인가요? 할아버지를 보는 것인가요? 할아버지를 보는 것이죠. 얼른 보기에는 그림을 보고 있는 것같이 보이지만 실지로는 할아버지를 보는 것입니다.

마찬가지로 우리가 불상 · 부처님 사진 · 그림 등을 보는 것은 언뜻 보기에는 물체를 보고 있는 것처럼 보이지만, 실지로는 부처님을 보는 것입니다.
앞에서 말한 것처럼 우리 모두의 참생명인 아미타는 만질 수도, 들을 수도, 냄새 맡을 수도 없으므로 불상을 만들어 모셔놓고 부처님이라고 생각하는 것입니다. 불상을 모시는 것은 남을 모시고 있는 것이 아니라 우리들의 참생명을 모시고 있는 것입니다.

성불成佛의 주체

우리가 이렇게 공부하는 목적은 진리를 찾아가기 위해서입니다. 그런데 흔히 진리를 멀리 있는 것, 또는 귀중하여 따로 간직되어 있는 보배로운 존재로 생각합니다.
그러나 진리란 '없는 곳이 없고, 아닌 것이 없고, 아닌 경우가 없는 것'을 말합니다. 따라서 우리의 일상생활을 떠난 진리는 있을 수 없습니다.

부처님께서 열반에 드시려 할 때, 부처님을 시중하여 모시던 아난존자가
"부처님께서 살아계실 때는 부처님을 의지하기가 쉬운 일이었는데, 부처님께서 열반에 드신 뒤에 우리는 무엇에 의지하고, 무엇을 등불로 삼아야 합니까?"
하고 여쭈었습니다.
이 질문에 부처님께서,
"스스로를 의지하고 법에 의지해라.
스스로를 등불로 삼고 법을 등불로 삼아라.
[自歸依 法歸依 自燈明 法燈明]"
고 말씀하셨습니다.

어떤 분들은 위의 경구를 보고 불교를 자력신앙自力信仰으로 해석하는 근거로 삼기도 합니다.
밖에 있는 다른 것에 의지하지 않고 내 안에서 인생의 문제를 해결하

고 싶은데, 그 해결책이 불교에 있다고 생각하는 것이지요. 그래서 불교가 지성인들에게 매력적으로 보입니다.

그런데 흔히들 '자귀의自歸依'와 '법귀의法歸依'를 서로 다른 것처럼 해석하는 오류를 범하는 경우가 있습니다. 만약 자귀의와 법귀의가 다른 것이라면 귀의의 대상이 두 곳이라는 말이 됩니다. 그러면 그것은 이미 논리적으로 어긋나는 것 아니겠습니까?

자귀의를 자력신앙으로 받아들이는 사람들은 '번뇌 망상 속의 나'를 '자귀의'의 '자自'라고 생각합니다. 또한 생존경쟁 속에서 남보다 잘되면 우쭐거리고, 남보다 못되면 열등의식으로 시기·질투하는 마음을 가지고 있는 '나[自]'가 바로 그것이라고 생각합니다.
그러면서 생존경쟁 속에서 유한생명을 살고 있는 나를 긍정하며, 그런 나를 연장하고 발전시켜서 어떤 시점에서 이루어지는 이상 실현을 성불成佛로 생각합니다. 즉 유한인 내가 무한인 부처를 이룰 수 있다고 생각하는 것입니다.

하지만 유한인 내가 무한인 부처를 이룬다는 것이 성립되는지 생각해봅시다.

우리는 상대세계 속에서 살고 있는 유한자이고, 부처님은 절대세계이므로 무한 아닙니까? 따라서 상대자인 내가 절대자로 되는 것이라면, 유한인 내가 '상대적인 나[중생]'의 노력으로 해서 '절대무한[부처]'을 실현한다는 말이 됩니다.

매력적으로 들리긴 하지만 상대자의 노력은 아무리 많이도 상대세계에서 벗어날 수가 없습니다. 또 유한이라는 것은 아무리 많이 모여도 유한을 벗어나지 못합니다. 상대가 절대로 바뀐다든지 유한이 무한으로 바뀌는 법은 결코 없습니다.

'자귀의 법귀의'의 '스스로[自]'는 '내가 나라고 생각하는 그 나가 부정되었을 때의 근원적인 생명, 즉 참생명으로서의 나'를 뜻합니다. 지금 내가 생각하는 나의 연장선상으로서의 내가 부정되었을 때, 비로소 참나가 드러나기 때문입니다.

이는 곧 스스로 법法과 다르지 않음을 이르는 것입니다. 법이 나를 떠나 있으면 아무런 의미가 없으므로, '법과 하나인 나'를 말하는 것입니다. 법이라는 영원절대의 진리가 바로 본래부터 우리의 참생명이고 내가 바로 그 참생명에 들어가 있는 것입니다.
따라서 우리가 참으로 의지해야 할 것은 밖에 보이는 어떤 대상이 아니라, 법과 하나인 나, 나와 하나인 법입니다.

우리가 신앙생활을 해서 해탈을 한다든지, 성불한다든지 하는 것은, '현재 육신을 나로 아는 나'가 아닌 '다른 나', 즉 '법과 하나인 나'가 주체가 되어야 합니다.
이런 면으로 보면 자력신앙이라는 말이 아주 그른 말은 아닙니다만, 그

때의 '자自'는 우리가 생각하는 '남과 대립되어 있는 나'가 아니라, '법과 하나인 나'라는 것을 꼭 알아야 합니다.

그리고 현재의 내가 아니고 다른 힘이라는 의미에서 타력신앙他力信仰이라고도 합니다만, 이때 타력은 밖에 따로 있는 특별한 존재를 인정하고, 그 권능에 의지하는 것을 뜻하지 않습니다.
만일 내 밖의 어딘가에 따로 계신 부처님이라면, 이는 이름만 부처님이지 실지로는 부처님이 아닙니다. 그래서 내 밖에 따로 있는 부처님을 찾으려는 것은 불교라고 하지 않고 외도外道라고 합니다.

다시 말하자면 자력신앙도 맞고 타력신앙도 맞습니다. 그러나 한편으로는 자력신앙도 맞지 않고 타력신앙도 맞지 않습니다.
정확히 말하자면 절대력絶對力 신앙이라고 할 수 있습니다. 절대력이므로 나의 참생명은, 우리가 인식하든 안 하든, 우리 안에 이미 있는 힘입니다. 밖에 있는 힘이 아닙니다. 그러면서도 우리가 현재 인식할 수 없는 힘이기 때문에 타력이기도 합니다. 그래서 절대력입니다. 그런데 신앙에서는 절대력이라는 말이 어렵기 때문에 타력신앙, 혹은 자력신앙이라고 말하는 것입니다.

부처가 부처 되는 길

우리가 부처님께 예경 드릴 때의 마음 상태는 어떠한 것이겠습니까? '당신은 부처님이십니다.' 하는 것 아니겠습니까? 앞에서 살펴보니까, 부처님께서 계시면 온 천지에 부처님 아닌 존재는 어떤 것도 있을 수 없다는 것이었습니다. 부처님도 계시고 부처님 아닌 것도 있다고 한다면, 부처님은 한갓 상대적인 존재밖에 더 되겠습니까?

절대무한을 실현하신 분을 부처님이라고 합니다.
그런데 부처님을 내 밖에 둔다면 상대적인 존재가 되므로, 그런 부처님을 따르는 것은 소용없는 일이 되고 맙니다. 우리가 부처님을 신봉하고 부처님을 따르는 것은 그분이 절대이기 때문입니다. 그렇다면 그분은 내 밖에 따로 계시는 분이 아니고, 또 내가 그분 밖에 따로 있는 존재가 될 수 없습니다. 부처님생명 밖에 따로 내가 있다고 한다면 언뜻 겸손한 말처럼 들리지만, 사실은 부처님을 상대유한적인 존재로 만드는 것에 지나지 않습니다.

부처님은 절대무한입니다. 부처님 자신밖에 없는 세계입니다. 따라서 부처님이 계시는 한, 새삼스럽게 부처가 되어야 할 중생은 본래부터 없는 것입니다. 나의 참생명은 본래부터 부처님생명일 수밖에 없습니다.

그러므로 중생이 부처로 되는 게 아닙니다.
부처가 부처의 제자리를 되찾는 것입니다.

우리가 본래 부처이니까 부처 되는 것이지, 중생이 열심히 노력해서 부처가 된다는 말은 성립할 수 없습니다. 중생이면서 부처 되겠다는 것은 마치 기왓장을 가지고서 거울을 만들겠다는 소리와 같습니다. 기왓장을 열심히 닦으면 거울이 될 수 있습니까? 결코 될 수 없습니다. 마찬가지로 우리들의 참생명이 본래부터 부처이기 때문에 부처가 되는 것입니다. 자기 생명의 완성이 성불成佛입니다.

그러므로 우리는 어떻게든지 나를 부처님의 가르침인 법法과 하나인 나로 만들어야 합니다. 그것이 우리들의 신앙과제입니다. 현재 법과 일치하지 않아서 중생으로 살고 있는 나를 부정해가서, 마침내 중생인 내가 완전히 소멸되도록 하는 노력이 우리의 수행입니다. 내 쪽에서 법을 향하여 나를 부정해가는 공부를 하는 것이기도 하지만, 법의 힘을 받아서 나를 소멸시켜 나가는 것이 참으로 중요한 일입니다.

그것을 한마디로 말하면 '나무南無'인 것입니다. 나무는 내 쪽에서
'제가 법 쪽으로 나아가겠습니다.'
하는 것이며,
법法 쪽에서는,
'너는 곧 나인데 왜 자꾸 따로라고 생각하느냐? 너는 나에게 돌아오너라. 너는 본래부터 따로 살고 있는 것이 아니다.'

라고 하는 것입니다.

곧 나무는 '법과 하나인 나'를 실현하는 것입니다. '법과 하나인 나'는 곧 '아미타' 입니다. 이것을 앞에서 본 '자귀의 법귀의'에 대입시키면, '나무'는 '자귀의'가 되고, '아미타'는 '법귀의'가 됩니다. 결국 '자귀의 법귀의'를 '나무아미타' 라고 할 수 있는 것입니다.

이처럼 구원을 받아들이는 중생의 입장에서 보면 '나무南無!'가 됩니다. '나무'는 귀명歸命이란 뜻입니다. 즉 참생명으로 돌아간다는 뜻입니다. 즉 절대무한으로 돌아가는 것입니다. 이때 드러나는 절대무한생명이 아미타입니다.

그러므로 절대무한으로 돌아가서 절대·무한생명을 드러내는 것이 나무아미타입니다. 절대무한을 다른 말로 하면 부처님입니다.

따라서 절대무한인 부처님께 나의 모든 것을 맡겨버립니다. 우리가 나무! 할 때, 거기에 아미타가 계신 것입니다. 그리고 '나무'는 '아미타'와 붙어 다닐 수밖에 없기에 항상 '나무아미타불南無阿彌陀佛' 이라고 하는 것입니다.

이와 같이 우리들의 참생명은 영원·절대생명인 '아미타' 이며, 따라서 아미타불은 내 밖에 계신 분이 아닙니다.

참된 자기실현 - 나무南無

우리 인생의 궁극적인 목표는 자기실현입니다.
그러나 많은 심리학자나 행동과학자들이 말하는 자기실현의 욕구와는 다릅니다. 그분들에게 "자기실현이라 할 때의 '자기'란 무엇입니까?" 하고 물어보면 얼른 대답하지 못합니다.
학자에게 자기실현이란 내가 가지고 있는 능력, 내가 가지고 있는 천분天分을 충분히 발휘하는 것을 말합니다. 어디까지나 내가 가지고 있는 능력이나 천분이라는 것을 근거로 해서 '그것이 나'라는 전제로 이야기하는 것입니다.

그렇지만 능력이나 천분이라는 것은 내가 스스로 그렇게 설정했을 뿐이지, 참으로 어머니 뱃속에서 태어나기 전부터 있었던 것이거나, 또 이 몸뚱이를 버리고 하직할 때 가지고 갈 수 있는 것이 아닙니다.
그렇게 보면 내가 가지고 있는 능력을 십분 발휘한다고 해도 이미 그 능력에는 한계를 설정해 놓은 상태이기 때문에 이를 진정한 자기실현이라고 말할 수 없습니다.

그렇다면 무엇이 진정한 의미의 자기실현입니까?
이는 곧 한계가 없는 참생명의 욕구를 찾아가는 것이라고 얘기할 수 있습니다.
그런데 자기의 정체를 분명히 밝혀 주는 것이 바로 부처님의 법문입니다. 그 법문의 요지가 '나의 참생명 부처님생명' 입니다. 즉 세상을 사는 최고의 가치는 부처 되겠다는 것입니다. 부처 되겠다는 것은 구체적으로 나와 남이 울티리 없는 세계에 사는 것입니다.

다시 말해서 우리의 참생명은 '부처님생명'이고, 그 참생명의 바람은 '이 세상 모든 중생들을 부처님으로 섬기겠습니다.' 하는 것 말고는 없습니다. 이 세상에 존재하는 모든 생명이 어떤 방식으로 태어나고 존재하든, 또 생각이 있는지 없는지도 상관없습니다. 부처님생명 밖에 따로 있는 생명은 없으므로, 모두 부처님생명을 살고 있는 것이 틀림없습니다.

따라서 저 사람은 인간으로 태어나긴 했어도 혈통이 시원치 않다든지, 천민이라든지 백정의 아들이라든지, 혹은 어떤 사람은 참 얼굴이 잘생겼다든지 못생겼다든지, 혹은 그 사람이 가지고 있는 사상이 훌륭하다든지 좋지 않다든지 하는 겉모양에 속지 말라는 말입니다.

겉모양으로 나타난 현상에 속지 말고 '그들의 참생명을 보라.'는 간곡한 메시지를 부처님께서는 우리에게 전하고 있습니다. 그들의 참생명은 부처님생명이기에, '이 세상에 있는 모든 중생을 차별 없이 절대평등한 가운데 다 부처 되도록 모시라.' 는 것만이 내 참생명의 원願입니다.

그러므로 이 세상의 모든 중생을 부처 되도록 하겠다는 것 말고 다른 생각이 떠오르면, 그것을 전부 항복받으라고 하십니다.
항복받는 것을 다른 말로 하면 나무南無입니다.

아무리 착하고 훌륭한 생각이 들었더라도, 그 생각이 5분이나 10분 이상 지속되기는 어렵습니다. 왜냐하면 가짜로 나타난 것이기 때문에 그렇습니다. 그래서 좋은 생각이 나더라도 얼른 '나무' 하고, 남을 미워하는 마음이 나오더라도 '나무' 해야 합니다. '저 사람이 나쁘니까 내가 저 사람하고 싸워야겠다.' 는 마음이 일어나면, '나한테 이런 생각이 나는 것도 다 가짜 생각이 나왔구나.' 하고 얼른 '나무' 합니다.
좋은 생각이 되었든 나쁜 생각이 되었든, 앞날이 기대되든 또 앞날이 공포로 다가오든 그저 '나무' 합니다. 나에게 일어나는 그 모든 마음을 항복받는 것입니다.

상념想念, 즉 생각은 실체가 없다면서 아무것도 아니라고 치부하곤 합니다. 그런데 심리학적으로 보면, 상념도 분명히 모양을 가지고 있기에 거기에서 에너지가 발생합니다. 에너지를 발생시킨다는 말은 내 주변의 현상적인 것으로 결과 짓는다는 것입니다. 즉 마음속에 어떤 생각을 갖게 되면, 그 생각이 바로 보이진 않지만 어떤 결과를 낳게 되는 원인이 되는 것입니다.

볼 수 없는 불가시不可視의 세계에서 이루어진 생각이 원인이 되어 눈으로 볼 수 있는 가시可視의 세계에 드러난 것이 현실입니다.
다시 말하면 현실은 마음속에 품었던 생각이 밖으로 나타나는 것입니다. 만약 마땅치 않은 현실을 자꾸 만나고 있다면, 내가 먼저 마땅치 않은 생각을 가진 결과로서 그런 현상이 내 앞에 전개되는 것입니다.

그럼 마땅치 않은 현실을 바꾸려면 어떻게 해야겠습니까?

상념想念을 바꿀 수밖에 없습니다. 내 마음속의 생각을 바꾸기 전에는 내 앞에서 전개되고 있는 현상 세계가 바뀔 수 없습니다. 그래서 상념을 바꿔야 하지만, 그 상념을 내 마음으로 바꾸어 봐야 또 상대유한 세계의 범위를 벗어나지 못합니다.
다만 생각 자체가 허망한 것이므로, 생각 자체를 부정해 버리는 것 밖에 없습니다.

이것이 바로 항복받는 것이며, '나무南無' 하는 것입니다. 그렇게 항복해서 본래 있는 참생명을 드러냅니다. 내가 가지고 있는 허망한 생각을 모두 다 내버리고, 본래 그것밖에 없는 절대생명, 부처님생명만을 인정합니다.

우리 눈에는 나와 남 사이에 확고부동한 울타리가 있는 것으로 보입니다만, 부처님의 눈에는 모두가 무한절대 부처님생명을 살고 있는 것으로 보입니다. '부처님의 눈에는 부처님만 보인다.' 는 이야기가 바로 이것입니다. 그렇기 때문에 거기에는 대립이나 생존경쟁에서 비롯된 괴로움이 없습니다.

그럼 우리는 왜 부처님생명을 못 보는 걸까요?

무명無明 때문입니다. 있지도 않은 것을 있는 것처럼 착각하여 두려움을 품고 있는 것입니다. 따라서 우리가 그 두려움의 세계에서 벗어나기 위해서는 모두가 한생명을 살고 있는 그 자리로 돌아가는 수밖에 없습니다. 참생명을 사는 그 자리로 돌아가는 것입니다.

이처럼 부처님이 보시는 것과 우리들이 보는 내용이 다를 때 어떻게 해야 합니까? 우리가 보고 있는 것을 옳다고 고집하면서 부처님의 말씀이 틀렸다고 항변해야 하나요?

부처님은 진실 자체를 깨달으신 분으로 지혜가 밝은 광명 자체입니다. 반면에 남과 대립되어 있다고 주장하는 우리는 무명의 세계에 살고 있습니다. 그러므로 부처님께 대항할 것이 아니라, '제가 보고 있는 것은 어둠 속의 세계일 뿐입니다. 제가 보고 있던 것을 부정하고 부처님의 말씀을 진리로 받아들이겠습니다.' 하는 마음 자세로 나아가야 합니다.

이것이 부처님께 귀의歸依하는 것입니다.

《백유경》에서 말씀하시는 비유처럼 앞 못보는 사람이 코끼리를 만지고서 혹은 담벼락 같다고 하고, 혹은 기둥 같다고 하고, 혹은 뱀 같다고 우겨보아도 그것은 코끼리가 아닙니다. 앞 못보는 이가 아무리 많이 모이더라도 코끼리를 바로 볼 수는 없습니다.

마찬가지로 내가 사는 세계를 내가 본 바대로 우겨 보아도 그 세계는 그만 착각을 일으켜서 스스로를 중생이라고 우기는 것에 지나지 않습니다. 하지만 지금 우리가 보고 있는 것은 어디까지나 무명 속에서 이루어진 것이기 때문에 실제로 있는 것이 아닙니다.

참으로 있는 것은 부처님생명 하나밖에 없습니다. 그것을 부처님 앞에 진실한 마음으로 '알았습니다.' 하고 항복하고 들어가는 것입니다.

이렇게 '나무南無' 할 적에 우리 마음속의 모든 고집이 다 항복되는 것입니다. 우리가 가지고 있던 모든 지견知見과 판단 그리고 상식과 경험 등을 말끔히 내던지는 것입니다. 푸른 하늘을 가리고 있는 구름이 완전히 벗겨지는 것과 같습니다. 하늘의 구름이 벗겨지면 그 자리에 본래부터 있던 푸른 하늘이 제 모습을 그대로 드러냅니다.

우리가 '나무南無' 할 때, 우리의 본래 생명인 영원·절대생명, 아미타 부처님의 세계가 온전히 드러납니다.
'나무' 하니 남들과의 대립이 다 부정되고, 내 능력의 제약이 다 없어져 버리고, 일체의 어둠이 다 없어져 버려서, 절대자유의 주체인 우리 본래 모습이 드러나는 것입니다.
이렇게 '나무' 하는 사람의 마음 자세는 내 밖의 어떤 대립된 존재도 인정하지 않습니다. 우리는 끊임없이 내 밖의 대립을 인정합니다. 하지만 참으로는 대립과 어둠 없이 밝은 광명의 세계만 있다는 것이 부처님의 가르침입니다.

불법佛法을 배운다는 것

불법佛法을 배운다는 것은 '나'를 배우는 것이고, 나를 배우는 것은 '나'를 잊는 것입니다.

우리의 참생명은 본래부터 부처님생명입니다.
불교신앙의 궁극적인 목적은 부처를 이루는 것[成佛]인데, 부처를 이룬다는 것은 깨달음을 얻는다는 말입니다.

깨달음이란, 새삼스러운 어떤 창조행위를 통해서 새로운 무엇인가를 만들어 내는 게 결코 아닙니다. 이미 있어 왔는데도 불구하고 있는 줄 모르고 지내다가, 깨달음에 의해서 있다는 것을 확인하게 된 것이 깨달음입니다. 깨달은 다음의 부처란 말은 깨치기 전부터 부처로 살아왔다는 뜻입니다.

부처로 살아왔는데도 불구하고 부처임을 모르고 지내다보니 남들과의 생존경쟁 속에서 지낼 수밖에 없었습니다. 생존경쟁은 만인이 만인을 적敵으로 삼아서 사는 것입니다. 시간이 흐르면 마침내 죽을 수밖에 없는 유한생명을 사는 것이죠. 이렇게 마음에 불안밖에 없으니 세상 살기가 얼마나 괴롭습니까?

부처는 불생불멸不生不滅의 영원생명을 삽니다. 깨쳐서 영원생명을 산다는 것은 깨치기 전부터 영원생명을 살고 있었다는 얘기입니다. 본래부터 영원생명을 살고 있는 것입니다. 본래부터 영원생명을 살고 있음에도 불구하고 영원생명을 살고 있다는 사실을 모르기 때문에, 상대유한 세계에서 생사윤회하며 허덕일 수밖에 없는 것입니다.

그런데 부처님 가르침을 배우고 보니, 우리의 참생명은 영원생명입니다. 깨달으면 부처라는 이야기는 비록 깨치지 못하였더라도, 우리들의 참생명은 본래부터 영원생명이라는 사실을 믿는 것입니다.

그러면 실제 생활에서 어떻게 해야 하는가?
불법佛法을 배우는 것은 '나'를 배우는 것입니다.
이 세상에 나를 배우는 공부보다 더 급한 것은 있을 수가 없습니다. '나'를 배우려면 어떻게 해야 할까요? 사주팔자부터 배워야 할까요? 어느 때 태어났는지 그리고 할아버지 산소는 어디에 있고 하는 것들을 모두 따져야 할까요?
다들 바쁘다고 야단법석이지만 다 헛일입니다. 불법이 무엇인지 모르기 때문에 그렇습니다. 불법이 나를 배우는 길임을 알게 된다면 법문 듣는 법회法會에 바빠서 오지 못한다는 말은 나오지 않겠지요.

나를 배움에 있어서 내가 나 자신을 객관화시키고 대상화시키려고 한다면, 그건 불가능한 일입니다. 눈동자가 눈동자를 보지 못하는 것과 마찬가지로 내가 어떻게 나를 대상화시켜서 연구할 수 있겠습니까?

그래서 나를 배운다는 것은 '나'를 잊는 것입니다.

나를 잊는다는 것은 본래 부처님생명임을 드러내는 것입니다.
부처님생명이 나의 참생명이고 순수생명인데, 순수생명이라는 사실을 모르고 불순물에 내가 침범을 당합니다. 그리고 불순물을 나라고 우기기까지 합니다. 그 불순물 때문에 그만 순수생명이 드러나지 못하니 불순물은 얼른 걸러내야 됩니다. 그것이 바로 부처님생명을 드러내는 길입니다.

지금 '나다, 너다' 라고 현재 이 순간까지도 나라고 생각하는 그 '나' 는 결국 불순물이 나라고 주장하는 것이지, 참생명이 하는 것이 아닙니다. 참생명인 부처님생명을 드러내는 방법은 지금 '나' 라고 생각하는 불순물을 내보내는 방법 밖에는 없습니다.

'나다, 너다' 대립하며 육신을 나라고 생각하는 그 불순물을 제거하는 것은 결과적으로 누가 바뀌는 것입니까? 그렇지요. 내가 바뀌는 것입니다.

석가모니부처님이 보리수 아래서 깨치시고 '이 세계의 모든 중생은 본래부터 부처님생명을 살고 있구나.' 를 보셨습니다. '본래부터 여래의 지혜 덕상을 갖추고 있구나, 여래의 지혜 덕상을 갖추고 있음에도 불구하고 괜히 쓸데없는 집착 망상 때문에 중생 노릇을 하고 있구나.' 를 보신 것입니다.

이 세상에 바뀐 것은 당신 한 분밖에 아니 계십니다.

'깨치기 전까지는 이 세상의 중생들이 생사生死속에 허덕이며 상대유한相對有限의 생명을 살고 있는 존재들인 줄 알았는데, 깨치고 보니 본래부터 절대무한絶對無限인 생명을 살고 있구나.' 라고 보였다는 겁니다. 석가모니부처님 한 분이 바뀐 것으로 이 세상에 있는 모든 중생들의 생명이 다 바뀌어버린 겁니다.

'나' 라는 것이 없는데도 불구하고 '나' 라고 생각하는 망상과 나를 고집하는 마음을 내버리자 결국은 내가 바뀌는 것입니다. 내가 바뀌었을 때 온 세계의 모든 중생, 가족과 국민을 비롯하여 지구에 살고 있는 모든 인류 동포들의 생명이 다 바뀌는 것입니다.

내가 바뀌는 것으로 세상이 다 바뀌는 것입니다. 내가 바뀌게 되면, 이 세상 사람들 모두가 본래부터 부처님생명을 살고 있는 것이 드러나는 것입니다.

가정생활에서나 사회생활에서 제일 문제가 되는 것은 인간관계입니다. 남들과의 화합이 이루어지지를 않아 자꾸 여러 가지 다투는 일이 벌어집니다.

그럴 때 자기를 긍정적으로 고정시켜 놓은 채 남을 바꾸려 합니다. 만약에 내외관계가 나쁘면 자기는 긍정하고 남편이나 아내를 바꾸려고 합니다. 부모와 자식 관계가 나쁘면 자기는 놓아두고 부모나 자식을 바꾸려고 합니다. 회사에서 인간관계가 나쁘면 동료들이나 상사, 부하를 바꾸려고 합니다.

다른 사람의 생활태도를 바꾸도록 해주고, 그 못나고 죄 지은 사람들을 전부 다 올바른 길로 들어서도록 이끌어주지 않으면, 이 세상을 잘 살아갈 수 없다고 생각합니다.

그런데 지구상의 인구가 약 70억 명입니다. 그 70억 명을 나 혼자의 힘으로 어떻게 다 바꿉니까? 70억은 그만두고라도 우선 우리 국민들만 해도 남북한을 합쳐서 7천만이니 8천만이니 하는데 어떻게 바꾸느냐 말입니다. 그건 그렇다 하고, 우리 식구끼리만 해도 최소한 서넛 내지는 대여섯 식구가 같이 사는데, 나 이외의 그 많은 사람들을 어떻게 바꾸겠습니까? 도대체 바뀌지가 않습니다. 그러니까 항상 싸움만 벌어지는 것입니다.

여기서 우리는 금강경 법문에 귀를 기울입니다.
부처님은 무엇이라고 가르치셨는가?

'남을 바꿀 생각을 하지 마라. 네가 바뀌어, 네가.' '너만 바뀌면 돼, 너만 바뀌면.' 마치 석가모니부처님이 바뀌었을 때에 온 우주법계의 모든 중생의 생명이 바뀌는 것과 마찬가지로, 네가 바뀌었을 때 너의 가족의 생명이 다 바뀌는 거야. 네가 바뀌었을 때 너의 회사 사람들 생활이 다 바뀌는 거야. 네가 바뀌었을 때 온 우주법계의 모든 생명이 다 바뀌는 거야.'
이런 가르침을 우리가 받는 것입니다.

금강경을 잘 읽고 나의 참생명이 부처님생명이라는 믿음을 가져서, 생명의 중심에 부처님을 모시는 겁니다. 부처님을 법당에서만 모시는 것이 아니라 내 마음속에, 내 생명의 중심에 모셔야 합니다. 그리고는 내 생명의 중심에 계신 부처님이 내 주위에 있는 모든 사람들을 어떻게 대하시는지 생각해봐야 합니다.

부처님은 무엇을 하시는 분입니까?
중생을 남김없이 다 제도하시는 분입니다. 어떤 중생이든 남김없이 다 제도하시겠다는 원력으로 계신 분을 부처님이라고 합니다. 부처님이라는 특정한 인격자가 따로 있는 것이 아니라, 중생을 남김없이 제도하겠다는 원력願力 그 자체가 부처님인 것입니다.

본래 없는 번뇌 망상

옛날에 연야달다라는 사람이 살고 있었습니다.
이 사람의 얼굴은 참으로 잘 생겼습니다. 그래서 언제나 '이렇게 잘 생긴 얼굴을 누가 베어가면 어쩌나.' 하고 걱정하였습니다. 그 정도로 자신의 외모에 대한 자부심이 컸던 모양입니다. 그런데 어느 날 아침 연야달다가 화장하려고 거울을 보는데 자신의 얼굴이 보이지 않았습니다. 그러자 연야달다는 큰 소리로 울면서 슬퍼합니다. 자신의 얼굴을 누가 베어갔다고 소리치며 웁니다.

그런데 실제로 누군가가 목을 베어간 것이 아니라 거울을 뒤집어서 보았기 때문에 보이지 않은 것뿐이었습니다. 사람들이 아무리 얼굴은 그대로 있다고 말하여도 믿지 않습니다. 아침에 자기가 거울을 보았는데, 자신의 얼굴이 없는 것을 똑똑히 보았다고 우깁니다.

이렇게 얼굴이 없다고 아우성치면서 다니는 그 사람에게 얼굴을 하나 더 붙여주는 것이 구원이라고 생각하십니까?
그렇지 않습니다.
얼굴이 없어졌다고 하는 착각을 없애주고, 얼굴이 그대로 있음을 알아차리도록 일러주는 것만이 참다운 구원입니다.

우리들은 중생이라고 착각하면서 살고 있습니다. 병이 있다고 생각하며, 원수가 나를 괴롭힌다고 생각합니다. 그러나 우리가 스스로를 중생이라고 생각하는 것은 한갓 착각에 지나지 않습니다. 그래서 부처님께서는 우리들에게 '우리의 참생명은 부처님생명'이라고 말씀하시는 것입니다.

그런데도 내 생명은 유한생명, 대립생명이라고 우기며 사는 게 중생의 삶입니다. 그러나 우리가 아무리 우겨도 부처님께서는 우리들의 참생명이 영원한 절대의 생명임에는 변함이 없다고 말씀하십니다.

이 진리를 깨치면 부처가 되는 것인데, 아직 깨치지 못했습니다. 그렇다고 부처님생명이 없어지겠습니까?

그렇지 않습니다. 깨치기 전에도 부처님생명에는 조금도 변함이 없습니다. 우리는 그것을 믿으면 됩니다. 이 말은 내가 비록 직접 체험하지 못하였다고 하더라도, 그것을 진리로 인정하고 받아들이기만 하면 된다는 말입니다.

길을 가는데 횡단보도에 신호등이 있습니다. 신호등이 빨간불이면 모두 서 있고, 파란불이면 건너갑니다. 그런데 눈 뜬 사람은 파란불을 보고 건너가지만 앞이 안보이는 사람은 어떻게 합니까? 보이지 않으니 갈 수가 없습니다. 그런데 다행스럽게도 벨이 울립니다. 그 소리를 들은 사람은 저것이 파란불 신호라는 것을 믿고 걸어갑니다. 비록 눈을 뜨지 못해서 직접 볼 수는 없지만 벨소리를 믿는 사람에게는 눈 뜬 사람과 같은 공덕이 나타납니다.

마찬가지로 우리가 '비록 내가 부처님생명이라는 것을 깨치지 못했다 치더라도, 내가 본래부터 부처님생명을 살고 있었구나.' 하고 인정하고 믿는 마음만 있으면, 그때 바로 부처 노릇을 하게 되는 것입니다.
연야달다가 얼굴을 찾기 위해선 거울을 똑바로 보아야 했듯이, 우리는 부처님의 법문이 담긴 경전을 보아서 우리의 참생명을 볼 수 있도록 해야 합니다.

부처님께서 이렇게 참생명을 볼 수 있도록 구원의 말씀을 주신 것이 바로 반야의 법문입니다.
"반야로 너희들의 참생명이 부처님생명인 것을 알아라."
이렇게 중요한 반야를 말씀하신 법문 중에는 가장 핵심이 되는 '반야심경般若心經'이 있고, 이보다 긴 금강경이 있는데, 여러분들은 금강경을 공부하는 것입니다.

금강경으로 만나는 불교

불교는 지혜의 종교, 자비의 종교, 원력의 종교입니다. 지혜가 있을수록 불교를 믿고, 또한 불교를 믿을수록 지혜로워집니다. 이러한 지혜의 측면이 두드러지게 나타나는 것이 바로 여러분들이 지금부터 같이 공부할 금강경입니다. 이 금강경 속에서 불교의 구원관이 무엇인지를 확실히 알 수 있을 것입니다.

금강경에 '중생도 아니며 중생 아님도 아니다.' 라는 말씀이 나옵니다. 부처님은 우리에게 중생이 아니라고 말씀하십니다. 우리들의 참생명은 본래부터 부처님생명이라고 말씀하고 계십니다. 그런데도 우리는 스스로를 중생이라고 착각하며, 부족함이 많고, 못났고, 죽을 수밖에 없다고 생각합니다. 이렇게 우리 스스로를 중생이라고 생각하고 있으니 중생이 아니라고 말할 수도 없습니다. 그래서 '중생 아님도 아니다.' 라고 말씀하시는 것입니다.

예를 들어 어떤 사람이 눈을 감고 있는데, '그 사람이 사물을 볼 수 있겠습니까?' 하고 물으면, '본래 눈 먼 사람은 아니기 때문에 볼 수 있는데, 눈을 감고 있으니 사물을 볼 수 없습니다.' 라고 말하는 것과 같습니다.

이처럼 중생으로 사는 것은 우리의 생명 내용이 부처님보다 부족해서가 아니라 스스로가 어둡기 때문입니다. 그러므로 부처님께서는 우리의 부족한 면을 채워주시는 구원을 말씀하시는 것이 아니라, 우리가 본래부터 부처님생명을 살고 있다는 것을 일깨워주심으로써 우리의 구원은 이미 이루어졌다는 것을 알려주시는 것입니다.

구원받지 않았다고 생각하던 사람이, 이미 구원받았다고 생각을 바꾸는 것이 바로 지혜입니다. 따라서 본래부터 있어 온 부처님생명을 발견하려면 지혜가 있어야 하기에, 지혜의 종교라고 하는 것입니다.

부처님을 뜻하는 '불佛' 자는 '깨달을 각覺' 자와 같은 뜻이니까, 부처님이란 깨치신 분을 뜻합니다.

흔히 불자佛子들이 음력 사월 초파일을 부처님오신날로 경축하지만, 실지로는 부처님께서 우리의 참생명을 깨치신 음력 섣달 초여드레, 성도일成道日을 더욱 의미 깊게 생각해야 합니다. 우리와 똑같이 태어난 싯다르타의 탄생이 중요한 것이 아니라, 인간으로 태어난 싯다르타가 부처로 바뀐 날이 더욱 중요하다는 말입니다.

그런데 이렇게 부처로 바뀌는 데에는 깨달음의 과정이 필요합니다. 깨쳤다는 말은 없는 것을 새롭게 창조했다는 말이 아닙니다. 본래 있어왔던 것을 미처 알지 못하고 있다가, 있었다는 것을 그대로 알아차리게 된 것을 말합니다. 그러니까 부처님의 구원은 없었던 것을 보태주시는 것이 아니라 본래 있었던 것을 알도록 해주시는 것입니다. 다른 말로 하면 깨치거나 깨치지 않거나 다름없이 본래부터 부처입니다.

이것을 일깨워 주시는 것이 바로 부처님의 깨달음의 내용이며 구원입니다. 그런데 우리가 부처님과 다른 점은 우리는 본래 부처라는 사실을 알아차리지 못하였기 때문에 부처 노릇을 하지 못하고 있다는 것뿐입니다.

따라서 이러한 사실을 깨치신 부처님께서 우리에게 주신 가르침을 믿고 그대로 수행할 때, 우리에게 있는 부처의 세계는 남김없이 드러날 수 있습니다.

우리가 공부하는 금강경 법문을 반복해서 계속 들으면, 마음이 정화되어 본래 있던 참생명이 드러납니다. 정화淨化란 잡것을 제거해서 본래 있던 순수함을 되찾는 것입니다. 우리의 마음에 있는 번뇌 망상이 사라지고 본래의 생명을 찾으면 부처님의 진실생명이 남김없이 드러납니다.

그러면 우리들에게 있던 병이나 가정의 불화, 혹은 원망 등 우리들이 살면서 부딪히는 여러 가지 문제가 해결됩니다. 이들은 모두 번뇌 망상으로 인하여 생긴 것이므로, 금강경을 읽어서 번뇌 망상을 제거하면 당연히 없어지는 것이지요. 금강경을 읽으면 이처럼 번뇌 망상이 참으로 실재하지 않는다는 것을 알게 됩니다.

이것을 앞에 말한 것과 연관 지어 생각하면, 우리가 금강경을 읽기 전에도 사실은 미워할 원수가 없었던 것인데, 원수가 있는 것으로 착각하며 지내다가 금강경 법문을 듣고서 원수가 없다는 것을 깨닫게 되는 것입니다.

마치 물속에 있는 젓가락이 내 눈에는 휘어진 것처럼 보일지라도, 그

젓가락을 펴야겠다고 생각할 필요도 없이 그냥 꺼내기만 하면 되는 것과 마찬가지입니다. 그 젓가락은 본래 휜 것이 아니기 때문입니다. 우리에게 병이 있다거나 어려움에 처해있다는 것도, 사실은 모두 없는 것입니다. 그러니 그런 것이 있다고 걱정할 필요가 없습니다. 그런 것이 본래 없다는 믿음을 가지고 살면 그만입니다.

예로부터 금강경을 '대승의 처음 법문[大乘始敎]'이라고 하고 법화경 같은 경전을 '대승의 마지막 법문[大乘終敎]'이라고 합니다. 그래서 법화경이 금강경보다 높다고 말하는 사람도 있습니다. 그리고 또 어떤 사람은 대승시교를 공부할 것 없이 대승종교만 공부하면 되지 않느냐고 말하는 사람이 있습니다.

그러나 그렇지 않습니다. 대전에서 서울로 가는 것을 생각해 봅시다. 고속도로에 나갈 때 대전 인터체인지에서 방향을 잘 잡아서 가야지, 처음에 방향이 틀리면 서울에 도착할 수가 없습니다. 서울에 간다고 하고서 부산 쪽으로 간다면 아무리 부지런히 가더라도 서울과는 멀어지기만 합니다.

이처럼 시교始敎는 낮은 것을 뜻하는 말이 아니라 입문入門을 말하는 것입니다. 뿐만 아니라 궁극적인 것까지 모두 거기에 포함하고 있습니다. 사실 반야에 관한 법문의 양이 굉장히 많습니다. 일반적으로 600부나 된다고 하는데, 이 금강반야는 577번째의 법문입니다. 우리나라에서는 주로 구마라즙 삼장三藏이 번역한 금강경을 독송하고 있는데, 우리도 이를 기본으로 해서 우리말로 바꾼 것으로 공부해가도록 하겠습니다.

오늘, 부처님생명으로 산다 ❶

❀ 무한능력의 주인임을 선언한다

'나의 참생명 부처님생명'이라는 말은, 우리 모두가 절대자유의 주인이 될 가능성을 가지고 있다는 것을 뜻합니다. 이 가능성은 '절대의 가능성'인 까닭에, 남에 의해서 침해될 수 없습니다. 그야말로 '절대 존엄' 그 자체입니다.
이렇게 무한의 가능성을 가지고 있는 우리들의 무한능력無限能力은 이미 우리 모두에게 깃들어 있습니다.

그러므로 잘못된 현실을 바로 잡는 길은, 남들을 공격하고 그들의 책임을 추궁하며 그들에게 물리적인 힘을 가함으로써 가능한 게 아닙니다. 그 책임은 어디까지나 '나'에게 있는 것이지, 남에게 있지 않습니다. 다만 내가 마음을 바꿈으로써만 가능합니다.

모든 일의 잘못된 원인은 하나밖에 없습니다. 그것은 무명無明입니다. 진리를 모르는 데에 그 원인이 있을 뿐입니다. 진리를 모르므로 나와 남을 대립시키고, 남에 대한 미움과 원망을 마음에 가득 채웁니다. 진리를 모르므로 자기의 내면세계에 무한한 가능성이 깃들어 있음을 인정하지 못합니다.

그래서 자기 자신을 얕보고 남들과 다툼을 벌입니다. 이러한 무명은 밝음을 들이댈 때에 그 어둠이 사라집니다. 광명光明 앞에 사라지지 않을 어둠은 있을 수 없습니다. 그리고 그 광명은 다름 아닌 반야般若의 광명입니다.

❀ 반야般若 광명으로 어둠을 없앤다

반야의 광명이란 부처님의 지혜의 눈에 비친 진리 광명을 뜻합니다. 진리만을 남김없이 드러내는 지혜, 진리 아닌 일체의 모든 것을 부정하는 지혜, 참으로 있는 무한생명, 무한자비만을 보는 밝은 눈이 곧 반야입니다.

그러므로 반야의 광명 앞에는 나와 남의 대립이 있을 수 없습니다. 시간적이거나 공간적인 제약이 있을 수 없으니, 생명력의 위축이 있을 수 없습니다. 본래 진리의 세계에는 이러한 잡된 것들은 처음부터 없는 것입니다. 그것들이 있는 것처럼 여겨지는 까닭은 오직 무명 때문입니다.

이제 반야의 광명으로 진리만이 드러나니, 거기에는 무한생명과 자비가 있는 그대로 드러납니다. 일체의 장애가 사라집니다. 병고病苦가 없어지고 재난과 가난이 없어지고, 대립과 다툼이 없어집니다.
반야의 광명이 비추는 세계에는, 오직 기쁨과 사랑과 성취와 풍요와 조화만이 가득합니다. 무명으로 가려졌던 이런 공덕功德은, 본래부터 있어 온 것이지 새로 얻어 온 것이 아닙니다. 항상 하는 정진精進으로 누리는 밝은 생활입니다.

⑧ '나무아미타불!'을 염불한다

나 자신에게 부처님의 무한공덕이 가득히여 있음을 확인합니다. 염불念佛은 내 마음속에서 어둠을 몰아내는 것입니다.
일정한 시간을 정해서 매일 그 시간 동안 부처님의 끝없는 공덕을 기쁨으로 확인합니다. 그리고 그 무한 공덕功德이 내 주변을 밝히고 있음을 기뻐합니다.

정진精進 시간이 특별하게 정해지는 게 아닙니다. 일상 그대로가 무한능력을 정진하는 도량이니, 생활을 하면서 다시는 어둠을 인정하는 삶을 살아서는 안 됩니다. 언제 어디서나 그리고 누구와 만나서도 염불로 살아갈 뿐입니다.

오직 부처님의 공덕만을 인정하는 마음으로 살고, 그러한 말과 행동을 합니다. 스스로 부처님생명으로서 밝은 마음, 자애로운 말씨, 자신 있는 행동을 합니다. 그곳이 어디이든, 그 일이 어떤 일이든 부처님의 공덕이 넘치고 있다고 믿으면서, 누구에게나 공경하는 마음, 감사하는 마음으로 대합니다.
설사 거칠게 대하여 나에게 거슬리는 사람이 있다 하더라도, 그 사람들을 어둠으로 대하지 않고 공경과 감사와 찬탄으로 대합니다.

'나무아미타불!' 하면 듣는 법문 그대로 밝은 생활과 복된 환경이 펼쳐집니다.

이렇게 내가 바뀌면, 세상이 바뀝니다.

제2장 　허상을 넘어 실상으로

겉모양에 속지 않으니

마음에 흔들림이 없습니다.

이렇듯 아상我相을 버리는 것이

부처로 사는 시작입니다.

이와 같이 내가 들었다.
한때 부처님께서 사위국 기수급고독원에 계시어
대비구중大比丘衆천이백오십인과 더불어 함께 하셨다.
그때는 세존世尊께서 공양하실 때라,
큰 옷 입으시고 발우 가지시어 사위성에 들어가시어
밥을 비시는데,
그 성중에서 차례로 비시옵고
본 곳으로 돌아오시어 공양을 마치신 뒤,
의발衣鉢을 거두시고 발을 씻으신 다음
자리를 펴고 앉으셨다.

―――

如是我聞 一時佛在舍衛國 祇樹給孤獨園 與大比丘衆 千二百 五十人俱 爾時 世尊食時 著衣持鉢 入舍衛大城 乞食於其城中 次第乞已 還至本處 飯食訖 收衣鉢 洗足已 敷座而坐

듣는가, 법문을

역사적인 사실로 보면 부처님이 경전을 직접 저술하신 것은 하나도 없습니다. 부처님의 제자들이 법회에서 들은 것을 후세에 와서 기록해놓은 것이 부처님의 경전입니다. 부처님이 열반에 드신 후에 제자들이 모여서 경전을 결집해야겠다고 생각했습니다.

그때 늘 부처님을 곁에서 시봉했으며 기억력이 제일 좋은 아난존자에게 경을 외우게 했습니다. 아난존자는 무척 총명해서 지금의 녹음기보다도 기억을 더 잘했다고 합니다. 녹음기는 소리만 수록하는 정도지만 이 분의 기억력은 동영상처럼 그 당시의 주위 환경까지도 기억할 정도였다고 합니다.
아난존자는 자신이 보고 들은 그대로 부처님의 법문을 '이와 같이 내가 들었다.'로 시작하여 말씀하십니다.

부처님께서 열반하시기 전에 제자들이,
"부처님 열반하신 뒤에 경전을 결집할 때 어떻게 문두文頭에 쓰면 좋겠습니까?" 하니 부처님께서,
"그때 너희들이 결집하는 것은 너희들이 만들어서 하는 것이 아니다. 나에게 들은 대로 결집하는 것이니, '이와 같이 내가 들었다.'라고 앞에 쓰도록 해라."
고 하셨답니다. 따라서 지금부터 공부하는 내용의 전부는 부처님 말씀을 아난존자가 들은 대로 우리에게 말씀해주신 내용입니다.

그렇지만 지금 우리가 금강경을 공부하는 것은 아난존자가 들었던 옛 날 얘기만을 듣겠다는 것이 아닙니다. 단순히 2,500여 년 전에 석가모 니부처님께서 이러이러한 말씀을 하셨다는 얘기를 들으려고 공부하는 것이 아니죠.
그러면 무엇을 어떻게 들어야 '이와 같이 내가 들었다.' 가 될까요?

우리 각자는 마음속에 어떤 문제를 가지고 있습니다.
인생이란 문제의 연속입니다. 문제가 곧 인생입니다. 인생에서 문제가 없는 것은 생각할 수 없습니다. 그래서 우리는 문제를 더 잘 해결하려 고 학교에 가서 공부하고, 남으로부터 얘기도 듣고, 책도 보고, 지식을 많이 쌓아서 그 지식을 가지고 문제를 해결하려고 합니다.

그런데 법회에서는 밖에서 배운 경험이나 지식 등을 가지고 문제를 해 결하려는 것이 아닙니다. 불법佛法을 배우겠다는 것은, 오히려 우리가 불법에 들어오기 전에 가졌던 지식이라든지 학식·상식·경험·판단 등 일체 모든 선입지견을 버리는 것을 전제로 합니다.

즉, 금강경의 내용 중에 우리의 상식적 판단이나 알고 있는 학문적 견해 와 맞지 않는 얘기가 나올지 모르겠지만, 거기에 대해서 이의를 제기하 지 않고 '내가 가지고 있는 알음알이를 내버리고 당신께서 말씀하시고 있는 것을 그대로 받아들이겠습니다.' 하는 의미가 포함되어 있습니다.

흔히 청각을 울리는 게 듣는 것이라고 말하지만, 여기에서 듣는다는 것은 그렇게 단순한 의미가 아닙니다.
예를 들어 아이들이 오락실에 자주 가면, 부모가 '그런 곳에 가지 말고 공부해라.'고 아이들에게 얘기합니다. 그런데도 또 가면 부모가 뭐라고 말합니까? '왜 엄마 말을 듣지 않니?' 라고 하죠. 하지만 아이들이 듣지 않은 것은 아닙니다.
청각을 울려서 듣긴 들었어요. 다만 윗사람이 얘기한 것을 진실인 것으로 믿고 따르지 않았을 뿐입니다.

따라서 여기에서 '듣는다[聞]'는 것은 단순하게 청각을 울리는 것을 말하는 것이 아니라, 그 가르침을 진실인 것으로 믿고 받아들인다는 말입니다.

그래서 대부분 경전의 첫 구절이 '이와 같이 내가 들었다.'로 시작하며, '믿고 받아 받들어 행한다[信受奉行].'로 마치는 것입니다.
이 경의 맨 끝에도 '부처님께서 이 경을 설해 마치시니, 장로 수보리와 비구·비구니·우바새·우바이와 일체 세간의 천상·인간·아수라 등이 부처님의 말씀하심을 듣고 모두 크게 환희하여 믿고 받아 받들어 행하였다.'라고 되어 있습니다.

따라서 '이와 같이 내가 들었다'는 것은, '지금부터 나오는 법문 내용, 그 모든 것을 하나도 의심하지 않고, 시비하지 않고, 또 내 고집을 내세우지 않으며 그대로 진리로서 인정하고, 믿고 받아 받들어 행하겠습니다.'라는 의미를 모두 포함하고 있습니다.

기수급고독원의 정신

'한때[一時]'라는 것은 무슨 뜻일까요?
금강경을 어느 특정한 해에 설하셨다고 하여 병신년이나 갑술년, 혹은 불기佛紀 몇 년 등으로 써야 할 텐데 그러지 않고, '한때'라고 했는데 거기에는 어떤 의미가 있는지 생각해 봅시다.

우리나라는 단기檀紀, 다른 나라는 서기西紀, 그리고 일본은 다른 연호를 씁니다. 뿐만 아니라 우리 인간들이 가지고 있는 시간 관념과 인간세계 위에 있는 하늘세계인 28천二十八天의 시간 관념은 각각 다르다고 합니다.
28천을 층으로 말하면 28층입니다. 28천 중에 우리 바로 위에 있는 하늘을 사왕천四王天이라고 하는데, 네 분의 하늘 임금님이 계시다고 해서 사왕천이라고 합니다. 절에 가서 큰 대문인 사천왕문을 통과한 경험이 있을 겁니다.

인간세계와 제일 가까운 사왕천만 가더라도 우리와는 시간 개념이 다릅니다. 그 하늘세계의 하루는 우리 인간세계로 보면 50년에 해당합니다.
또 그 위에 있는 도리천忉利天에 가면 그 하늘의 하루가 우리 인간세계의 백년에 해당됩니다. 그러니까 도리천에 계시는 제석帝釋 입장에서 보면, 우리는 하루살이입니다. 우리가 백년을 살면, 그 양반들은 우리

보고 하루 살았다고 얘기하는 겁니다.

그 위로 더 올라가면 도솔천兜率天이라는 하늘이 있습니다. 거기의 하루는 우리 인간세계의 4백 년에 해당됩니다. 우리가 지금 도솔천에 난다고 하면 400년 전에 죽어서 그곳에 태어난 사람과 생일이 같게 됩니다.
또한 우리보다 차원이 낮은 세계에 있는 중생들의 시간도 우리와 다릅니다. 이렇게 계속 생각해 보면, 모든 세계의 시간이 우리와 같지 않음을 알 수 있습니다.

부처님은 모든 중생을 다 제도해 건지시는 분입니다.
때문에 부처님의 경전이 설해질 때는, 온 우주 법계의 모든 중생이 다 같이 와서 법문을 듣는 것이므로, 어떤 특정한 세계의 시간만을 가지고 말할 수 없습니다. 그래서 모든 세계의 시간이 다 들어가는 '한때'라고 하는 겁니다.

기수급고독원祇樹給孤獨園은 왕사성의 기사굴산과 함께, 금강경뿐 아니라 다른 경전에서도 많이 나오는 장소입니다. 이 기수급고독원은 굉장한 뜻이 있는데, 금강경을 여기에서 말씀하셨다는 것은, 기수급고독원의 정신을 금강경 속에서 찾아야 한다는 의미가 담겨있습니다.

급고독給孤獨이란, 노인이나 가난한 사람, 고아들처럼 고독하게 사는 사람에게 정신적이거나 물질적으로 공급해 준다는 뜻인데, 이것은 '수달타' 장자長者라는 분에게 붙여진 별호이기도 합니다.

이 분은 사위국舍衛國의 반 정도의 토지를 가진 부자이고, 학자로서도 지혜가 밝은 분이어서 그 재산을 가지고 자기 혼자 쓰지 않고 어려운 사람을 도와주시던 분입니다.
이 분이 마갈타국에 속해 있는 왕사성에 갔는데, 마갈타국의 왕인 빈비사라왕이 마침 산에다 도로를 내고 있었습니다. 돌을 쪼아서 길을 내니 그 공사비가 굉장하였을 것입니다.

수달타 장자가 많은 돈을 들여서 길을 내는 이유를 묻자, 빈비사라왕은 부처님이 출현하셔서 산 위에 계시므로 다니시기 좋도록 길을 내고 있다고 말합니다. 그때도 지금처럼 여기저기에서 부처님 행세하는 사람이 많았던 모양입니다. 수달타 장자는 그 말을 믿지 않았던 것입니다.

그러다가 석가모니부처님께서 많은 대중과 탁발하는 모습을 보게 되었는데, 비록 그 대중들의 옷은 남루하지만 얼굴과 행동이 점잖았기 때문에 그 행렬을 따라가 보았습니다. 그 행렬은 죽림정사(竹林精舍 : 빈비사라왕이 부처님을 위하여 지은 불교 최초의 절)로 들어갔습니다.
거기에서 수달타 장자는 부처님께서 제자들에게 하시는 법문을 듣게 되었습니다. 부처님께서는 지금까지 수달타 장자 자신이 알고 있던 것과는 전혀 다른 내용을 말씀하고 계셨습니다.

그때까지 수달타 장자는 누군가가 만들어준 생명을, 누군가가 만들어

준 세계에서 살고 있는 것으로 알았습니다. 그렇게 남이 만들어준 세계에서 살려니, 조금 잘 살려면 나를 만들어준 분의 비위를 맞추어야 하고, 만들어준 분이 나를 미워해서 복을 덜 주면 못살게 되는 것이라고 생각하고 있었습니다.

그런데 부처님께서는 이 세상의 모든 것이 인연인과因緣因果의 법칙에 의해서 이루어지는 것이며, 결코 조물주가 있어서 세상을 창조한 것이 아니라고 말씀하시는 것입니다. 그런 법문을 듣고 수달타 장자는 그 가르침에 흠뻑 빠졌습니다.

수달타 장자는 부처님의 말씀을 듣고 마음이 저절로 환해지고, 근심 · 걱정 · 초조한 마음이 저절로 녹아내렸습니다.
그래서 법문이 끝난 다음에 제자를 통해 부처님 뵙기를 청하여 뵙고, 사위국에 오실 것을 청하자 부처님께서 바로 승낙하셨습니다.

수달타 장자는 사위국에 죽림정사보다 더 크고 훌륭한 절을 짓기로 결심합니다. 부처님이 계실 마땅한 곳을 찾다가 정말 마음에 드는 장소를 발견하여 그 땅의 주인을 알아보니, 사위국의 황태자인 기타祇陀였습니다.
그래서 수달타 장자가 기타 태자를 찾아가서 땅을 팔라고 얘기해보지만, 기타 태자는 팔지 않겠다고 하는 것이었습니다. 그래도 수달타 장자가 계속 애원하니까 마침내 금으로 땅을 덮으면 금이 깔려진 만큼만 팔겠다고 농담하였습니다. 팔지 않을 속셈이었던 것이지요.

그런데 며칠 후에 수달타 장자는 금을 실어 와서 그 땅에 깔기 시작했습니다.

기타 태자는 이것을 보고 놀라면서 무슨 일로 땅을 사려는지 물었습니다. 수달타 장자는 부처님께서 출현하셨으니, 부처님을 모시고 법문을 들으려고 하기 때문에 아까운 것이 없다고 했습니다.

가만히 듣고 있던 기타 태자는 자신도 부처님을 모시고 싶은 마음이 생겨, 금을 깐 동산은 수달타 장자가 사서 기부하고 나무가 서 있는 땅은 자신이 기부하는 것으로 하자고 제의했습니다.

그래서 기수[祇樹; 기타 태자가 나무 있는 곳을 기증했으므로 기타 태자의 나무를 말함]와 급고독 장자의 동산[給孤獨園]이 합쳐진 절로 불리는데, 그래서 기수급고독원, 줄여서 기원정사[祇園精舍]라고 합니다.

여기에서 부처님은 여러 비구와 함께 계시면서 금강경을 설하시는 것입니다.

비구는 다른 말로, 욕심이 없어서 마구니[魔軍]가 두려워한다는 뜻인 포마[怖魔]라고도 합니다. 우리가 살면서 사기 당했다거나 마魔에 걸렸다고 하지만, 마는 욕심이 있는 사람에게만 옵니다. 유혹이 나쁘다고 하지만 이것도 역시 욕심이 있는 사람만 빠집니다. 먹이를 먹으려는 욕심이 있는 물고기가 낚싯바늘에 걸리는 것과 마찬가지입니다.

그런데 비구比丘는 계를 청정히 하기에, 마구니가 침범하지 못합니다. 그리고 농사를 짓거나 장사를 하지 않고 반드시 빌어서 먹는다고 해서 걸사乞士라고도 합니다.

이처럼 비구는 위로는 부처님의 지혜를 빌어먹고, 아래로는 사람들로부터 옷과 음식을 빌어먹습니다.

그런 비구가 1,250명이 있었다고 합니다. 부처님을 모시고 있던 대중을 정확히 말하면 1,255명입니다만 쉽게 1,250인이라고 말합니다. 사리불 존자와 목건련 존자가 각각 100명의 제자와 함께 부처님께 출가했고, 가섭 3형제 중 첫째가 500인의 제자들과, 둘째 셋째가 각각 250명의 제자들과 함께 부처님께 귀의했습니다. 그리고 최초로 부처님의 제자가 된 5비구와, 중간에 제도된 분들을 모두 합치면 1,255명입니다.

하심下心 하시는 부처님

그때는 세존世尊께서 공양하실 때라, 큰 옷 입으시고 발우 가지시어 사위성에 들어가셔서 밥을 비시는데, 그 성중에서 차례로 비시옵고 본 곳으로 돌아오시어 공양을 마치신 뒤, 의발을 거두시고 발을 씻으신 다음 자리를 펴고 앉으셨습니다.

그런데 처음에는 '부처님께서' 라고 하셨다가 여기에서는 '세존께서' 라고 하십니다. 세존을 그대로 풀이하면 세상에서 가장 높으신 어른이 라는 뜻입니다. 부처님은 원래 공덕이 수승하시고 온 우주 법계 그대로이신 분이기에 높여서 부르는 것입니다.

요즘은 공양供養이란 말이 주로 절에서 밥 먹는 것을 일컫는 말로 쓰이지만, 본래 공급자양供給資養의 줄임말로 '자양분을 공급한다' 는 뜻입니다. 여기에서는 부처님께서 밥을 드신다는 말입니다. 큰 옷은 가사를 말하고 발우는 공양하실 때 쓰는 그릇입니다. 바릿대라고도 하고 응량기[應量器; 나의 양에 맞게 받는 그릇]라고도 합니다.

기수급고독원은 사위성으로부터 2~3킬로 정도 떨어져 있는데, 부처님께서 그 거리를 걸어 성안에 들어가셔서 밥을 비셨습니다. 부처님께서는 하루에 한 끼만 식사하셨는데 사시巳時에 하셨습니다. 사시는 오전 9시에서 11시 사이로, 지금도 그 시각에 부처님께 공양올리고 이후에 점심식사를 합니다.

부처님께서 출가出家하시기 전에는 한 나라의 태자였고, 출가하시고 난 뒤에는 삼계三界의 대도사이신 큰 성인이 되셨습니다. 배가 고프다고 말씀하시면 여러 사람이 공양을 올리려고 줄을 설 것입니다. 지금도 불상을 모시고 있으면 깊은 산 속에 있는 절이라도 굶어죽는 스님이 없습니다. 하물며 살아 계신 부처님인데 사람들이 공양 올리지 않을 리 있겠습니까?

그런데도 부처님께서는 일부러 사위성까지 걸어가시고, 밥 가져오라고 호령하시는 것이 아니라 스스로 밥을 비십니다. 가난한 집이나 부잣집을 차별하지 않으시고, 차례로 평등하게 일곱 집에서 밥을 비시는데, 만약 그 중에 한 집에서 밥을 주지 않는다면 여섯 집에서만 받아오십니다.

부처님 제자 가운데 가섭존자는 가난한 사람들에게 복을 짓도록 해줘야겠다는 생각으로, 걸식을 나가면 꼭 가난한 집에만 가서 탁발托鉢했다고 합니다. 또 기원정사를 지은 수달타 장자의 조카이며 금강경에 나오는 수보리존자는 꼭 부잣집에만 가서 걸식했다고 합니다.

수보리존자는 가난한 사람은 자신들이 먹고 살기에도 힘들므로 일부러 부잣집에만 간다고 하고, 가섭존자는 부자들은 그렇지 않아도 복이 많아서 부자로 잘 사는데, 그 사람들에게 또 복을 짓게 해서 잘 살게 해줄 것이 아니라, 가난한 사람들에게 복 지을 기회를 줘서 잘 살게 해줘야 한다고 말합니다.

그러자 부처님께서는 두 사람 다 옳지 않다고 하시며,
"부자라고 해서 영원히 부자란 법이 없으므로 그 사람들도 계속해서 복을 지어야 한다. 그리고 가난한 사람들이 복을 짓지 않으면 계속해서 가난하므로 그 사람들도 복을 지어야 한다. 부자는 부자대로 가난한 사람은 가난한 사람대로 복을 지어야 하기 때문에 평등하게 걸식해야 한다"고 말씀하십니다.

부처님이 걸식하시는 것을 육조 혜능대사는, '여래는 일체 중생에게 능히 하심下心 하시는 분[如來者 能下心 於一切衆生]'이라고 주석하였습니다.

하심이란 '나 잘났다'는 마음을 뽑아버리는 것입니다.
부처님은 어느 누구에게나 나 잘났다는 마음을 털끝만큼도 내지 않는 분입니다. 나는 잘나서 높은데, 너희들은 못났다고 말씀하시는 것이 아닙니다. 부처님이 만나는 모든 사람은 부처님이므로 세상 사람을 모두 높이는 것입니다.
나 잘났다는 마음을 뽑아버리지 않으면 걸식하지 못합니다. 우리 모두의 궁극의 목표인 성불, 부처의 자리는 나 잘났다는 마음을 뽑아버려야 얻을 수 있는 자리이기 때문입니다.

우리 모두는 본래부터 부처님생명을 살고 있습니다.
이 세상에 존재하는 모든 생명이 어떤 방식으로 태어나든지, 또 어떤 방식으로 존재하든지, 생각이 있는지 없는지도 따질 것 없이, 부처님생명 밖에 따로 있는 생명은 없으므로 모두 부처님생명을 살고 있는 것이 틀림없습니다.

부처님생명을 살고 있다는 말은 누구든지 부처가 될 수 있다는 말입니다. 아니, 모두가 다 본래부터 부처이고 겉모습과 상관없이 모두 부처님생명 그 자체라는 얘기입니다.

그러므로 정말로 나는 훌륭하다고 생각하는 사람, 자신이 부처님생명을 살고 있다고 실감하는 사람은 이 세상 사람 모두를 부처님으로 봅니다.
세상 사람 모두를 존중하는 사람이야말로 참으로 자신의 인격을 존중하고 있는 사람입니다. 자신이 잘났다는 생각을 뽑아버리고 남을 공경하며 뒷바라지 해주고, 다른 사람이 행복해지기를 바라는 마음으로 살아가는 것이 바로 불자佛子의 모습입니다.

일체의 중생을 공경하는 것은 내가 높아지는 것인가요? 내가 낮아지는 것인가요? 당연히 내가 낮아지는 것이지요.
그러므로 우리가 불자로서 세상을 살아간다고 했을 때, 어떤 마음자세로 살아가는 것인가를 여기서 배울 수 있습니다. 불자는 나는 잘났고, 너는 못났다고 생각하면서 사는 사람이 아니라, 본래부터 잘난 내가 없기에 세상 사람 모두를 공경하는 마음으로 사는 사람입니다.

산에 올라가는 것을 생각해 봅시다.
산에 올라가려면 허리를 굽혀야 합니다. 허리를 굽히지 않고는 올라가

기가 쉽지 않습니다. 반대로 산에서 내려올 때는 배를 내밀고 내려옵니다.

마찬가지로 세상을 살면서 자신을 남과 비교하여 스스로 잘난 마음을 가지고 자랑을 하고 배를 내미는 사람이 있다면 그 사람은 내려오고 있는 사람입니다. 올라가려면 낮추어야 합니다. 각자의 마음속에서 나 잘났다는 마음을 뽑아버려야 합니다.

부처님은 모든 중생에게 하심하는 것을 보여주시기 위해서 걸식하셨습니다. 또한 중생들이 부처님께 공양 올리는 것이 이루 말할 수 없이 한량없는 복을 짓는 것이므로 중생들에게 복 지을 기회를 베풀기 위해서도 걸식하셨습니다.

일상 속의 진리

'발을 씻었다.'는 말씀은 '행적을 드러내지 않았다.'는 뜻입니다. 우리는 무엇인가를 하면 끝없이 드러내려고 합니다만, 그런 것은 모두 쓸데없는 것임을 여기에서 말씀해주고 계십니다.

그리고 '자리를 펴고 앉으셨다.'는 말은 자신의 정위치에 있으라는 말입니다. 정위치는 바로 부처님생명 자리를 가리킵니다.

그 앞에 '본 곳으로 돌아오시어'라는 말이 있는데, 본 곳이란 겉으로 보기에는 사위국 기수급고독원으로 보이지만, 참으로 본 곳은 부처님생명 자리를 말씀하십니다.

본래 부처님생명 자리입니다. 바깥 세계에 나가서 활동하고 있었던 것처럼 보인 것 모두가 부처님생명 자리를 한 발도 떠나지 않고 행해지고 있었던 것을 여기에서 보여주고 계신 것입니다.

여러분은 계戒·정定·혜慧 삼학三學이라는 말을 들어보셨을 겁니다. 계戒라는 그릇에 물이 담기고, 그 물이 정定에 의해서 고요하게 있을 때 지혜의 달이 비춘다고 합니다.

세존께서 공양하실 때, '난 높은 사람이니까 밥 가져와라!' 하시는 것이 아니라, 당신께서 직접 밥을 비시는 것이 계행입니다. 계를 다 표현하신 다음에 자리를 펴고 앉으십니다. 이것이 정입니다. 혜慧는 반야般若, 지혜를 말합니다.

삼학은 계정혜로 나뉘고, 혜慧는 다시 문혜聞慧·사혜思慧·수혜修慧로 나뉩니다. 우리는 삼혜인 문聞·사思·수修를 공부하는 사람들입니다.

이렇게 불교를 믿는 사람들에게 있어서 가장 모범적인 이상상은 바로 석가모니부처님이십니다.
석가모니부처님의 일거수일투족, 일상생활 모두가 진리의 표현입니다. 그분께서 대중들과 함께 계시고, 걸식을 하고 돌아와서 앉으셨다는 자체에 벌써 진리가 표현되어 있습니다.
부처님이라고 하면 법당 안에 가만히 앉아계신 분이라고 생각할지 모르겠지만, 부처님은 법당에만 계신 분이 아닌 것입니다.

우리가 직장에 나가는 것을 벌어먹기 위해서 나간다고 하지만 단순히 그것만은 아닙니다. 부처님께서는 하심하는 모습을 보여주려고 성중에 들어가서 밥을 비셨습니다.
그러므로 우리는 직장생활에서 나 잘났다는 마음인 아상我相을 없애는 공부를 하는 동시에, 가족을 봉양할 월급을 탄다는 것이 얼마나 고마운 일인가를 알아야 합니다.

이처럼 세상을 살아감에 있어서, 부처님께서 밥을 비시는 기분으로 살아간다면, 거기에는 나를 내세우거나 대접받으려고 하는 마음이 자리할 수 없습니다. 남들을 공경하고 자기를 낮추는 것만 있습니다.

그러므로 금강경을 배운 아내는 남편을, 남편은 아내를 공경합니다. 친구들에게도, 직장에 나가서도 서로를 공경하고 자신을 낮춥니다. 또한 자식은 부모를 공경하고, 부모님은 자식을 존중합니다.

어떤 이들은 자식을 자기의 소유로 생각하여 제멋대로 하기도 하지만, 자식이라도 나의 것이 아니라 부처님의 아들과 딸이라고 생각하여 존중합니다. 이렇게 모든 사람을 존중하는 사람을 나쁜 사람이라고 공격할 사람은 아마 없을 것입니다.

여러분은 금강경에서 이러한 것들을 배우는 것입니다.

여기까지 금강경 법회를 열게 된 연유가 나와 있습니다. 어떻게 보면 별로 쓸데없는 말을 늘어놓은 것같이 여겨지기도 합니다만, 그렇지 않습니다. '이와 같이 내가 들었다.' 는 말씀 속에 금강경의 법문法門이 함축되어 있기 때문입니다.

그때 장로長老 수보리須菩提가 대중 가운데 있더니, 곧 자리에서 일어나 바른쪽 어깨에 옷을 벗어 메고 바른쪽 무릎을 땅에 꿇으며, 합장 공경하면서 부처님께 말씀드렸다.

"희유希有합니다. 세존이시여, 여래如來께서는 모든 보살들을 잘 호념護念하시며, 모든 보살들에게 잘 부촉하십니다. 세존이시여, 선남자·선여인이 아누다라삼먁삼보리심阿耨多羅三藐三菩提心을 일으키오니, 마땅히 어떻게 머물며 어떻게 그 마음을 항복받아야 합니까?"

부처님께서 말씀하시었다.

"옳다 옳다. 수보리야, 참으로 네 말과 같아서 여래는 모든 보살들을 잘 호념하였으며, 모든 보살들에게 잘 부촉付囑하느니라. 너는 지금 자세히 들어라. 마땅히 너를 위하여 설하리라. 선남자·선여인이 아누다라삼먁삼보리심을 일으켰으면, 이와 같이 머물며 이와 같이 항복받으라."

"그러하옵니다. 세존이시여, 바라건대 기꺼이 듣고자 합니다."

時長老須菩提 在大衆中 卽從座起 偏袒右肩 右膝著地 合掌恭敬 而白佛言 希有世尊 如來善護念諸菩薩 善付囑諸菩薩 世尊 善男子 善女人 發阿耨多羅三藐三菩提心 應云何住 云何降伏其心 佛言 善哉善哉 須菩提 如汝所說 如來善護念諸菩薩 善付囑諸菩薩 汝今諦聽 當爲汝說 善男子善女人 發阿耨多羅三藐三菩提心 應如是住 如是降伏其心 唯然世尊 願樂欲聞

나와 너는 한생명 - 합장合掌

깨달음을 얻기 위해서는 경전을 계속 반복하여 읽고 외워야 합니다. 경전을 자기 내면의 세계를 밝히는 마음으로 읽어야 합니다. 남에게 보이기 위하여 읽는 것이 아님은 말할 것도 없습니다. 읽고 또 읽고 외우는 일을 거듭하게 될 때 우리로서는 부처님의 설법을 몸으로 직접 받는 일이 되는 것입니다.

물론 경을 읽어도 곧 바로 그 뜻을 헤아리기는 매우 어렵습니다. 그래서 경전 말씀을 모실 때마다 이렇게 마음을 다짐합니다.

개경게開經偈
위 없이 높고 깊은 미묘하신 가르침,
영원토록 만나 뵙기 참으로 어려운데,
제가 이제 보고 듣고 받아 지니어,
부처님의 참되신 뜻 알아지이다.

때문에 우리는 선지식을 찾아가 법을 청하고 들어야 합니다.
겸허한 마음으로 교만한 마음을 버리고, 오직 법문 앞에 신명을 내어 던지겠다는 마음으로 법문法門을 들어야 합니다.

옛적에 혜가대사慧可大師가 달마대사達磨大師로부터 법을 듣기 위하여 눈 내리는 겨울에 문 밖에서 선 채로 밤을 새우며 기다렸고, 다시 그 정성을 보이기 위하여 팔을 잘라 당신의 신심을 나타낸 일이 있었듯이, 법문을 청하는 우리의 자세는 마치 난치병難治病 환자가 큰 의왕醫王을 만난 듯 또는 기갈飢渴에 허덕이던 사람이 임금의 잔칫상을 만난 듯 그렇게 간절한 마음으로 하여야 합니다.
이렇게 하는 것은 우리 자신의 가치관이 나타난 것이라 보아야 할 것입니다.

그런 마음으로 합장合掌을 합니다.
합장은 불교의 두드러진 특징으로, 둘이 하나가 되는 것입니다.
흔히 우리는 중생, 부처님은 부처, 그래서 부처와 중생은 다른 삶을 살고 있다고 생각합니다.
그러나 불교의 입장에서 보면 우리는 모두 부처님생명을 살고 있습니다. 부처님생명을 살고 있으면서 그것을 모르는 사람들은 중생 노릇 하는 것이고, 그것을 깨친 사람은 부처 노릇을 하는 것입니다.
부처님과 우리가 겉으로 보기에는 다른 생명을 살고 있는 것같이 느껴지지만, 실지로는 한생명을 살고 있습니다. 부처님생명을 살고 있다면 거기에 둘이 있을 수가 없습니다.

이렇게 너와 내가 겉으로 보기에는 따로따로 사는 것 같지만 실제는 모두가 한생명을 살고 있기 때문에 합장합니다. 또한 물질과 마음이 따로따로가 아니라 하나라는 것을 표현하는 의미로도 합장합니다.
절에 들어갈 때 제일 먼저 들어가는 문이 불이문不二門입니다.

둘이 아닌[不二], 이것이 바로 합장입니다. 이렇게 너와 내가 하나라는 입장이 되면, 합장 속에 공경의 뜻이 같이 포함됩니다. 합장 안에는 절대공경·절대평화·절대평등이 다 들어가는 것입니다.

여러분들이 잘 아는 달라이라마는 중국에서 쫓겨나올 때도 끝까지 합장했습니다. 그를 만났을 때, 불교는 결국 자비심을 배우는 종교라면서 이처럼 말하더군요.
"흔히들 자신한테 잘하는 사람들이나 착한 사람들에게만 자비심을 갖습니다. 그러나 생각해보면 그것은 불교를 믿지 않더라도 가질 수 있는 마음입니다. 그러니 불교를 믿는 사람이란 나에게 원수로 나타난 사람일지라도 자비심을 내는 사람입니다."라고 하더군요.

그래서 그는 티벳이 중국의 침략을 받았지만, 절대로 중국을 미워하는 마음을 가지면 안 된다고 합니다. 모두를 용서하고 그 사람들 모두가 부처님의 진리로 깨달음을 얻을 수 있도록 도와주는 마음이 있어야 한다고 말입니다. 그러면서 그러한 모든 것의 상징이 합장이라고 합니다. 당연한 이야기입니다.

그리고 보니 대화 가운데 가슴에 남는 게 또 하나 있습니다.
우리는 보통 진심瞋心이라고 하면 성내는 마음이라고 하는데, 그는 그것을 두 가지, 성내는 마음과 미워하는 마음으로 나누었습니다.
성내는 마음은 평소의 습성이 나오는 것이므로, 하루아침에 다스려지는 것이 아니고 갑자기 나오는 것이기 때문에, 이것을 다스리기 위해서는 연습을 계속해야 합니다. 그러나 미워하는 마음은 염불독경으로 없앨 수 있다고 합니다.

때문에 우리가 성내는 마음을 없애기 전에 미워하는 마음을 다스려 나가면 성내는 마음도 차츰 없어지는데, 그 방법으로 자비심을 가져야 한다는 것입니다.

이러한 모든 것을 포함하는 것이 합장입니다.

부처님 당시, 어떤 사람들은 왕자 출신인 석가모니가 기껏 출가해서 거지 노릇이나 한다고 얕잡아보았다고 합니다. 가만히 왕 노릇이나 할 것이지, 출가하고 도를 닦다가 부처가 되어서 사람들이 세상에서 제일 귀하신 분[世尊]으로 불러 모셨어도, 기껏 거지 노릇이나 한 것으로밖에는 안 보인 것입니다.

이처럼 눈 먼 사람들에게는 아무런 의미가 없는 석가세존의 일상생활인데도, 수보리존자는 거기에서 진리의 한 편린片鱗을 목격한 것입니다.

행복을 책임진다

여기에서 더 법문 듣기에 앞서, 먼저 부처님의 태어나심에 대해서 살펴보도록 합시다.

부처님께서 이 사바세계娑婆世界에 내려오시기 전에 도솔천兜率天 내원궁內院宮에서 호명보살護明菩薩이라는 이름으로 계셨습니다.
그분이 과거 생에 한량없는 착한 행을 하셔서 그 공덕으로 도솔천 내원궁에 태어나셨고, 그래서 그 세계를 떠날 이유가 하나도 없으셨습니다.

그런데도 이 사바세계에 오셨습니다. 당신의 업력業力 때문에 사바세계에 고생하러 내려오신 것이 아니라, 중생세계의 괴로움을 제거하기 위한 원력願力으로 내려오신 것입니다.
이미 거기에 '자기自己'는 없습니다. 자기는 없고 일체 중생만이 있습니다. 그것이 석가세존이 중생세계에 내려오신 원願입니다.

이러한 원력으로 내려오셔서 룸비니 동산에 태어나시자마자 일곱 발자국을 걸으시고, 한 손가락으로는 땅을 가리키고 또 한 손가락으로는 하늘을 가리키며,

'천상천하 유아독존[天上天下 唯我獨尊; 하늘 위 하늘 아래 나 홀로 존귀하다].'

고 외치셨습니다.
이 말을 믿을 수 있겠습니까? 하지만 여러분은 이 말을 믿어야 합니다. 왜 그러한가? 이것은 정말 사실이기 때문입니다.

우리가 이 세상에 각자의 모습을 가지고 태어난 것은 업業에 의해서입니다. 정신없이 태어났더니 대한민국의 김가·박가·이가 등이 되었습니다. 전생의 업연業緣에 의해서 이렇게 태어난 것입니다.

이는 곧 우리가 선악업보善惡業報의 세계에 살고 있다는 말입니다. 선악업보의 세계가 바로 삼악도三惡道·삼선도三善道의 육도六道입니다. 삼악도는 지옥·아귀·축생이 있고, 삼선도는 천상·인간·수라가 있습니다.
우리는 이러한 육도를 윤회하면서 살고 있는 것입니다.
그렇지만 석가세존은 육도 윤회의 밖에 계신 분입니다. 이것을 발자국 수로 나타내니 육도는 여섯 발자국이고, 육도를 뛰어넘으셨으니 일곱 발자국입니다. 즉, 부처님께서는 육도 윤회를 뛰어넘은 분이라는 것을 일곱 발자국을 걸으신 것으로 표현한 것입니다.

우리가 생각할 때는 문법적인 언어만이 있다고 생각하는데 그렇지 않습니다.
하루는 공원 연못가에서 물고기를 보고 있다가 손뼉을 탁! 하고 쳤더니 물고기들이 도망갔습니다. 그런데 레스토랑에서는 웨이터가 쫓아와서는 '부르셨습니까?' 라고 합니다. 똑같은 박수 소리인데 어떤 중생은 도망가고 어떤 중생은 쫓아옵니다.

또 연애하는 남녀가 얘기하다가 흔히 여자 쪽에서 '아이, 미워!' 라고 말하는 경우가 있는데, 이것은 실제로 미워서 하는 소리가 아닙니다. 밉다고 말은 하지만 사실은 '당신같이 사랑스러운 사람은 없어!' 라는 의미가 포함된 말입니다.
그런 식으로 똑같은 말이라도 거기에 쓰인 말의 의미가 하나만 있지 않습니다. 그러므로 언어가 문법적인 용어대로만 쓰이는 것이 아니라는 것을 알 수 있습니다.

마찬가지로 석가세존도 우리 인간과 똑같은 모습으로 오셨으므로 태어나시면서 '응아!' 하고 우셨습니다. 우리와 똑같이 '응아!' 하고 우셨지만 우리가 우는 것과는 뜻이 다릅니다.

우리는 전생의 업연으로 태어나면서 '아이쿠! 이 사바세계, 괴로운 세계에 다시 와서 생로병사를 또 다시 겪어야 하는구나. 큰일 났다.' 고 하면서 웁니다.

그러나 석가세존께선 업연으로 태어나신 것이 아니라 이 세상 사람을 모두 건지겠다는 원력으로 스스로 오신 분입니다. 즉 세상 사람 모두의 행복인 성불을 책임지러 오셨습니다.
책임지는 사람은 높은 사람입니다. 군대에서 이등병이 잘못을 저질렀다면 사단장은 그런 병사가 있는지 알지도 못하지만 결과에 따른 책임을 집니다.

그와 마찬가지로 석가세존은 모든 사람을 책임지러 세상에 오신 분이므로 '천상천하유아독존'일 수밖에 없습니다. 그리고 이 세상에 부처님생명 말고 다른 생명이 없으므로, '나만 존재한다.'는 뜻이기도 합니다.

이제 태어나심에 있어서, 어머님의 오른쪽 옆구리로 태어났다는 의미를 봅시다.

인도에는 지금도 카스트[caste, 四姓階級]가 남아있는데, 부처님 당시에는 그 계급제도가 더욱 철저했습니다. 거기에서는 인간을 네 계급으로 나누는데, 브라만[종교지도자] 계급이 가장 높고, 그 다음이 크샤트리아[왕·무사], 바이샤[평민], 수드라[노예] 순입니다.

그러면서 브라만 계급은 신의 머리에서 태어났다고 말하고, 크샤트리아 계급은 신의 옆구리에서, 바이샤는 허벅지에서, 수드라는 발바닥에서 태어났다고 생각했습니다. 그 분류에 따르면, 부처님은 왕족이셨으니까 옆구리에서 태어나신 것이 됩니다.

이렇게 석가세존이 중생들을 제도하시기 위한 원력으로 태어나신 뜻을 일반인들은 모릅니다. 그냥 태어나셨다고 생각하는 것이죠. 그런데 수보리존자는 부처님께서 이 세상에 태어나신 까닭을 알았기 때문에, '희유希有합니다, 세존이시여!' 하면서 찬탄합니다.

또한 부처님께서는 임금의 자리로 태어났지만, 임금을 하시기 위해서 여기에 태어나신 것이 아니므로 임금 자리도 버립니다. 이것 또한 희유한 일입니다.

한편 석가세존은 우리를 제도하시기 위해서 인간의 모습으로 변화해서 나타나신 화신불化身佛입니다.

그런데 본래 몸은 법신불法身佛입니다. 진리를 몸으로 하고 계신 분이지요. 법신불이면서, 한량없는 착한 행을 많이 하신 분이므로, 착한 행이 원인이 되어 그 결과로 받으신 몸, 그래서 보신불報身佛이라고도 합니다.

이렇게 법신불·보신불·화신불이 다 갖추어져 있어서 '희유합니다.'라고 하는 것입니다.

보살이란 보리[覺; 깨달음]와 살타[有情; 존재]라는 말이 합쳐진 보리살타[菩提薩陀; bodhisattva]의 준말로 여기에는 세 가지 뜻이 있습니다.

첫째, 깨쳐가고 있는 존재의 의미로 진행형입니다. 그런 의미로 보면 우리는 모두 보살입니다.

둘째, 관세음보살이나 지장보살처럼 이미 깨치신 분을 말하기도 합니다. 깨치셨지만 중생을 제도하시기 위해서 중생 속에 계십니다. 관세음보살도 우리 곁에 항상 계시고 지장보살도 우리 곁에 항상 계십니다.
'깨치신 중생'이라는 말이 되는데, 이것을 단지 언어적으로만 해석하면 모순입니다.

중생은 무명無明이라는 뜻이고, 깨친다는 것은 광명光明이라는 뜻이므로, '밝은 어둠'이라는 것이 말로는 성립할 수 없는 것이지요. 다만 그 어른들이 크신 자비 원력願力으로 중생 세계에서 활동하시는 모습을 드러낸 것입니다.

마지막 셋째는, 깨쳐가고 있는 중생이면서 동시에 중생을 깨우쳐주는 분 역시 보살이라고 합니다. 보살은, '위로 부처님의 지혜를 구하고 아래로는 모든 중생을 교화[上求菩提 下化衆生]하는 구도자'를 뜻합니다.

그런데 위로 부처님의 지혜를 구한다고 했을 때, 내 밖에 있는 지혜를 구하는 것이 아닙니다. 본래 부처님생명을 살고 있는 사람으로서, 광명을 그대로 드러내는 것을 말합니다.

또 아래로는 중생을 구한다고 하지만, 내 밖에 있는 남을 교화한다는 말이 아닙니다. 나의 참생명이 부처님생명이라는 입장에서 보면, 이 세상 어디에도 남이 없습니다. 그러므로 이 세상 모든 사람들에게 이익을 주는 것이 곧 나의 이익임을 아는 것입니다.

곧 나의 참생명이 부처님생명이라는 믿음을 가지고 남에게 이로운 일을 많이 하는 사람을 보살이라고 말합니다. 즉, 보살은 지혜를 구하며 남을 이롭게 하겠다는 구도심求道心이 있는 사람을 가리킵니다.

부처님의 부르심

호념護念은 잘 지켜서 염려한다는 뜻으로, 구도심이 충족될 수 있도록 뒷바라지한다는 말이며, 부촉付囑은 부탁하고 위촉한다는 말인데, 강력하게 말한다면 명령이라는 말과 같습니다.
그럼 무엇을 명령합니까? 성불을 명령합니다.
"네가 본래부터 부처님생명을 살고 있는데, 왜 중생 노릇하고 있느냐? 빨리 부처 되거라."
"네 주변에 있는 사람들, 그 사람들이 모두 남처럼 보이지만 실지로는 남이 없으니 모두 제도하거라. 그 사람들을 모두 부처 되게 하거라."
이것이 부촉付囑입니다.

그리고 이렇게 부촉하기 위한 호념護念이 있어야 합니다. 우리는 부처가 되겠다고 공부합니다. 거기에 대한 해답이 '모든 보살들을 잘 호념하신다.'는 말 속에 있습니다. 호념은 지켜서 염려하신다는 뜻이지만, 유한자인 우리들을 무한의 세계로 불러들이시는 것도 포함합니다.
"네가 유한자有限者 노릇을 하면 안 돼, 넌 본래 무한자야. 그러므로 절대무한의 세계 속으로 와야 해."
부처님께서 끊임없이 우리를 부르는 것이 바로 호념입니다.
우리 쪽에서 주문하기도 전에 부처님 쪽에서 먼저 작동하여 오고 계신 것입니다.

그런데 우리는 이것을 자꾸 잊어버립니다. 내가 부처님에게 매달리고 내가 부처님에게 간청하고, 내가 부처님께 내 이름과 주소를 불러드려야 하는 것으로 알고 있습니다. 심지어 어떤 사람은 부처님께 천 번 절하면 부처님께서 잠깐 돌아보신다고 말합니다. 그것은 부처님께 애걸복걸해야 그때 좀 봐주실 정도라고 생각하는 것입니다.

하지만 부처님은 그렇게 무자비한 분이 아닙니다.
위 구절로 보면 여래께서는 내가 생각하기도 전에 벌써 호념하고 계십니다. 우리가 느끼지 못할 뿐이지, 지금도 우리는 여래의 호념 속에서 살고 있습니다.
마치 부모가 아이들을 키울 적에 몸에 병이 날까 하고 염려하듯 말입니다. 염려한다는 것은 못난이로 성장하라는 것이 아닙니다. 참으로 주어진 생명의 본래 가치를 남김없이 드러내라는 소망을 담고 있지 않습니까?

그러나 부처님은 단지 몸의 안전을 지켜주거나, 상대세계에서 벌어지는 일들을 조금 더 잘되게 해주시는 분이 아닙니다. 그렇게 무력한 호념을 하시려고 석가세존께서 도솔천을 버리고 사바세계에 오신 것이 아닙니다.

부처님께서는 이쪽에서 요구하지도 않았는데 적극적으로 먼저 오셨습니다. 우리가 언제 도솔천에 계신 호명보살한테, '이리 좀 내려와서 우리를 제도해주십시오.' 라고 요구한 적이 있습니까?

요구하지 않았는데도 내려오셔서 우리를 제도하시는 것은 무슨 일이 있어도 우리를 성불시키겠다는 원력에서 나오는 것입니다.

부처님께서는 지금도 우리에게 빨리 절대세계에 들어오라고 외치고 계십니다. 외침이라고 하니까 언어를 생각하겠지만, 꼭 언어적인 것만을 의미하지 않습니다. 무슨 방법을 써서라도 제도하시겠다는 부처님의 원력 속에 우리가 있다는 것입니다.

지금 금강경 법문을 듣게 된 것도, 내가 마음을 내서 공부하는 것같이 보이지만, 사실은 부처님께서 우리를 부르신 것입니다.
"네 참생명을 알도록 해라. 네 참생명이 금강경에 쓰여 있으니까 빨리 공부해서 네 참생명을 찾도록 해라."는 부처님의 간곡하신 호념이 작용한 것입니다.
그리하여 우리가 법회에 나와서 법문을 들으니, "아, 내가 본래부터 부처님생명을 살고 있구나." 하고 자각하게 되는 것입니다.

이것이 부처님이 중생들을 잘 호념하시는 것이며 부촉하시는 것입니다.

그리고 이러한 사실을, 석가모니부처님께서 그냥 앉아만 계셨는데도 수보리존자는 확실히 압니다.
마치 사과나무에서 사과가 떨어지는 현상을 보고 남들은 아무것도 느끼지 못하지만, 뉴턴은 거기에서 만유인력의 법칙을 발견하는 것과 같습니다.

요즘엔 남자들도 부엌일을 많이 거들죠? 커피도 끓이고 밥도 짓고 합니다. 그러다 보면 김이 많이 나옵니다. 그러나 보통 사람들은 그것을 보더라도 그냥 지나칩니다. 그런데 스티븐슨이라는 사람은 거기에서 증기의 힘을 보지 않았습니까?

이와 같이 석가세존께서 가르쳐주고 있는 것을 다른 사람은 못 알아듣는데, 수보리존자는 눈이 밝아서 위와 같은 것들을 아는 것입니다.

깨달음, 어떻게 간직할까

우리가 불자佛子 노릇을 한다는 것은, '부처님께 떡을 많이 올렸으니까 부처님께서 나에게 복을 주시겠지.' 한다든지, '부처님이 나에게 뭔가를 해주실 것 같은데 해주지 않는다.'는 식의 어리석은 신앙이 아닙니다.

'나의 참생명이 본래 부처님생명이니까 당신이 깨쳐서 부처가 되었듯이, 나도 깨쳐서 부처되겠습니다.' 하는 마음을 일으키는 것이 불자 노릇을 하는 것입니다. 그리고 이것이 바로 '아누다라삼먁삼보리심을 일으킨다'는 의미입니다.

아누다라삼먁삼보리란 무상정등정각無上正等正覺이라고도 하는데, 풀이하면 부처님과 우리가 한생명을 살고 있다는 뜻입니다. 그런데 우리는 그것을 깨치지 못했기 때문에 중생 노릇하는 것이고, 부처님은 그것을 깨쳐서 부처 노릇을 하는 것입니다.

우리가 석가모니부처님과 다른 것은 한 가지밖에 없습니다.

그분은 깨치셨다는 것이죠. 그 깨침을 아누다라삼먁삼보리라고 하는 것입니다.

반야심경般若心經에 보면 '삼세제불도 반야바라밀다에 의지한 까닭에 아누다라삼먁삼보리를 얻었나니[三世諸佛依 般若波羅蜜多 故得 阿耨多羅三藐三菩提]' 라는 말이 나옵니다.

이것은 아누다라삼먁삼보리를 얻은 분을 부처님이라고 한다는 의미입니다. 다시 말하면 아누다라삼먁삼보리로 부처가 되는 것입니다.

부처님과 우리의 본래 생명에는 조금의 차이도 없습니다.
우리들의 참생명도 부처님생명이고 부처님의 생명도 그대로 부처님생명입니다. 부처가 되었다고 해서 생명능력이 늘어나는 것도 아니고, 중생 노릇 한다고 해서 줄어드는 것도 아닙니다.
완벽한 생명을 처음부터 살고 있는데도 불구하고 그것을 모르고 있기 때문에 중생이라고 하고, 그것을 완벽히 깨치셨기 때문에 부처라고 하는 것입니다.

'아누다라삼먁삼보리심을 일으킨다' 는 것은, '당신이 부처 노릇을 하는 것은 아누다라삼먁삼보리를 성취했기 때문입니다. 그런데 저도 깨닫고자 하는 마음을 일으켰습니다. 그리하여 저도 그것을 성취해서 부처 노릇을 하겠습니다.' 하는 다짐입니다.
이는 깨달음으로 부처가 된다는 말이며, 깨닫는다는 것은 없었던 것을 창조하는 것이 아니라, 본래 있는 것을 확인하는 것에 지나지 않습니다. 그러므로 깨쳐서 부처가 된다는 말은 깨치기 전부터 본래 부처였다는 말입니다.

부처님의 설법을 듣고 본래 부처인 것을 깨치는 것이 바로 아누다라삼먁삼보리입니다. 만약 깨치기 전에 부처가 아니라면 깨쳐도 부처가 될 수 없습니다. 그런데 이런 것을 자꾸 잊어버리고 부처님을 내 밖에 어디 멀리 따로 계신 분으로 생각합니다.

이렇게 아누다라삼먁삼보리의 마음을 일으켜서 부처 되겠다는 마음을 일으켰습니다. 다시 말하면 생명의 완성을 이루겠다는 마음을 일으킨 것입니다.
이 세상에 이보다 급한 일이 어디에 더 있습니까? 정말 보람 있는 인생을 보낸다는 것은 생명을 완성시키는 것 외엔 다른 것이 없습니다.

그런데 막상 이렇게 갸륵한 마음을 일으켜서 법당에 앉아있을 때는 유지되는 것처럼 보이는데, 자칫 밖에 나가면 금방 사라질 것 같습니다. '어떻게 하면 돈을 벌까? 더 출세할까? 혹시 내가 못사는 것은 궁합이 나빠서일까? 가만히 보니 할아버지 산소를 잘못 써서 그런 것 같은데 어떻게 하나? 또 어디서 들으니 금년에 삼재三災가 들었다는데 이것을 어떻게 할까?…' 등등의 별 망령스런 생각에 흔들릴 가능성이 있습니다.

그래서 '어떻게 이 거룩한 마음을 일으킨 것을 잘 간직해나갈 수 있겠으며, 어떻게 그 망령스러운 마음을 항복降伏받아야 합니까?' 하고 여쭙는 것입니다.
항복받는다는 것은 잘난 척하며 대드는 것이 아니라, '난 죽었습니다.' 하고 완전히 부정하는 것입니다. 망령스러운 중생의 마음을 완전히 부정하는 것입니다.
이것을 다른 말로 하면 내가 바뀐다는 뜻이 됩니다.

우리의 마음속에 일어나고 있는 모든 생각은 모두 중생다운 생각입니다. 이러한 중생다운 생각을 없애는 것이 바로 내가 바뀌는 것입니다. 우리는 항상 나를 바꾸는 공부를 하는 사람들입니다. 그래서 부처님께 예배드릴 때도 다음과 같이 여쭙습니다.

"부처님, 저도 아누다라삼먁삼보리심을 일으켰습니다. 마땅히 이 마음에 어떻게 머물며, 망령스런 마음을 어떻게 항복받아야겠습니까?"

우리가 이렇게 물을 때마다, 부처님께서는 수보리에게와 같이 말씀해 주십니다.

꿈을 깨우는 소리

그런데 말입니다. 부처님께서 얼마나 고마우셨으면, "옳다 옳다." 하시겠습니까?

여기에서 한 가지 더 보아야 할 것이 있습니다. 앞에서 수보리가 부처님께 "희유합니다, 세존이시여."라고 찬탄의 말씀을 올렸습니다. 그리고 부처님께서는 여기에서처럼 "옳다 옳다."고 하십니다.

이것들 모두가 칭찬입니다. 부처님은 처음부터 칭찬으로 시작해서 칭찬으로 끝납니다.

우리도 이와 같이 사는 겁니다. 수보리가 부처님을 칭찬하듯이, 부처님께서 수보리를 칭찬하듯이, 다만 칭찬하는 것입니다. 부모 자식 사이에도 칭찬하고, 내외간에도 칭찬하고 친구 사이에도 칭찬합니다. 우리 입에서는 칭찬만 나와야 합니다.

이것을 앞에서 이야기한 것과 연관 지어서 말한다면, 칭찬이야말로 절대무한을 실현하는 방법이기에 그렇습니다.

이제 수보리가 깨닫고자 하는 마음을 일으켰다는 것을 봅시다.

이것을 더 넓은 의미로 보면 부처님 전에 신심信心을 일으켰다는 말과 같습니다.

이는 앞에서 본 '상대유한인 내가 행동의 주체가 되어서는 절대무한에 도달할 수가 없다.'라는 말과 연결해서 생각해보면, 내가 잘나서 신심을 일으킨 것이 아니라는 것을 알 수 있습니다.

상대유한인 내가 믿는 마음을 일으켰다고 한다면, 그것이 오죽하겠습니까?

내가 일으키는 믿는 마음이란, 기껏 '내가 부처님께 밥을 가져다 드렸으니까, 드시고는 나한테 복福 좀 주시겠지.' 하는 정도입니다. 또한 '내가 부처님께 초를 밝혀드렸으니 답답하던 그분이 환해졌겠지, 물도 떠다 드렸으니까 더운 여름에 목이 말랐을 텐데 시원해지셨을 거야.' 하면서 거래하는 마음 이상일 수가 없습니다.

내가 신심信心을 내는 것이라면, 그것밖에 안 됩니다.
그러나 우리가 앞에서 공부했듯이 부처님의 호념 가운데에서 부처님의 부촉에 의해서 신심이 나게 된 것입니다. 여러분들은 이것을 잊어서는 안 됩니다.

우리가 이렇게 공부하는 것도 우연이 아닙니다. 부처님의 이끄심에 응답하는 것입니다.

우리가 모르고 있어서 그런 것이지, 알고 보면 우리 마음속에 일어나는 신심은 모두 부처님이 나에게 신심을 내도록 해주신 것입니다. 절대무한인 부처님으로부터 신심을 받은 것입니다.

우리가 구도자로, 보살로 세상을 살아나가는데 가장 중요한 의문이 바로 여기에 나옵니다. 이에 대한 해답을 자세히 주신 것이 금강경이기에, 우리 보살로서는 금강경이 참 중요한 경전임을 알아야 합니다. 그러므로 금강경을 자꾸 읽다보면, 법문 듣는 것을 잘 받아들이게 되는 것입니다.

그러니 동시에 '나무아미타불!' 염불을 해야 합니다. 부처님께서 나를 불러주고 계신 소리가 바로 나무아미타불이기 때문입니다.
애기 엄마들은 많이 경험했겠지만, 아이들이 서너 살쯤 되면 자다가 가위에 눌려서 경기를 할 때가 있습니다. 그때 엄마들이 어떻게 합니까? 그냥 놔두지 않습니다. 아이를 악몽에서 벗어나게 해서 편안하게 해줍니다. 아이가 악몽에 시달릴 때는 아기를 깨우는 것만이 편하게 해주는 길입니다. 엄마들이 아이를 깨우는데 무조건 깨우지 않고 아이의 이름을 부르면서 깨웁니다.

우리에게 일어나는 모든 것은 꿈속의 일입니다. 때문에 부처님께서 우리의 참 이름을 불러서 깨웁니다.
그러면 '김 아무개' '이 아무개' 라고 불러야 합니까?
'김 아무개' '박 아무개'는 꿈속에 있는 이름입니다. 몸뚱이에 붙은 이름이에요. 우리의 참된 이름은 아미타阿彌陀입니다. '나무아미타'는 꿈꾸고 있는 곳에 있지 말고, 본래 진실생명으로 돌아오라고 불러주고 계신 소리입니다. 그것이 나무아미타불南無阿彌陀佛인 것입니다.

아이가 가위 눌려 있을 때 거기에서 살아나는 방법은, 엄마가 불러주는 소리에 '응!' 하고 대답하면서 깨면 됩니다. 마찬가지로 부처님이 우리를 '나무아미타불! 나무아미타불!' 하고 부르시는 소리에, 우리도 '나무아미타불!' 하고 대답하면 되는 것입니다.

그러므로 나무아미타불은 내가 부르는 것이 아닙니다. 부처님이 나를 부르시는 소리에 호응하는 것입니다. 내가 염불하는 것이 아닙니다. 나는 염불할 수가 없어요. 다만 부처님께서 부르시는 소리, 부촉하는 소리에 응답할 수밖에 없습니다. 우리들의 참된 이름이 나무아미타불 이므로, 참된 이름을 부르시는 소리에 참된 이름으로 응답할 뿐입니다.

때문에 우리가 나무아미타불을 부르면, 일체 모든 중생세계가 다 없어져 버리므로, 중생생활 속에 있었던 시기·질투·근심·다툼 등이 모두 없어져 버립니다. 이렇게 절대평안의 세계, 절대광명의 세계가 우리 앞에 전개되는 것이 나무아미타불의 세계입니다.

오늘, 부처님생명으로 산다 ❷

❀ 기쁨으로 가르침을 청한다

부처님은 곧 법신法身이십니다. 그러므로 이 세상 어느 구석을 뒤져도 부처님이 아니 계신 곳을 찾을 수가 없습니다.
그런데도 수시로 짜증을 내고, 근심과 걱정으로 지새우며 남들과의 다툼과 시기, 질투로 날을 보냅니다. 또는 자기가 지난날에 저지른 죄업을 되새기면서 스스로를 저주하며 슬픔 속에서 한숨짓기도 합니다.
짜증 낸다는 말은, 문제나 난관이 나에게 부당하게 닥쳤다는 생각에서 나오는 마음의 상태입니다. 더구나 자기에게 걸맞지 않은 어두운 일이 억울하게 자기 앞에 나타날 것이라는 예상 아니겠습니까?

그렇다면 이런 것들은 우리 스스로가 부처님의 위신력을 의심하거나 거부하고 있는 심리적인 현상이 아니고 무엇이겠습니까? 어떻게 부처님의 높으신 법문이, 부처님의 따스하신 자비가 현재 우리가 처해 있는 현실을 외면하겠습니까?

우주에 꽉 차 계신 부처님께서는 무명無明 속에서 헤매는 중생들에게 끊임없는 법문法門을 주고 계십니다. 이런 생각을 할 때마다 우리에게는 이 우주가 온통 그대로 진리를 배우는 법당입니다. 자연 현상 그대로가 법신의 법문이며, 인생살이의 무상無常함이 그대로 발심發心을 재촉하는 가르침입니다.

중생이 마음만 열면, 어느 때 어느 곳에서건 부처님의 자비하신 설법을 접할 수 있는 것입니다. 참으로 다행스럽고도 고마운 일이 아닐 수 없습니다.

❀ 마음을 열어 설법을 듣는다

부처님은 대 지혜이면서 대 자비이신 분입니다. 그래서 중생의 괴로움을 어떻게 해서든 없애기 위해 여러 가지의 방편을 쓰십니다. 대체로 중생들의 괴로움이란 결국 마음의 어둠이 근본 원인인 것은 더 말할 나위도 없습니다.
마음이 어두워 자기 생명의 참된 가치를 모르면, 국토와 중생의 참된 공덕을 알지 못합니다. 그리하여 겹겹이 싸인 장벽 속에 갇혀서 괴로움에 헤매게 됩니다.

이러한 장벽들은 끝없는 괴로움을 주고 있는 확고부동한 존재인 듯 보입니다. 그러나 실은 그것이 어둠 속에 나타난 한갓 환상에 지나지 않는 것이 아니겠습니까? 어둠 속에 나타난 환상이라면, 그것은 밝음 앞에서 사라지게 마련입니다. 그래서 부처님께서는 우리 중생으로 하여금 괴로움에서 벗어나도록 하기 위하여 밝음을 찾는 길을 일러주십니다. 이것이 설법說法입니다.

설법은 그대로 진리를 드러내 보인 것입니다. 그리고 진리는 처음부터 온 우주에 두루하여 있습니다. 그러므로 일체의 자연 현상이 어느 것 하나, 진리를 우리에게 보이고 있지 않은 것이 없습니다.
모든 것은 눈을 뜨고 보게 될 때 그대로가 설법이건만, 눈 어두운 중생들에게는 한낱 나타났다가 사라지는 현상으로밖에 여겨지지 않습니다.

이렇듯 부처님의 설법은 우리 앞에 드러나 있지 않을 때가 없건만, 나로서는 설법을 듣지 못합니다. 그러니 간절한 마음을 일으켜 법을 청합니다. 그것은 마음을 비움에서 시작됩니다. 설법을 청할 때마다, 마음을 비우고 온 우주에 두루 하여 있는 절대진리를 체득體得하는 것입니다. 이렇게 설법을 받아들이는 자세를 갖춰야 합니다.

❀ 법회와 법사에게 감사한다

이와 같이 진리의 설법은 항상 우리 앞에서 끊이지 않건만, 눈 어두운 우리는 그 소리를 듣지 못하고 괴로움에 아우성칩니다. 그런데 이 어둠조차 부처님은 좋은 방편으로 쓰시어 밝음으로 인도하시니, 그것이 경전이며 법회法會이며 법사法師입니다.

우리는 지성을 다하여 경전을 받아 읽고 외워서 마음의 어둠을 밝혀야 합니다. 한 번 읽고 대충 그 뜻을 짐작하였다고 하여 내버릴 일이 아닌 것입니다. 읽고 또 읽고 거듭 읽어서 마음속 깊은 곳에 오래도록 쌓아 온 어두운 습기를 씻어 내야 합니다.

경전을 읽는 것은 오직 깨치기 위함인 것이고, 지식은 식識의 세계의 한 현상입니다. 식을 떠나 지혜로 밝혀져야 깨달음입니다.

이래서 우리는 우리에게 법을 설해 주시는 선지식이 무한히 고맙고, 그러한 법이 설해지도록 출현한 법회가 한없이 귀중한 것입니다. 또한 함께 법을 듣는 법우法友들의 고마움도 알게 됩니다.

이 땅이 원래부터 부처님의 공덕이 그윽한 땅이건만, 그리고 법신불께서 항상 설법을 주고 계시건만, 그러한 고마움을 알지 못하고 지내는 우리로 하여금 법 앞에 눈을 뜨도록 이끌어 주시는 분이 법사法師이십니다.

따라서 정성을 기울여 법사께 공양 올리며 법회를 보호해야 할 것입니다.

부처님께서 수보리에게 이르셨다.
"모든 보살마하살은 이와 같이 그 마음을 항복받으라.
'있는 바 일체 중생 종류인, 알로 생기는 것·
태胎로 생기는 것·습濕으로 생기는 것·
화化하여 생기는 것·형상 있는 것·형상 없는 것·
생각 있는 것·생각 없는 것·
생각 있는 것도 아니오·생각 없는 것도 아닌 것들을,
내가 다 무여無餘열반에 들도록 하여서, 멸도하리라.
이와 같이 한량없고 셀 수 없고 가없는 중생을 멸도滅度하나,
실로는 멸도를 얻은 중생이 없다.'고 하라.
어찌한 까닭이냐?
수보리야, 만약 보살이 아상我相과 인상人相과
중생상衆生相과 수자상壽者相이 있으면,
이는 곧 보살이 아니니라."

―――

佛告須菩提 諸菩薩摩訶薩 應如是降伏其心 所有一切衆生之類
若卵生 若胎生 若濕生 若化生 若有色 若無色 若有想 若無想
若非有想 若非無想 我皆令入無餘涅槃而滅度之 如是滅度無量
無數無邊衆生 實無衆生得滅度者 何以故 須菩提 若菩薩有我
相人相衆生相壽者相 卽非菩薩

대립을 넘어서

이 세상에 있는 중생들의 태어남을 보면 4가지 종류로 나눌 수 있는데, 태胎로 생기는 것·알로 생기는 것·습한 데서 생기는 것·변화해서 생기는 것이 있습니다. 우리가 '삼계도사 사생자부三界導師 四生慈父…' 하고 예불드릴 때 외우는 사생四生은 바로 이것을 가리킵니다.

알로 생기는 것은 우리가 잘 알다시피 새와 같은 것들이 있고, 태로 생기는 것은 포유류가 있습니다. 그리고 습으로 생기는 것은 곰팡이와 같이 습한 데서 생기는 것이 있으며, 지옥이라든지 하는 곳은 변화하여 갑니다.

그리고 형상 있는 것·형상 없는 것·생각 있는 것·생각 없는 것·생각 있는 것도 아니고 생각 없는 것도 아닌 것 등은 존재하는 방식에 따른 분류입니다.

형상이 있어 물질을 가지고 살기 때문에 눈으로 볼 수 있는 것도 있고, 형상 없이 살고 있는 것도 있습니다. 또한 사상思想으로 보았을 적에, 생각 있는 것과 생각 없는 것이 있습니다. 그리고 선정禪定에 깊이 들어가면, 생각 있는 것도 아니고 생각이 없는 것도 아닌 단계에 이르기도 합니다.

이것이 아홉 가지의 중생입니다.

여기에서 우리는 세상에 있는 모든 중생이 나와 대립되어 있는 것인가, 아니면 나와 한 생명인가를 생각해 보아야 합니다.
어떤 모양을 가지고 있든지 모두가 부처님생명을 살고 있는 것이라고 믿으면, 이 세상 어디에도 나와 대립되어 있는 중생은 없을 것입니다.

그러나 알고 있다시피 사회에는 생존경쟁의 원리가 지배하고 있습니다. 내가 산다는 것은 남의 희생을 바탕으로 하고, 또한 남이 산다는 것은 나의 희생을 바탕으로 한다고 믿어 의심치 않습니다.
그래서 남들과 생존경쟁 속에 살면서 나만 잘되면 그만이라고 여깁니다. 이것이 생존경쟁의 원리이고, 중생계가 존립하는 동안은 엄연한 생존의 법칙입니다.

그렇지만 이미 아누다라삼먁삼보리의 마음을 일으켰다면, 남과 대립하고 있다고 생각되는 '나'는 모두 항복降伏받아야 합니다. 내 밖에 나와 대립되어 있어 보이는 모든 중생을 짓밟고 내가 잘 되어야겠다고 생각했지만, 그것이 아니라는 사실을 알아야 합니다.

수보리가 처음 여쭈어본 것은 "내가 부처 되겠다는 아누다라삼먁삼보리의 마음을 일으켰으니, 어떻게 하면 이 마음을 잘 간직해서 부처가 될 수가 있겠으며, 어떻게 하면 망령스런 마음이 날 적에 그 마음을 항복받을 수 있겠습니까?" 하는 것이었습니다.

그러니 우리 생각에는 내가 부처 되는 것에 대해 얘기해주셔야 할 텐데, 부처님은 남들을 다 부처 되도록 하는 쪽으로 마음을 쓰라고 대답하십니다.

'내가 먼저 부처가 되어야겠는데, 어째서 내가 부처 되는 건 놔두고 남들을 부처 되게 해주라는 것인가?' 하는 의문이 생깁니다. 이 의문을 가만히 생각해 보면, 여기에 불교의 근본이 자리합니다.

"너는 본래부터 무한無限이야."

이것이 위 의문에 대한 답입니다.
본래부터 무한능력자이기 때문에 그렇습니다. "네가 무한공덕의 주인이야, 그러니 새삼스레 부처 될 것도 없고, 남에게 따로 받아야 될 것도 없어. 그냥 넌 주면 되는 거야."

그런데도 우리는 받으려고만 할 뿐, 줄 수 없다고 생각합니다.
이것은 '나는 중생이오.' 하고 주장하는 것과 다르지 않습니다. 그러므로 남에게 뭘 받으려고 하거나, 줄 수 없다는 생각이 나면 얼른 나무아미타불로 그 마음을 항복받아야 합니다.
'이렇게 주고 나면 굶어 죽는 것이 아닌가?' 하는 생각이 일어나는 것 역시 나를 한정짓고, 나를 유한자로 인정하는 것이기 때문에 그 마음도 얼른 항복받아야 합니다.

스스로 중생이라는 마음이 떠오를 때, 나무아미타불로 그 마음을 지워버리면 남는 것은 무한밖에 없습니다.
유한으로서는 아무리 많은 수를 더해도 유한일 수밖에 없고, 무한에서는 아무리 남한테 주거나, 아무리 큰 숫자를 빼내도 무한으로 남습니다.

그러므로 아무리 남들한테 베풀어도 조금의 손실도 없는 것이 우리 참생명의 세계입니다. 이것은 믿었을 때만 가능한 얘기입니다.

지금 우리나라에서는 참선參禪이 아니면 불교가 아니라고 하는 분들이 많습니다. 그리고 참선을 내가 새삼스레 부처가 되는 수행방법이라고 생각합니다.

그래서 참선하는 분들 대부분은 앉아서 '왔다 갔다 하는 이 한 물건이 무엇인가?' 하는 물음을 계속합니다. 이걸 알아야하는데, 모르기 때문에 알아내려고 하는 것입니다.

하지만 새삼스레 내가 알아내지 않아도 됩니다. 부처님이 가르쳐 주신 대로 믿게 되면, 그것이 진실이라는 것을 인정하는 것이므로 깨친 것과 전혀 다름이 없습니다.

부처님께서는 우리에게 우리가 본래부터 부처님생명을 살고 있다고 끊임없이 말씀하십니다.

그러므로 우리가 새삼스레 완성시켜야 할 부처라는 것도 따로 없습니다. 그러니 나를 위해서 내가 부처 되어야겠다는 새삼스런 생각을 가질 것 없이, 남들이 부처 되도록 해주는 것에 대해서만 생각하라는 것이죠. 우리는 이미 부처님이므로 부처 노릇만 하면 됩니다.

정리하자면 부처님께서는,

"부처 되겠다는 마음을 가졌으면 부처 노릇 하렴, 네가 본래 부처니까."
라고 대답하시는 것입니다.

그럼 부처 노릇은 어떻게 하는 것입니까?
부처님은 모양으로 볼 수 없습니다. 모양이 아니라 원력願力입니다. 중생을 모두다 남김없이 부처 되게 해주시겠다는 원願, 그것 말고는 부처님이 없습니다. 따라서 모든 중생을 다 부처 만들겠다는 원, 그 자체로 사는 분이 부처님입니다.

그래서 '한량없고 셀 수 없고 가없는 중생을 멸도하나 …' 라고 하시는 것입니다. 멸도滅度란 열반涅槃과 같은 의미입니다. 이러한 열반의 세계에 들도록 하기 위해서 우리가 모든 중생을 제도하는 원을 일으키는 것입니다.

우리가 부처님 법을 배웠으면, 부처님 법을 부지런히 전달해주어서, '아, 이 육신이 본래부터 내가 아니었구나, 내가 본래부터 부처였구나.' 하는 사실을 깨쳐 들어가 열반의 세계에 들도록 해야 합니다.
열반의 세계를 다른 말로 하면 번뇌가 없는 세계라고 할 수 있습니다. 번뇌는 상대유한의 세계에서 일어나는 것입니다. 그렇기 때문에 상대유한의 세계가 진실이 아님을 알아서 열반에 들도록 인도해주는 것입니다.

마음을 항복받는다

이처럼 열반은 생사가 없는 세계, 대립이 없는 세계를 가리키는 말로, 절대무한의 다른 이름입니다.
그런데 열반은 유여열반有餘涅槃과 무여열반無餘涅槃으로 나눌 수 있습니다.
유여열반은 절대무한을 깨치고서도 전생에 지었던 업의 나머지가 남아있는 상태로 몸뚱이가 남아 있는 상태를 말합니다.

무여열반은 몸뚱이까지 없어져서 남은 것이 없는 최상의 행복한 상태를 말합니다. 아무리 행복해도 몸뚱이가 있으면 완전히 행복할 수가 없습니다. 때문에 몸뚱이마저도 없는 최상의 행복한 상태를 무여열반이라고 이릅니다. 하지만 본래 중생이 있는데, 그 중생을 무여열반에 들도록 하는 것인가를 생각해보아야 합니다.

무여열반의 세계는 깨달음의 세계라고 했습니다. 깨달음이란 없는 것을 창조하는 세계인가요? 아니면 본래부터 있어 왔던 것을 없다고 착각하다가 있는 것을 확인하는 것인가요?
없는 것을 창조하는 세계가 아니라는 것을 앞에서도 여러 번 언급했습니다. 따라서 무여열반에 들게 해서 해탈을 얻게 한다는 것은, 깨달음의 세계에 들어서 부처가 되게 한다는 뜻으로서, 깨치기 전에도 본래부터 부처라는 말입니다.

흔히 깨치기 전에는 중생이었다가 깨치면 부처가 된다고 얘기하면서, 깨달음이라는 행위가 중생을 부처로 바꿔놓는 창조 행위처럼 생각합니다.

하지만 그렇지 않습니다. 우리 눈에 중생처럼 보일 뿐이지, 사실은 처음부터 부처입니다. 그런데도 부처인 줄 모르고 지내다가 깨쳐 보니까, 본래부터 부처였다는 것을 알게 되는 것입니다.

깨치기 전부터도 본래 부처입니다. 부처로 태어났고 부처로 살아온 것입니다. 그 사실을 모든 중생들에게 전해주어 부처님 법에 의지해서 깨닫도록 하는 것이지요.

그런데 그 법을 전해들은 사람들이 깨치고, 안 깨치고는 그 사람 소관입니다. 그러므로 법을 전해주는 나의 입장을 생각해봐야 합니다. 상대방이 지금은 중생이지만 부처님 법문을 듣고 후일에 부처가 되는 것입니까? 아니면 처음부터 부처라는 얘기입니까?

처음부터 부처라는 말이지요. 이 말은 우리가 일상생활을 할 적에 모든 사람을 처음부터 부처님으로 대접한다는 것입니다.

따라서 우리는 상대방으로 하여금 깨쳐서 부처 되도록 인도해주는 일을 게을리하지 않고 당연히 해야 합니다. 뿐만 아니라 겉으로 보기엔 나쁜 사람, 못난 사람, 천한 사람으로 보일지라도 그런 것에 관계없이 처음부터 부처님으로 대해야 합니다. 그 사람에게 법을 전하는 목적은 그 사람이 본래 부처라서 부처 되도록 해주는 것이지, 부처가 아닌 사람을 부처 되도록 하는 것이 아니기 때문입니다.

우리들 마음의 자세는 당연히 그 모든 사람을 처음부터 부처님으로 대접하는 것입니다. 이렇게 세상 사람 전부를 부처님으로 대접해 나가는 것, 이것이 결국 '내가 다 무여열반에 들도록 하여서 멸도하리라.' 는 뜻입니다.

그리고 이어서 부처님께서는, "이와 같이 한량없고 셀 수 없고 가없는 중생을 멸도하나 실實로는 멸도를 얻은 중생이 없다."고 말씀하십니다.
본래부터 부처였던 사람을 부처 되도록 한 것에 지나지 않기 때문에 그렇습니다. 그리고 이 쪽 입장에서 보면, 상대방이 깨치고 안 깨치고는 관계없습니다. 본래부터 부처님인 것으로 보았기에, 실지로는 멸도를 얻은 중생이 없는 것입니다.

여기서 우리는 '아하, 이 세상 사람을 볼 적에 겉모양으로 보면 여러 가지 차별이 있을 수 있다. 반면에 그 겉껍데기에 속지 않고 알맹이를 보는 입장에 서면, 이 세상 모든 사람이 본래부터 부처구나.' 를 알게 됩니다.
이렇게 세상 사람들을 다 부처님으로 보는 마음으로 살아가는 것이 바로 모든 중생을 무여열반에 들게 하는 것이며, 또한 모든 중생을 부처 되도록 하는 것입니다.

모든 중생을 부처 되도록 하는 것은, 그러한 모든 중생과 울타리가 없어져서 대립이 없어진다는 말입니다. 뿐만 아니라 우리 각자에게 있는

'나 잘났다.'는 마음을 항복시켜 나가는 것을 의미합니다.

그래서 우리 마음속에 있는 나, 법과 하나가 되어있지 않은 나, 남들과 다툼을 벌여나가고 있는 나를 없애는 방법은, 주변에 있는 모든 사람들을 겉모양과 관계없이 부처님으로 받들어 모신다는 원을 세우고 사는 것입니다.

그런데 가만히 생각해 보니 내가 원해서 부처가 된다면, 나에게 부처를 만들만한 능력이 있다는 말이고, 나에 의해서 만들어지는 부처가 있다는 뜻이 됩니다.

이것은 말도 되지 않습니다.

굳이 설명하자니 이 세상에 있는 중생을 부처 되도록 하겠다는 것이지, 나로 인해 만들어지는 부처는 없기 때문입니다.

부처는 원래 시간에 구애받는 존재가 아니므로, 언제부터라는 말이 필요 없습니다. 지금 현재 부처이기 때문에 앞으로도 부처가 될 수 있는 것입니다. 또한 부처는 무한생명이므로 언제 이후로는 부처이고, 그 전에는 부처가 아니라는 말은 성립할 수 없습니다.

바꿔야 할 너는 없다

사람들 중에는 잘난 사람도 있고, 못난 사람, 악한 사람, 착한 사람, 나와 가까운 사람, 나와 먼 사람 등 여러 차별이 있을 수 있습니다. 그럼에도 모든 사람의 참생명은 부처님생명이므로 겉모습에 속지 않고 보면, 세상 사람 모두를 부처님으로 보는 마음으로 살아갈 수 있습니다.

이렇게 남을 부처님으로 보는 마음을 갖는 것이 바로 내 마음을 항복받는 것입니다.
그런데도 주변 사람들과 같이 지내다보면 우리는 못난 사람, 악한 사람이라고 생각되는 사람과 갈등이 생길 수 있습니다.

어떤 젊은 여인이 남편을 사랑하는 마음으로 연애해서 결혼했습니다. 그런데 결혼해보니 안방에 있는 시어머니 때문에 골치가 아픕니다. 자신은 남편을 보고 시집왔지, 시어머니를 보고 온 것이 아닌데 사사건건 충돌합니다.
도저히 이렇게 살 수 없다고 생각한 며느리는, 두 사람 중의 하나가 없어져야 한다고 생각하고는, 처음에는 자신이 없어지려고 마음먹었습니다. 그런데 가만히 생각하니 억울합니다. 자신은 새로 들어왔으니까 시어머니를 먼저 나가게 해야겠다고 생각을 바꿉니다.

그래서 어떤 한의사를 찾아가서 상황을 설명하고, 시어머니가 없어지는 약을 써달라고 합니다.

그러자 한의사가 한참 생각 끝에 그렇게 해주겠다면서 다음과 같이 말합니다.

"약을 지어줘서 시어머니가 바로 돌아가시면 당신도 나도 살인죄로 잡혀갈 것입니다. 그러니 천천히 죽어가게 하는 방법을 씁시다. 그러면 약 때문에 죽었다고 생각하지 않을 것이고, 당신과 나에게도 아무런 피해가 없을 겁니다.

그런데 거기에는 조건이 하나 있습니다. 시어머니가 돌아가신 다음에 남들이 효부로 잘 모셨다고 해야 좋지, 사이가 나쁘더니 죽었다고 하면 꺼림직하지 않습니까?

약을 지어줄 테니, 오늘부터 정성을 다해서 시어머니를 모시도록 하십시오. 시어머니께 칭찬을 많이 하고 남들한테도 시어머니 칭찬을 많이 하십시오. 그래야 사람들이 며느리와 시어머니 사이가 좋았다고 말할 것입니다."

독약을 지어온 며느리는, 시어머니가 어차피 시한부 인생을 사시게 될 것이므로 정성을 다해서 잘 대해드렸습니다.

그런데 얼마 후 기간이 다 차지 않아서 그 며느리가 다시 한약방에 찾아왔습니다. 시어머님이 참 훌륭하고 좋으신 분이므로 계속 살아 계셔야지, 돌아가시게 해서는 안 된다는 것입니다. 그래서 그동안 먹은 약을 해독하는 약을 좀 지어달라고 온 것입니다.

한의사는 그럴 줄 알고 있었다는 듯이, 그 약은 보약이니 그냥 잘 달여 드리라고 했다는 이야기가 있습니다.

여기에서 잘못 보면 며느리가 시어머님을 고쳤다고 할 수가 있겠지만, 사실은 자신이 바뀌니까 시어머님이 바뀐 것입니다. 문제는 결국 내가 바뀌는 것이지, 상대방을 바꾸는 것이 아닙니다. 본래 세상에는 부처님밖에 없기에 세상 사람 모두를 부처님으로 보는 것입니다.

이와 같이 하여 중생을 멸도에 들게 하는데, 한두 사람으로 끝나지 않고 한량없고 가없는 중생을 모두 멸도에 들게 합니다.

이것이 저 유명한 사홍서원 가운데, '이 세상에 중생으로 남아있는 사람이 한 사람이라도 있으면 부처가 되지 않고, 중생이 하나도 남아 있지 않을 때까지 중생을 남김없이 제도하겠습니다[衆生無邊 誓願度].' 하는 것입니다.

사라지는 아상我相

어떤 사람이 바닷물을 말리려고 바가지로 물을 퍼낸다면, 그것이 하루 이틀에 되겠습니까? 금년 내내 해도 안 되겠죠? 십 년 후에도 안 되고 평생 해도 안 될 것입니다. 그런데 이 사람은 이생에 다하지 못하면 다음 생에, 또 그 다음 생에도 계속할 것이라고 맹세합니다.
이렇게 영원토록 해나가는 것이 원願입니다.

그래서 원은 욕망과 다릅니다. 언제 실현될지 모르지만 언젠가는 실현해야 할 영원한 가치입니다. 언제 실현된다는 것이 없습니다. '이만하면 안심이다. 이만하면 됐다.' 라는 것이 없습니다. 그러면서도 내 밖에 있는 누구를 제도한다는 것이 아닙니다. 제도할 수 있는 것은 나 자신밖에 없습니다.

이렇게 '무한의 원을 위해서, 무한의 세월을, 무한으로 걸어가는 사람'을 보살菩薩이라고 하지 않습니까?
그런데 내가 나를 제도하는 것이 아니라, 아미타阿彌陀인 법의 힘으로 제도되는 것입니다. 이것이 나무아미타불입니다. 이렇게 나무아미타불에 의해서 완전한 열반을 증득하는 것이지, 나에게 있는 어떤 특정한 힘이 특별히 발휘되어 중생을 제도한다는 법은 없습니다.
그래서 부처님은 "만약 보살이 아상과 인상과 중생상과 수자상이 있으면, 이는 곧 보살이 아니니라."고 말씀하십니다.

아상我相은 '내가 이만한 힘을 가졌다.'고 내세우는 것을 말합니다. 내가 시어머님을 바꿨다, 내가 나라를 바꿨다, 내가 중생을 제도했다 등의 생각을 갖는 것이 모두 아상입니다. 본래 모두가 부처님생명을 살고 있는데, 그것을 모르고 마치 서로 다른 생명을 살고 있는 것처럼 생각하는 것이지요.

인상人相 역시, '내가 너를…' 이라는 생각을 갖는 것입니다. 내 생명이 따로 있고, 네 생명도 따로 있다고 생각하는 것을 말합니다.
이렇게 따로따로 있는 생명이 서로 생존경쟁을 벌이고 있다고 생각하는 것이 중생상衆生相이며, 그런 가운데 내가 잘났다는 마음이 나타나는 것이 수자상壽者相입니다.

마치 발전소에서 전기를 보내주어서 전등에 불이 들어오는 것인데, 전등 자신이 잘나서 불이 들어온다고 생각하는 것과 같은 것이 상相입니다.

보살은 깨쳐서 부처 되겠다는 마음을 일으켰기에, 내 생명이 따로 있다고 우기지 않습니다. 즉 아상이 없습니다. 이렇게 내 생명이 따로 있다는 생각[我相]이 없으니, 네 생명이 따로 있다는 생각[人相] 또한 없습니다. 이렇게 '나'와 '너'라는 대립이 없으니, 저절로 대립세계가 부정되므로 생존경쟁의 세계[衆生相] 자체가 인정되지 않습니다. 따라서 내 생명이 가장 중심이 된다는 생각[壽者相]까지도 일어나지 않습니다.

다시 얘기하자면, 보살은 처음부터 '내 생명이 따로 있지 않습니다.' 하고 삽니다.

이 말은 '이 세상 모든 사람들과 본래부터 한생명을 살고 있다.'는 것을 받아들이는 것입니다. 세상 사람 모두와 더불어 한생명을 살고 있기에 본래부터 대립이 없습니다. 이렇게 대립이 없고 상대가 없는 세계를 처음부터 살고 있다는 것을 알아서 깨치는 것입니다.

때문에 내 주변에 중생이 있고, 그 중생을 어떻게 해서든지 다 열반의 세계에 들게 하겠다는 것은 처음부터 성립되지 않습니다.

내 생명이 따로 살고 있다는 생각이 없으니, 다만 나무南無로 삽니다.
나를 앞세우는 번뇌망상에 구속되지 않으니, 이 세상은 온통 부처님생명이 살고 계시다는 것을 알게 됩니다.

그러므로 아상을 꺾고 이 세상을 산다는 의미는, 언제 어디에서나 '내가 잘났으니까 너로부터 대접을 받아야겠다.' 거나 '너는 내가 무시해도 된다.' 는 생각조차도 일으키지 않는 것을 말합니다.

이로부터 절대평등의 세계가 펼쳐집니다.

흔들리지 않는 마음

많은 사람이 생명을 만들어준 존재가 따로 있고, 그에 의해서 만들어진 생명이 따로 있다고 생각합니다. 그래서 나를 만들어주신 존재의 생명은 나보다 고귀하고, 내 생명은 피조물被造物이므로 하찮다고 생각합니다.
그렇지만 생명은 전부 한 생명을 나누어 살고 있는 것으로, 차별이 있을 수 없이 모두가 절대평등한 존재입니다.

여러분은 인간 존중이라는 말을 많이 들어보았을 것입니다.
그러면 과연 참다운 인간존중이란 무엇일까요?
앞에서 들은 대로 부처님생명은 온 우주에 두루합니다. 그리고 오로지 부처님생명밖에 없기 때문에 절대평등입니다. 따라서 부처님생명밖에 인정할 것이 없습니다. 존중할 것은 그것밖에 없는 것이지요.

그러므로 사회적인 지위가 높다든지, 경제적인 힘이 있다든지, 학식이 높다든지, 또는 여러 가지 조건이 남들보다 좋은 사람과 그렇지 못한 사람 사이에 차별이 있을 수 없습니다.
이것이 바로 절대평등의 세계이며, 참다운 인간존중입니다.

그런데 요즘 인간존중이라는 말을 많이 하면서도, 그 기준을 얼마나 욕망을 잘 충족시켜 주는가에 둡니다. 사회복지라는 것도 마찬가지입니다. 이 육신의 욕망을 충족시키고, 육신의 괴로움을 제거해주는 것을 사회복지라고 생각하는 것이지요. 그 사람이 어떻게 살든 먹는 것, 입는 것, 자는 것만 해결해주면 복지는 해결되었다고 합니다.

이처럼 우리가 세상 사람들이 '살기 편하게 되었고 인권이 많이 보장되었다.'고 하는 것의 내용을 잘 살펴보면, 동물적인 의미의 본능을 마음대로 충족시킬 수 있도록 사회적인 보장이 되었다는 것으로만 한정됩니다.

그러므로 위에서 말한 기준으로 인간이 존중되었다고 하는 것은, 동물적인 범주로 보는 것에 지나지 않습니다.
참된 인간존중이 되려면 그 사람들이 정말로 부처님생명을 살고 있다는 자각을 일으켜서, 부처님생명으로 살도록 인도해주어야 합니다. 그 사람의 겉모양과 관계없이 부처님생명으로 존중하는 사회 분위기가 이루어졌을 때, 비로소 인간존중을 한다고 할 수 있습니다.

이렇게 상相을 취하지 않으면, 겉모양에 속지 않습니다. 겉모양에 조금도 속지 않으니, 마음에 흔들림이 없습니다. 따라서 아상我相을 버리는 것이 부처로 사는 시작입니다.
그런데 이것을 내 힘으로 없앤다는 것은 옳지 않습니다. 만일 내 힘으로 상相을 없앤다고 한다면, 중생의 힘으로 없앤다는 말이 되는데, 그래봐야 또 다른 중생이 남을 뿐입니다.

이는 마치 비오는 날, 흙탕물이 튀어서 더러워진 옷을 또 다른 흙탕물로 닦는 것과 같습니다. 당장은 없어진 것처럼 보이지만 도로 나타납니다.
중생의 힘으로 중생을 없애겠다는 생각은 어리석기 짝이 없습니다. 중생의 힘으로는 중생을 없앨 수가 없습니다. 내 힘으로 없애는 것이 아니라, 나무아미타불로 없앨 수 있습니다.

누군가 불교신앙을 십 년 동안 했다면, 아상 없애는 공부를 10년 동안 했다는 말입니다. 따라서 10년 공부한 사람은 공부하지 않은 사람보다 아상이 그만큼 적어야 합니다. 즉 공부가 되면 될수록 아상이 점점 없어져야 합니다.
그런데 이상하게도 10년 공부한 사람이 5년 한 사람보다, 5년 공부한 사람은 1년 한 사람보다 아상이 더 많은 경우가 있습니다.

이러한 현상은 공부를 잘못해서 생기는 현상입니다.

부처님에 의해서 아상이 없어지는 것을 알지 못하고, 자신의 수행 정도에 따라 아상이 없어진다고 생각합니다. 남들이 공부하지 않을 때, 자신은 얼마만큼 공부했다는 또 다른 아상이 앞섭니다.
남들은 108배도 못하는데, 자신은 3천배를 했다는 것이 다름 아닌 아상입니다. 3천배는 잘났다는 마음을 없애는 의미로 하는 것인데, 남이 못하는 것을 자신은 했다고 좋아하니, 바로 아상이 생기는 것입니다.

염불도 다르지 않습니다. 시간이나 횟수로 따져서, 남과의 비교치로 측정한다면 이것 또한 아상입니다.

나무아미타불은 내가 부르는 것이 아니라, 부처님께서 불러주시는 소리에 응답하는 것이라고 했습니다. 그런데 부처님은 나만 불러주시지 않습니다. 이 세상 사람 모두를 불러주고 계십니다. 때문에 세상 사람 모두를 부처님으로 보아야 할 의무가 나에게 있습니다.

세상 사람 모두를 부처님으로 보면서, 나무아미타불의 부르심 속에 있다고 인식하는 것이 바로 나를 항복받는 것이며, 상을 없애는 것입니다.
상이 없어지면 이 세상 모두와 한생명인 부처님생명을 살고 있음을 알아 남이 없음을 알게 됩니다.
그러면 살아가면서 남들을 해치면서 살아야 하는 것인지, 남들에게 이익을 주면서 살아야 하는 것인지를 자연히 알게 됩니다. 이해관계와 대립 속에서 살지 않으며, 다만 세상 사람을 이롭게 해주며 살 따름입니다.

"그리고 또 수보리야, 보살은 마땅히 법에 머문 바 없이 보시를 행하여라. 이른바 형상에 머물지 않는 보시이며, 성聲·향香·미味·촉觸·법法에 머물지 않는 보시여야 하느니라.

수보리야, 보살은 마땅히 이와 같이 보시하여 상에 머물지 않느니라. 어찌한 까닭이냐? 만약 보살이 상에 머물지 않고 보시하면, 그 복덕福德을 가히 생각으로 헤아릴 수 없느니라.

수보리야, 어떻게 생각하느냐?

동쪽 허공을 가히 생각으로 헤아릴 수 있겠느냐?"

"못하겠습니다. 세존이시여."

"수보리야, 남서북방과 사유四維와 상하 허공을 가히 생각으로 헤아릴 수 있겠느냐?"

"못하겠습니다. 세존이시여."

"수보리야, 보살의 '상相에 머무름이 없는 보시'의 복덕도 또한 다시 이와 같아서 생각으로 헤아릴 수 없느니라. 수보리야, 보살은 오로지 마땅히 가르친 바와 같이 머물지니라."

―――――――

復次 須菩提 菩薩於法 應無所住 行於布施 所謂不住色布施 不住聲香味觸法布施 須菩提 菩薩應如是布施 不住於相 何以故 若菩薩不住相布施 其福德不可思量 須菩提 於意云何 東方虛空 可思量不 不也 世尊 須菩提 南西北方 四維上下 虛空可思量不 不也 世尊 須菩提 菩薩無住相布施 福德亦復如是 不可思量 須菩提 菩薩但應如所敎住

공포로부터 해방 - 보시

진리에 입각해서 산다는 것은, 생각하고 의논할 수 있는 차원이 아닙니다. 언어나 문자로 도저히 다 드러내지 못하는 세계입니다. 그렇다고 해서 없다거나 먼 데 따로 있는 것도 아닙니다. 다만 특별히 머물지 않으면서 절대무한을 살아가는 것이기 때문입니다.

그래서 보시布施는 남에게 베푸는 것으로, 부처님께서 우리에게 가르쳐주신 중요하고도 커다란 가르침입니다. 그러나 부처님이 보시하라고 했기 때문에, 거기에 끄달려서 머묾이 있는 보시를 한다면, 이는 보시의 참뜻과 너무나 거리가 멉니다.
또한 형상으로 보이는 것을 비롯한 소리나 냄새나 맛이나 감각이나 대상 등의 객관세계에 집착해서 보시하는 것도, 역시 참다운 보시가 아닙니다.
부처님은 내 인식의 대상에 조건을 붙이거나, 집착심을 일으켜 보시하지 말라고 말씀하십니다.

이 말씀은 '항상 주는 마음으로만 살아가라.' 는 말씀입니다.

다시 말하자면 부처님 전에 발심發心해서 아누다라삼먁삼보리심을 일으킨 보살은, 이 세상 사람 전부를 부처로 만들겠다는 마음과 끊임없이 남들한테 주는 마음으로만 살라는 것입니다.

보살의 하루하루는 그대로가 수행의 과정이며, 모든 사람에 대한 교화의 현장입니다. 이처럼 보살이 이 땅에 불국토를 실현하는 수행을 합니다. 그런 수행 중의 으뜸은 보시입니다. 보시는 베풀어 준다는 뜻이니, 언제나 누구에게나 주는 마음으로 살아가는 것입니다.

사람들에게 괴로움이 있다면 그 괴로움의 원인은 곧 탐심貪心이니, 이 탐내는 마음이 없어지지 아니하고는 마음의 평안을 찾을 수 없습니다. 탐내는 마음은 받고 싶은 마음으로 나타납니다. 받고 싶은 마음으로 남들과 만나면, 다툼질밖에 없습니다. 그리하여 사람 사는 세상 곳곳마다에서 아수라의 싸움판이 벌어집니다.

또한, 비록 겉으로는 싸우는 것 같지 않더라도 마음속으로 섭섭한 마음이 일게 되면, 이러한 마음은 마침내 미움과 원망과 시기와 질투로 발전되어 갑니다.

받고자 하는 마음은 이렇게 우리를 괴로움의 와중으로 몰아넣습니다.

우리는 이러한 소용돌이에서 빠져 나와야 합니다. 그러기 위해서는 이 받고자 하는 마음을 없애야 합니다. 그것의 가장 좋은 치료법이 주는 마음으로 살아가는 것입니다.

주되 생색을 내지 않고 줍니다. 알아주기를 바라거나, 그 대가가 돌아오기를 기대하거나, 사람들을 차별해서 주는 것이 아닙니다. 조건 없이 평등하게 주는 것입니다.

주었는데 상대방이 받지 않을 때, 얼른 거두어들이는 것도 주는 마음입니다. '모처럼 저를 생각해서 주려고 했건만, 내 호의를 무시하다니 괘씸하다.' 하는 따위의 섭섭한 마음을 일으키는 것은, 참으로 주는 마음으로 준 게 아닙니다. 받기 싫어하면 얼른 거두어들일 수 있는 마음일 때 조건 없이 주는 것이 됩니다.

재물로 보시하는 것을 재시財施라고 하는데, 물질적인 결핍에 허덕이고 있는 이에게 어떠한 형태로든 보탬을 주는 것입니다.

그리고 부처님 법을 보시하는 것을 법시法施라고 합니다. 이것은 부처님의 거룩하신 가르침을 전해주는 일입니다.
재물을 주어서 중생들의 어려움을 덜어주는 일은 일시적인 이익에 그치지만, '법시'는 영원한 진리의 세계에 들게 합니다. 중생으로 하여금 영원한 안락을 얻게 하는 참으로 값진 일인 것입니다.

자기가 알고 있는 경의 구절 하나라도 좋고, 불교 서적을 전해주는 일도 좋으며, 법회에 함께 나오도록 권하는 일도 좋습니다. 어떻게 되었건 그들이 부처님의 가르침으로 자기 생명의 무한함을 인식하도록 일깨워 주어, 인생의 주인공으로 살아갈 수 있게 하는 일은 모두 법으로 하는 보시입니다.

이러한 보시의 궁극은 세상 사람들을 공포심에서 해방시켜 주는 것입니다. 이를 무외시無畏施라고 합니다.
불교가 현대 사회에서 해야 할 것을 한마디로 말한다면, 세상 사람들이 가지고 있는 공포심恐怖心에서 해방되도록 하는 것입니다.

세상이 좋아져서 공포심이 없어졌다고 말할 수 있을지 모르지만, 주위를 보면 세상이 온통 공포로 뒤덮여져 있음을 알 수 있습니다. 이러한 공포 속에서 지내다가 공포에서 벗어나려고 찾았더니, 그곳에서 종교의 이름으로 또 다른 공포를 만나기도 합니다. 그래서 거기를 떠나서 다른 곳을 기웃거려 보지만, 유형을 달리한 수많은 공포가 줄을 잇습니다.

나를 앞세워서 어디를 간다고 해도, 거기는 항상 공포의 현장일 뿐입니다.

이럴 때 보살은 무외시를 합니다.

"당신은 공포심을 가질 필요가 없습니다. 본래부터 절대무한으로 무한 생명을 살고 있으니, 조금도 두려워할 필요가 없습니다." 하고 일러주는 것입니다.

행복의 심부름꾼

동남서북과 사유四維를 합하면 팔방이 됩니다. 거기에다 상하를 더하면 열이 됩니다. 이것을 불교에서 시방十方이라고 합니다. 요즘도 지금이라는 시간적인 뜻으로 쓰이고 있습니다. 여기서 말한 시방은 공간적인 개념이겠죠. 즉, 시방은 우주전체를 이야기합니다.

이러한 우주를 생각으로 헤아릴 수 있겠습니까?
생각으로 헤아리기 시작하면 '나'가 생기게 되고, '나'가 생기면 '너'가 생기니, 나와 너의 대립이 있는 상대세계에 머물게 될 뿐입니다. 이렇듯이 좀 더 나은 내가 모자란 상대방에게 무언가를 준다면, 이는 상相에 머무는 보시이기에 그런 보시의 복덕도 유한일 수밖에 없습니다.

그렇기 때문에 보시는 내가 마음을 일으켜서 하는 것이 아니라, 사실은 나의 참생명인 부처님생명의 요구로 나오는 것이라고 할 수 있습니다. 중생의 입장에 있는 내가 하는 것이 아닙니다. 중생인 내가 하는 것이라면, 나를 인정한 것이기에 한계가 있습니다. 그러나 부처님생명이라면, 이는 무한하므로 상에 머물지 않습니다.

보살은 어떤 것에 의해서 끄달리거나 집착해서 보시하는 것이 아니라, 다만 내가 사는 자체가 남들을 이익되게 하는 것이라는 입장에서 보시합니다.

그래서 상에 머무르지 않는 보시[無住相布施]인 것입니다.
때문에 우리는 보시를 하고서도 숨깁니다. 땅에 씨를 뿌리면 반드시 덮어줘야 합니다. 그래야만 뿌리가 잘 내려서 좋은 열매를 맺을 수 있습니다. 마찬가지로 어떤 보시 행위도 반드시 숨깁니다. 다만 보시할 뿐입니다. 거기에서 어떤 결과를 바라거나, 남이 칭찬해 주거나, 알아주기를 바라지 않습니다.

보시하고 난 후에 생각으로 헤아리는 것은 상대세계의 인식 범위 안으로 들어가는 것이기 때문에 무주상보시가 될 수 없습니다. 그러나 절대세계의 경우는 대상으로 판단할 수 없고 생각으로 헤아릴 수 없으므로 무주상보시가 됩니다.
이처럼 참다운 보시를 한 사람은, 크기에 상관없이 절대의 세계에 발을 들여놓은 사람이기 때문에 그 복덕福德이 무량합니다.

조건과 이유 없이 다만 보시하는 것이 무주상無住相보시입니다.

이것은 세상 사람 모두가 남이 아니기 때문에 가능합니다. 세상 사람 모두를 나라고 생각하면 모든 사람에게 주는 마음으로만 살 뿐, 그 사람들로부터 내가 무엇인가를 받으려고 하지 않습니다.
나와 남이 대립되어 있는 상태에서 내가 남에게 무엇인가를 베풀었을 때는 반드시 그에 따른 보답을 바라게 됩니다.
안줘도 될 것을 주는 것이라고 생각하기 때문에, 자신이 베푼 만큼 세상 사람들이 명예나 다른 대가를 주는 것을 기대하는 마음이 당연히 생깁니다.
그러나 보살을 다른 말로 정의하면, '나의 참생명이 부처님생명이라는 것을 믿고 부처님생명이 나에게서 완전히 실현되기를 바라는 마음으로 사는 사람'이라고 할 수 있습니다. 이렇게 나의 참생명이 부처님생명임을 믿고 부처님생명을 나에게서 실현시키고자 하는 마음을 일으킨 사람의 삶은, 마땅히 부처님생명만을 드러낼 뿐 다른 것을 바라지 않습니다.

또한 부처님생명은 절대생명이기에 남이 없습니다. 나를 알아줄 사람도 없고, 나를 알아주지 않을 사람도 없습니다.
이것을 머무를 것이 없다고 말하는 것입니다.
그러므로 머무름이 없는 보시를 하는 것은, 나의 참생명이 부처님생명임을 믿고 사는 사람의 생활입니다. 때문에 누구로부터 무엇을 바랄 수도, 바랄 필요도 없는 것입니다.

이렇게 부처님생명의 입장에서 보면, 내가 남을 도와준다고 하지만 남이 없으므로 숨 쉬는 것처럼 자연스럽게 남을 위해 보시합니다. 내가 사는 자체가 보시인 것입니다. 이것이 집착심이나 보답을 바라지 않으면서 머무는 바 없이 보시하는 것입니다.

그러므로 우리들의 일상생활 자체가 보시가 되어야 합니다. 그것은 우리가 사는 것을 남들에게 심부름하는 것이라고 생각하는 것입니다.
직장에 나가는 것도 심부름하러 나가면 그것이 그대로 보시입니다. 그러면서 급료는 급료대로 감사히 받습니다.

장사하는 것도 동포·형제들에게 심부름해 드리는 것입니다. 값싸고 좋은 물건을 넉넉히 공급해서 모두가 다 행복해지기를 바랍니다.

가정 살림을 하는 것도 마찬가지로 가족들에게 심부름하는 것입니다.

이렇게 평상시의 생활 모두를 남들의 행복을 위한 심부름으로 생각하고 살아가면, 그대로 상에 끄달리지 않는 보시가 되는 것 아니겠습니까?

오늘, 부처님생명으로 산다 ❸

무재칠시 無財七施

부처님께서는 재물 없이 하는 7가지 보시에 대하여 가르침을 주셨습니다.

첫째는, 안시眼施입니다.
눈을 자비롭게 뜨고 사람을 만나라는 것입니다.
사람끼리 만나면 먼저 그 눈이 속마음을 드러내는 것입니다. 그리고 그 눈으로 사람을 살리기도 하고 죽이기도 합니다. 우리는 언제나 남들을 살리는 눈으로 보아야 합니다.

둘째는, 화안열색시和顔悅色施입니다.
얼굴을 평화롭게 하고 기쁨을 머금은 기색을 하며 살라는 것입니다.
누구든지 찡그린 얼굴로 있는 사람을 만나면 기분이 어두워지고 기쁜 얼굴로 지내는 이를 만나면 함께 기뻐지기 마련입니다.
그러므로 우리가 찡그리는 얼굴을 지을 때 그 자체만으로 남들에게 해를 주는 것이고, 기쁘고 즐거운 얼굴을 지을 때 그것만으로 남들을 이롭게 하는 것이 됩니다.
나의 참생명이 부처님생명임을 자각하며 산다면, 어느 때나 얼굴이 밝고 즐겁게 보일 것이니, 그것만으로도 이미 보시를 하는 것이 됩니다.

셋째는, 언사시言辭施입니다.

말로 남들을 이롭게 한다는 뜻입니다.

심리학자들이 연구한 바에 의하면 '말'이라고 하는 것은 남들에게 암시력暗示力을 가지고 있어서 어둡고 근심스러운 말을 들으면 그렇게 자기의 운명이 벌어질 것으로 믿게 되며, 반대로 희망적이고 기쁜 말을 들으면 자기의 앞날이 그렇게 되어질 것으로 믿게 된다고 합니다.

그러므로 우리 불자들은 남들의 생명력이 무럭무럭 성장하도록 하는 말만 하고 그들의 힘이 위축되어지는 말을 해선 안 됩니다.

넷째는, 신시身施입니다.

말 그대로 몸으로 하는 보시입니다. 남의 일손을 도와주는 일이 이것입니다. 길거리에서도 얼마든지 할 수 있는 보시입니다.

다섯째는, 심시心施입니다.

곧 마음으로 하는 보시인데, 이것은 남들이 잘 살게 되기를 바라는 마음입니다. 사람들은 흔히 이 세상을 생존 경쟁의 싸움터로 생각합니다. 그래서 내가 잘 살기 위하여서는 남들이 못 살게 되어야 하고, 남들이 잘 살게 되는 것은 나의 희생이 있을 때 가능한 것인 양 잘못 믿고 있는 것입니다.

그러나 알고 보면, 이 세상에는 결코 그러한 생존 경쟁은 있을 수 없습니다. 모두가 한생명, 곧 부처님생명을 살고 있는 한 몸, 한 형제들뿐입니다.

그러므로 나의 행복은 곧 저들의 행복을 통해서만 가능한 것입니다. 내가 행복하기 위하여서라도 남들의 행복을 빌어야 합니다. 하물며 주는 마음으로 살아가는 불자들의 일상생활이야 더 말해 무엇하겠습니까?

어느 때나 남들의 건강과 번영과 성공과 영광을 빌면서 살아갑니다. 그것이 곧 불자의 본분입니다. 이러한 심시가 있는 곳에는 다툼이나 시기나 질투나 열등 의식 등이 자리 잡을 여지가 있을 수 없습니다. 마음의 평안이 저절로 마련됩니다.

여섯째는, 상좌시上座施입니다.
곧 '자리'를 내어 주라는 것입니다.
차 타고 가는 승객 사이에서 자리 내어 주는 일을 보게 되지만, 그것만이 아니라 어느 곳에서고 앉을 자리를 마련해 주는 것이 상좌시입니다.
법회에서 남들에게 자리를 양보하면서 상좌시를 하고 더우나 추위를 피할 만한 자리를 마련해서 상좌시를 합니다.

일곱째는, 방사시房舍施입니다.
잠자리를 제공해 주라는 것입니다.
갈 곳 없는 사람에게 묵어 갈 자리를 마련하는 일은 참으로 중요한 것입니다. 여관이나 주막이 있는 곳은 돈만 있으면 묵을 수 있지만 개인 집에 묵게 될 때 사람들은 따뜻한 정을 느끼게 됩니다.

이상에서 본 바와 같이 보시행은 어떤 장소나 시간이나 또는 형식을 택하지 않는 것입니다. 모든 보시행은 그 자체로서 '자기를 잊어버리는 공부' 곧 수행이며 또 동시에 남들에게 이익을 주는 일 곧 교화입니다.

제3장 진리 앞에 정직하라

성불은 본전치기입니다.

본래부터 부처이기에

다만 부처 노릇만 하면 됩니다.

"수보리야, 어떻게 생각하느냐?
너는 몸 모양으로써 여래를 볼 수 있겠느냐?"
"못보겠습니다.
세존이시여, 몸 모양으로써 여래는 볼 수 없습니다.
왜냐하면 여래께서 말씀하시는 바
몸 모양은 곧 모양이 아닙니다."
부처님께서 수보리에게 이르셨다.

"무릇 있는 바 상相은,
다 이것이 허망하니,
만약 모든 상이 상 아님을 보면,
곧 여래를 보리라."

———

須菩提 於意云何 可以身相見如來不 不也 世尊 不可以身相得
見如來 何以故 如來所說身相 卽非身相 佛告須菩提

凡所有相
皆是虛妄
若見諸相非相
卽見如來

결론이 없는 인생

앞에서 '마땅히 가르치는 바와 같이 머물지니라.'고 했습니다. 이는 어떤 목적을 가지지 않고 보시하는 것을 말합니다. 그런데 법문을 들은 수보리는 엉뚱하지만 절박한 이런 의문이 일어납니다.

'부처님은 부처 되겠다는 한량없는 마음을 가지고 보살도를 많이 닦아서, 마침내 부처가 되어 이렇게 좋은 32상을 갖추셨는데, 왜 우리한테는 목표나 목적을 가지지 말고 보시만 하라고 하실까? 그렇다면 이렇게 부처 되겠다는 마음을 가지고 보시하는 것도 잘못인가?'

그러자 부처님께서 그러한 마음을 헤아리시고, **"수보리야, 어떻게 생각하느냐? 너는 몸 모양으로써 여래를 볼 수 있겠느냐?"** 고 묻습니다. 다시 말해서, '과거에 내가 보시한 결과로 지금 몸 모양인 부처님을 이루었다고 생각하느냐?' 고 물으신 것입니다.

몸 모양은 따로 있는 게 아닙니다. 몸 모양을 대표하는 것이 얼굴인데, 이것은 과거생에서 지은 신구의身口意 삼업三業의 성적표라고 할 수 있습니다. 얼굴은 따로 있는 것이 아니라, 과거에 내가 지은 업의 결과로 나타난 것일 뿐입니다.

우리가 관상을 보면서 복이 있느냐 없느냐 하고 묻는 것은, '과거에 복을 지은 것이 있습니까?' 하고 묻는 것과 같습니다.

그러니 겉으로 나타난 몸 모양으로 여래를 본다고 하는 것은 옳지 않습니다. 겉모습은 무엇을 판단하는 기준이 되질 못합니다.
만약 우리가 여래의 몸 모양을 보고 여래께 귀의한다면, 이것은 결과에만 집착하는 것입니다. 결과는 원인에 따라서 나타나는 것에 불과하기 때문입니다.

여기에서 생각해 보아야 할 것은, 인생에 결론이 있을 수 있는가 하는 것입니다.

답부터 말하면 인생에는 결론이라고 말할 것이 따로 없습니다. 다만 영원한 과정뿐입니다. 석가모니부처님께서 완벽한 몸 모양을 가지셨다는 것도 영원한 이타행利他行의 표현일 뿐입니다.

결론이 있다고 한다면 유한세계有限世界라는 말이 됩니다. 하지만 부처님세계는 무한세계無限世界이고, 부처님생명은 무한생명이기 때문에 결론이 없습니다.
마찬가지로 우리 생명도 무한생명이기 때문에 결론이 없습니다. 따라서 인생에서 결론을 서두를 필요가 없으며, 결론을 바라는 마음을 가져서도 안 됩니다. 몸 모양이 과거로 보면 결론이지만, 다른 관점으로 보면 미래로 이어지는 과정에 있는 것임을 알아야 합니다.

우리는 부처님생명을 살고 있으므로, 그 생명의 원리에 맞게 살아야 합니다. 자연스러운 생명의 원리는 다만 주는 것입니다. 그것으로 인해 어떤 결과가 오는지는 관계없습니다.

이렇게 부처님생명으로 사는 자연스러운 삶의 모양이 보시입니다. 이것이 완벽하게 드러날 때 부처가 되는 것입니다.

이때의 몸 모양은 이렇게 나타날 수도 있고 저렇게 나타날 수도 있는 것입니다. 눈으로 볼 수 있는 겉모양은 실로 있는 것이 아닙니다.

부처님의 모양조차도 있는 것이 아니라고 한다면 일체 모든 중생은 더 말할 것이 없습니다. 아내나 남편, 아들 등은 과거 내가 지었던 업에 따라서 현상적으로 나타난 것입니다.

그러므로 주변 사람이나 환경들을 겉모양만 보고 판단하면 안 되며, 보기에 나빠 보이는 것이 결과적으로 나에게 더 큰 이익을 가져다줄 수도 있다는 것을 알아야 합니다.

결론이 없는 것이기 때문에 인생을 사는 과정에서 어떤 경우에 부딪히더라도, '무릇 있는 바 상은 다 허망하다.' 고 생각하면 그만입니다. 본래 없는 것이기 때문입니다.

겉모양에 속지 않는다

'무릇 있는 바 상'이란 우리가 형상으로 볼 수 있는 것, 눈으로 볼 수 있는 것, 귀로 들을 수 있는 것, 내지 마음으로 생각할 수 있는 것 등을 말합니다. 그런데 이러한 모든 것은 참으로 있는 것이 아닙니다.
내가 세계라고 보는 그 세계는 객관적으로 존재하는 세계가 아니라, 내 마음에서 받아들인 세계만이 있을 뿐입니다.
이것을 사실로 인정하고 받아들이는 것, 즉 내가 보는 상대세계는 본래 없다고 보는 것이 '**무릇 있는 바 상은 다 허망하니**'라는 말씀입니다.

그러므로 우리가 인식하고 있는 세계가 본래 있다고 하는 착각에서 벗어나야 합니다. 이것을 '**만약 모든 상이 상 아님을 보면, 곧 여래를 보리라**'고 하시는 것입니다.
하늘을 보니 구름이 보이지만 구름은 하늘이 아니라는 것을 알아서, 구름이 걷힐 때 거기에서 푸른 하늘을 봅니다. 이처럼 우리에게 보이는 세계는 우주와 인생의 참모습이 아니라고 하여, 우리가 보는 세계를 다 부정해 버렸을 때 거기서 곧 여래를 보는 것입니다.

여래를 본다는 것은 곧 진리가 드러난다는 말입니다. 그러므로 내가 보고 있는 세계에 대한 인식을 고집하지 않고, 그것을 내버리는 것이 바로 수행임을 알 수 있습니다.

이것을 경문經文에서는 '그 마음을 항복받으라.'고 하신 것입니다.
우리가 지금 보고 있는 인생, 보고 있는 세계, 또 내 마음속에 여러 가지 생각을 일으키고 있는 그 모든 것들은 진실이 아니므로 항복받아야 할 것들입니다.
우리들 마음속에 있는 여러 가지 판단, 학식, 경험, 지식, 상식 등 그 모든 것들은 하나도 진실한 것이 없기 때문에, 그 모두를 항복받으라고 하시는 것입니다.

이 모든 것을 항복받는 것, 이것이 '나무!'입니다. 내 앞에 많은 것들이 현상적으로는 다른 모습들로 나타나지만, 그 모든 것의 본래 생명은 아미타입니다. 이것을 알게 하는 것이 나무아미타불입니다. 나를 욕하거나, 미워하거나에 상관없이 나무아미타불로 부처님생명을 살고 있는 것이 모두 드러나는 것입니다.

'당신은 부처님이십니다.'라고 인정하면 내가 완전히 제도되어지는 것처럼, '당신은 도둑이다.'라고 할 때에는 나 역시 도둑이 되어버립니다. 내 주변에 나를 아주 못살게 구는 사람이 있다고 생각하여 나쁜 사람으로 인정하면, 나 역시 나쁜 사람이 됩니다.
그럴 때 빨리 '무릇 있는 바 상은 다 허망하니'를 생각하면서, 겉으로 나타난 상을 부정하는 것입니다.

즉 겉모양으로 봐서 나쁜 사람으로 보이고, 겉모양으로는 멍청이로 보이더라도 그 모양에 속지 않고 알맹이만 본다면 세상 사람 전부가 부처일 뿐, 부처 말고 다른 것은 있을 수도 없습니다.
만약 부처님생명이란 것이 어느 누구에게는 있고 다른 누구에게는 없다면 어떻게 그것을 부처님생명이라고 부를 수 있겠습니까?
계속 강조하여 이야기하는 바처럼, 부처님생명은 절대무한인 아미타입니다. 시간적으로 영원하고 공간적으로도 그것밖에 없는 것을 아미타, 즉 부처님생명이라고 하는 것입니다.

때문에 그 부처님생명 말고 다른 생명이 또 있다는 말 자체가 성립될 수 없으며, 그렇게 말하는 것은 부처님을 욕하는 것이 됩니다. 김서방이나 박서방을 욕하는 것이 아니라, 바로 부처님생명의 결함을 말하는 것이기에 그렇습니다.
결함 있는 부처님생명은 없습니다. 그러므로 시어머니나 시누이가 내 눈에는 아무리 밉게 보이더라도, 참으로는 부처님생명을 살고 있는 것입니다.

겉모양에 속지 않고 보는 지혜가 열리면 모든 사람이 부처님으로 보입니다. 그런데 그것이 하루아침에 되지 않기 때문에 자꾸 나를 낮추는 절을 합니다.
108배를 하면서, '내가 당신한테 절하니까 나한테 복 좀 주세요.' 하는 게 아닙니다. 그런 식으로 절하면 그것은 엄밀히 말해서 거래하는 것이라고밖에 말할 수 없습니다.
절의 참 뜻은 '당신을 부처님으로 보듯이, 이 세상 사람 모두를 부처님으로 보는 마음의 지혜가 저에게 열려지길 바랍니다.' 하는 마음으로 하는 것입니다.

내가 부처님을 부처로 보듯이 내 부모를, 내 형제를, 내 남편을, 그리고 나아가서는 내 원수까지라도 하나도 빼놓지 않고 전부 부처님으로 볼 수 있는 지혜의 눈이 나에게서 열려야 합니다.

부처님은 물질物質로 와 계신 분이 아닙니다.
법당에 모신 부처님은 우리가 모시는 부처님의 상징일 뿐입니다. 부처님이 물질일 수 없습니다.
그런데 우리가 상징으로 모신 부처님 앞에서는 절을 하면서, 정말로 살아계신 온 우주 중생들의 참생명인 아미타에게는 절할 줄 모른다면 말도 되지 않습니다.

우리가 부처 되는 공부를 하는 것을 '나를 낮추는 하심下心'이라고 말할 수 있습니다. 그렇기 때문에 부처님 가르침을 배우는 우리의 입장은 남들을 대접하는 쪽이지, 대접받는 입장에 서는 게 아닙니다.
전해 내려오는 말 중에 '남에게 대접받고자 하는 바대로 남을 대접하라.'는 말이 있습니다.
참 좋은 말이지만 불교에서는 이조차 용납되지 않습니다. 남에게 대접받고자 하는 생각조차도 갖지 않습니다. 다만 이쪽에서 대접하는 것뿐입니다.

그러므로 남에게 대접받겠다는 생각은 처음부터 없습니다. 다만 공경해주면 그만입니다. 그러므로 우리의 일상생활은 항상 남을 공경하는 것으로만 일관된다는 것을 여기서 배웁니다.

이것을 생각으로만 알고 있어서는 의미가 없습니다. 우리가 실제로 그렇게 생활해야 합니다. 그래서 마주보고 절하는 것입니다. 가까운 사이라서 절하지 못한다면, 다른 데에서도 역시 절하기가 어려울 것입니다. 그러니 집에서부터 부지런히 연습하는 것입니다.

부모한테도 절을 할 줄 알고, 자식한테도 절하는 것입니다. 자식이니까 나보다 낮다고 생각할지 모르지만, 앞에서 생명관계는 평등관계라고 했으므로 나보다 못한 사람은 없습니다. 그런데 흔히들 자식을 마치 자기 소유인 것처럼 생각해서 악세사리처럼 취급합니다. 이는 자식의 존귀한 면을 보지 못하고 자기 소유물로 생각해서 나타나는 현상입니다. 자식 또한 법우法友입니다. 자식을 법우로 볼 수 있을 때는 이 세상 모두를 그렇게 볼 수 있을 것입니다.

그러니 자식한테 절을 해도 아무 상관이 없습니다. 만약 사회적 관념 때문에 절하지 못하겠다면 마음으로라도 자식을 공경할 줄 알아야 합니다.
따라서 이 세상 누구에 대해서도 나보다 돈이 부족하다거나, 나보다 학식이 모자라다고 해서 무시하는 행동을 하지 않게 될 것입니다.
그러니 부지런히 절하고 정진해야 합니다. 우리 불가佛家에서 수행도량을 절이라고 부르는 데는 이러한 뜻이 담겨 있습니다.

끝없는 베풂

이렇게 부지런히 절하면, 내 지혜의 눈이 밝아집니다. 내 지혜의 눈이 밝아지면 밝아질수록 이 세상도 밝아집니다. 이 세상은 본래 밝은 것이기 때문에 그렇습니다.

이 원리는 이렇습니다.

이 세상이 본래 밝은 것을 몰라서 어둡다고 생각했다가, 내 마음이 밝아지면서 그만큼 이 세상이 밝다는 것을 알게 됩니다. 이는 곧 세상이 본래부터 밝으니까 밝아지는 것이지, 본래 밝지 않았는데 내가 노력한 결과로 밝아지는 것이 아니라는 것입니다.

이렇게 끝없이 베풀며 사는 사람이 보살입니다. 그러므로 현상적인 것에 대해서 끄달리지 않고 살 수 있습니다.

'**상相이 상 아님을 본다.**'는 것은, 겉모양에 속지 않는다는 말입니다. 저 사람은 못난이, 저 사람은 죄지은 사람 등등. 이렇게 생각하면 상을 인정한 것이겠죠. 그런 겉모양은 여러 가지가 있지만 본래는 부처님생명 뿐입니다. 겉모양을 왜 앞세웁니까?

보석상에 들어가 보니 금으로 여러 가지 모양을 만들어 놓았습니다. 사람의 모양도 있고, 돼지 모양, 코끼리 모양 등이 있는데, 자세히 보니 부처님 모양도 있습니다. 부처님 모양이 좋아서 저울에 달아보니 한 돈 나가고, 코끼리도 한 돈 나갑니다.

그런데 겉모양으로 나타난 부처님이 더 훌륭하니 더 비싼가요?

겉모양으로만 보면 코끼리와 부처님의 형상이 다른 것으로 보이지만 소재는 모두 같은 금입니다.

드라마에 등장한 배우가 임금님 역을 맡기도 하고 또 하인 역을 맡기도 합니다. 그렇다고 해서 임금님 역할을 할 때는 많은 돈을 받고, 하인 역할을 할 경우에는 아주 적은 돈을 받는다는 법이 있나요?
주인공이냐 아니냐에 따라서는 다르게 나올지언정, 맡은 역할이 근사해 보이느냐 아니냐에 따라서 월급이 달리 나오는 경우는 없습니다.

마찬가지로 이 세상 모든 것의 겉모양이 달라도 부처님밖에는 없습니다. 겉모양으로는 차별의 모습이 보일지 모르지만, 참생명으로 들어가면 부처님생명 하나밖에 없습니다. 이 말은 '저 사람이 중생처럼 보이지만 중생은 아니다.' 는 것입니다.
겉모양에 속지 않으면, 세상 사람들이 모두 부처님생명을 살고 있는 한생명이기 때문에, 잘난 사람·못난 사람 등의 차별이 없습니다.

거울에 비친 모습을 바꾸려면

우리는 지금 절대무한을 찾아가는 공부를 하고 있습니다. 그러면 절대무한은 어디에 있습니까?

절대무한은 문자 그대로 대립이 없고 상대가 없으며 한계가 없습니다. 울타리가 없으므로 어느 때는 있고 어느 때는 없고, 어디 가면 있고 어디에는 없고, 누구에겐 있고 누구에게는 없는 것이 아닙니다.

언제 어디서나 어떤 경우에나 그 위력이 발휘되고 있는 것이 절대무한입니다. 그러므로 겉모양에 속지 않고 참생명을 보면, 본래 우리의 참생명은 부처님생명이고, 온 우주에 나타나는 것은 부처님생명밖에 없다는 것을 봅니다.

그렇지만 현실적으로는 나쁜 사람이 있고 나한테 잘못하는 사람도 있는데 이것은 어찌된 일일까요?

겉모양으로 보이는 것은 모두 만들어진 것입니다. 착한 사람·악한 사람·남자·여자·늙은이·젊은이와 같은 차별의 세계는 모두 어떤 조건에 의해서 만들어진 것입니다.

이러한 모든 것은 꿈과 같습니다. 꿈속에 불이 있다고 생각해보십시오. 꿈속에 있는 불이 정말 있는 것입니까? 없습니다. TV방송국에서 불난 곳을 보도하였더니, 자기 집 TV가 탔다고 말하는 사람을 보았습니까? 당연히 없겠지요.

참으로는 없으면서 있는 것처럼 보이는 물거품도 마찬가지입니다. 폭포를 보면 물방울이 생기는데 어떤 것은 금새 없어지고, 어떤 것은 조금 오랫동안 있다가 없어집니다.
우리들의 인생에서 나타나는 근심·걱정이 물거품과 무엇이 다릅니까?

내 마음의 그림자 말고는 이 세상에 아무것도 없습니다. 그런데 우리는 내 마음의 그림자에 속아서 그것이 참으로 있는 줄 알고 남과 싸우기도 하고, 남을 시기하고 질투합니다.

거울에 있는 그림자는 내 그림자입니다. 그런데 거울에 비친 내 그림자가 내게 눈을 흘긴다고 나쁘다고 욕합니다. 그러나 거울에 있는 그림자를 웃는 모습으로 바꾸려면 내가 바뀌는 방법밖에는 없습니다.
결국 내가 바뀌는 것이지, 내 밖에 있는 객관세계를 바꾸는 것이 아닙니다.

'무릇 있는 바 상은 모두 허망하다.' 는 가르침으로 우리의 일상생활을 살아가야 합니다.
우리가 아침에 일어날 때, 제일 먼저 만나야 할 분은 부처님입니다. 그런데 우리는 부처님부터 만나지 않고, 오히려 미운 사람·골치 아픈 사건 등을 먼저 떠올립니다. 이럴 때 빨리 이 게송을 외웁시다.
"무릇 있는 바 상은 다 이것이 허망하니,
모든 상이 상 아님을 보면 곧 여래를 보리라."

참으로 있는 것은 부처님생명밖에 없으니,
"나무아미타불!"을 외우는 것입니다.
이제 아침에 일어나면서 부처님을 제일 먼저 모시도록 합시다.

수보리가 부처님께 말씀드렸다.
"세존이시여, 어떤 중생이 이와 같은 말씀의 글귀를 보고
자못 실다운 믿음을 낼 자가 있겠습니까?"
부처님께서 수보리에게 이르셨다.
"그런 말을 하지 말라. 여래가 멸도에 든 뒤,
후後 오백세에 이르러 계戒를 가지고 복을 닦는 자가 있어서,
능히 이 글귀에 신심을 내며 이로써 실다움을 삼으리라.
마땅히 알라. 이 사람은 일 불佛이나 이 불이나
삼·사·오 불에게 선근善根을 심었을 뿐만 아니라,
이미 한량없는 천만 불께 모든 선근을 심었으므로,
이 글귀를 듣고 일념으로 조촐한 믿음을 내는 자이니라."

須菩提白佛言 世尊 頗有衆生 得聞如是言說章句 生實信不 佛告須菩提 莫作是說 如來滅後 後五百歲 有持戒修福者 於此章句 能生信心 以此爲實 當知是人 不於一佛二佛 三四五佛 而種善根 已於無量千萬佛所 種諸善根 聞是章句 乃至一念生淨信者

참다운 믿음

보통 사람들은 나와 남이 대립하는 세계에 살면서 부처님께 복을 달라고 비는 인생을 살고 있습니다.
그래서 수보리존자에게는 '이런 사람들이 모든 상이 상 아님을 보면 여래를 보리라는 법문을 알아들을 수 있을까? 그리도 고집하는 중생 세계는 본래 없다는 이 말씀을 알아들을 수 있을 것인가?' 하는 의문이 생겼습니다.
이 법문을 듣고 믿음을 낼 자가 있겠는지를 부처님께 묻는 것입니다.

그러자 부처님께서는 여래가 멸도에 든 후 500세에 이르러서도 참다운 신심을 내는 사람들이 있다고 말씀하십니다.
석가세존께서 납월[음력 12월] 8일 새벽에 성도成道하셨습니다. 이것이 멸도에 든 것이며, 열반涅槃과도 같은 말입니다.

부처님께서 깨달으셔서 열반의 세계에 드셨지만, 전생에 지은 업의 인연인 몸뚱이의 세계는 아직도 남았습니다. 그래서 이 열반을 유여열반有餘涅槃이라고 합니다. 그리고 80세 되시던 해 2월 보름날, 몸뚱이까지도 완전히 버리셨습니다. 이것을 무여열반無餘涅槃이라고 합니다. 깨달았을 뿐만 아니라 전생부터 가지고 왔던 업보를 전부 내버리셨기 때문입니다.

부처님께서 무여열반에 드신 뒤부터 오백 년을 주기로 해서 예언을 해 주신 것이 있습니다. 제1오백년·제2오백년·제3오백년·제4오백 년·제5오백년 식으로 세상을 나누었습니다.

그런 식으로 하면 제5오백년은 2,500년이 지난 때이므로 요즈음입니 다. 부처님께서는 이때를 일러 투쟁鬪爭의 시대라고 하셨습니다. 세상 사람들이 모두 물질만능으로 흘러서, 불교를 믿어도 삿되게 믿으며, 수행자끼리도 서로 싸우는 세상이 되기 때문에 불교를 싫어하게 되는 때라는 것입니다.

그런데 부처님께서 말씀하신 바와 같이, 이런 세상인 오늘날 법우들처 럼 금강경 법문을 공부하는 사람들이 등장합니다.
이런 사람들이 나와서 계戒를 지니고 복을 닦습니다[修福].
계는 부처님께서 참생명인 부처님생명을 드러내기 위해서 해서는 안 되는 것을 일러주신 것이고, 복은 남에게 이로운 일을 해주는 것을 말 합니다.

그러므로 나만 잘살면 그만이라고 생각하는 생존경쟁의 세상에서, '어 떻게 남들에게 이익을 주는 삶을 살겠는가?' 하고 고민하는 사람이 바 로 금강경 법문을 공부하는 법우들임을 알 수 있습니다.
이렇게 계戒를 지니고 복을 닦아가면 갈수록 '나는 계를 잘 지키고 있 다.', '복을 잘 닦고 있다.' 라는 생각이 들지 않습니다. 오히려 '아무리 해도 나는 계를 잘 지킬 수 없고 복도 잘 닦을 수 없다.' 는 반성을 자꾸 하게 됩니다.

그런 사람에게 어찌 '나 잘났다.'는 마음이 생길 수 있겠습니까?
그렇기 때문에 능히 이 글귀에 신심信心을 낼 수 있는 것입니다. 부처님 앞에서 '나 잘났다.'는 마음이 남아 있으면, 신심이 나지 않는다고 하셨습니다. 좋은 일·착한 일을 하고 싶지만 잘 안 되는 것을 알고 겸손해져서 부처님 말씀에 귀를 기울입니다.
그래서 부처님의 가르침을 듣고, 비록 완전하게 그 가르침을 행동으로 잘 지키지는 못하지만, 부처님의 가르침대로 사는 것이 인생의 참된 진리라고 인식하는 것입니다.

우리는 과거생過去生에 한량없는 부처님께 한량없는 선근善根을 심었기에, 이렇게 믿음을 내게 되었습니다. 이처럼 여러분들이 금강경을 공부하는 것은 우연이 아니라, 과거에 한량없는 세월을 두고 부처님께 선근을 심었던 것이 익어서 드러난 것입니다.
때문에 그 복덕福德이 지금 우리에게 있으며, 그 복덕을 얻은 것을 부처님이 다 알고 다 보십니다.
우리가 금강경을 읽으며 공부하고 수행하고 있는 것도, 중생인 나의 요구가 아니라 부처님생명의 요구인 까닭입니다.

신령스러운 마음

부처님의 몸은 진리이십니다. 진리가 곧 부처님의 몸인 까닭에 부처님은 온 우주에 두루하여 아니 계신 곳 없이 계십니다.
그러므로 따로 특별히 모시려고 하여도 특별히 모실 방도가 없고, 반대로 부처님으로부터 떠나 있고 싶어도 떠날 수 없는 것이 진실입니다. 우리가 있는 곳, 그곳에 이미 부처님은 우리와 함께 계십니다.

그렇건만 부처님의 무량하신 공덕을 인지하지 못한다고 하여, 부처님은 우리로부터 멀리 떨어져 계실 수 있을 것인가?
그럴 수가 없습니다. 우리가 감지하거나 못하거나에 상관없이, 부처님은 그 무량한 공덕을 우리 모두에게 남김없이 부어주고 계십니다.

우리가 감지하지 못하는 것은 마음의 눈[心眼]이 어둡기 때문일 뿐입니다. 마치 한낮에 태양 광명이 온 천지를 휘황찬란하게 비치고 있어도, 눈 감은 사람에게는 어두운 밤이 계속되고 있는 것으로 느껴지고 있는 것과 같습니다.
그러니 아무리 태양 광명을 감지하지 못한다 하더라도, 그래서 어두움을 한탄하며 헤매인다 하더라도, 온 천지를 밝게 비추고 있는 태양 광명의 존재 자체에는 아무런 이상이 없습니다.

그와 마찬가지로 아무리 마음의 눈이 어두워서 부처님의 실재를 알지 못한다 하더라도, 그래서 그 중생들이 답답하고 괴로워서 아우성친다 하더라도, 부처님께서 진리의 몸으로 온 우주에 엄연히 상주하고 계시다는 사실은 변함이 없습니다.

그렇다면 온 우주에 두루하신 부처님을 보지 못하며 지내는 사람은 어떻게 하여야 마음의 눈을 열고 부처님과 대면할 수 있을 것인가?

예술가들이 자연을 대할 때 한 폭의 그림이, 한 곡의 명곡이 그리고 아름다운 운율의 시가 그들의 머릿속에 떠오릅니다.
똑같은 달밤을 무수한 사람들이 함께 보며 지내건만, 시인 이백李白이 아니면 명시名詩가 나오지 않고, 악성樂聖 베토벤이 아니면 월광소나타가 작곡되지 않는 이유가 무엇이겠습니까?
하늘의 달이 그들에게만 특별한 사랑을 베풀어서 남들에게 보내주고 있는 달빛과는 비교할 수 없는 아름다운 달빛을 비밀리에 보내고 있기라도 한 것일까요?
그럴 리가 없습니다.

방송국이 발사하는 방송 전파는 세상에 골고루 퍼져 나가건만, 어느 라디오는 맑고 깨끗한 음질로 들리고, 또 다른 라디오는 듣기 거북한 음질의 소리를 내는 이유가 무엇이겠습니까? 그것은 방송국의 차별 때문일까요? 문제는 라디오 쪽에 있는 것입니다. 예술가의 심미력審美力에 따라서 예술 작품이 나오는 것과 같습니다.

이와 같은 예에서 보는 바와 같이, 우리가 부처님을 직접 뵈옵기 위해서는 우리 자신의 심성을 신령스럽게 가꾸어야 합니다. 우리들 마음의 수준에 적합한 객관 세계가 우리 앞에 전개되고 있는 것입니다.

주관과 객관은 본래부터 둘이 아니기 때문입니다. 주관의 '마음의 수준'이 어떠한 것인가를 아는 길은, 그가 경험하고 있는 환경 세계를 보면 알 수 있습니다. 그의 주관과 질적으로 판이한 객관 세계가 그에게 나타나는 법은 있을 수 없는 것입니다.

그렇다면, 부처님을 뵈옵기 위해서는 우리의 마음이 '부처님을 뵈옵기에 알맞은 수준'으로 향상되어 있어야 할 것은 당연한 일 아니겠습니까? 이래서 우리는 우리의 마음을 신령스러운 수준까지 높여 가야 합니다.

믿음으로 산다

우리 모두의 심성을 신령스럽게 향상시킨다는 것은 무엇을 뜻하겠습니까? 현재의 심성이 너무 지저분하고 천박해서 이것을 질적으로 변화시킨다는 말이겠습니까? 다시 말해 현재의 심성을 신령스러운 것과 대체시킨다는 말이겠습니까?

만약에 그렇다면, 현재의 이 지저분한 심성을 어디에다 버릴 것이며, 또 어느 곳에서 새로운 심성을 수입해 와야 하는 것일까요? 더구나 도대체 그 신령스럽다는 심성이 어디에 있는가를 알아야 끌어들여올 수 있지 않겠습니까?

다시 또 생각해야 할 것은 나의 심성이란 곧 나의 생명이고, 생명을 바꿔친다는 것은 처음부터 불가능한 일일 터인데, 어떻게 심성을 바꾸어 들인다는 말이 성립하는가 하는 것입니다.

'심성의 대치'는 결코 있을 수 없습니다. 그렇다면 심성의 향상은 불가능할까요? 그렇지가 않습니다. 부처님께서는 우리 모두는 '불성佛性'이 있다고 일관되게 가르치십니다.

'불성'이란 곧 부처님생명을 말하는 것이니, 우리는 모두 처음부터 부처님생명을 본성本性으로 하여 살고 있다는 말인 것입니다.

우리의 성품이 애초부터 부처님생명이라면, 어디에 따로 소위 '지저분한 심성'이 있다는 말인가요?

이 '지저분한 심성'이라는 존재 자체가 의심스러운 것 아니겠습니까? 우리는 스스로 생각하기를, '내 심성이 지저분하다.'고 합니다. 그러나 부처님께서는 '너의 성품은 본래부터 부처님생명'이라고 가르치시는 것입니다. 이 두 가지 판단은 분명히 모순되어 있습니다. 그러니까 두 가지가 다 옳을 수는 없는 것입니다.

우리의 성품이 곧 부처님생명이라는 이 가르침은 얼마나 다행스러운 가르침입니까? 우리의 성품이 지저분한 것이라고 믿어져 왔던 이제까지의 삶은 모두 그릇된 것이었으니, 이 그릇된 삶을 청산하라고 하는 것은 얼마나 기쁜 소식인가요?
이보다 더 큰 기쁨을 어디에서 찾을 수 있겠습니까?

우리의 참생명은 본래부터 부처님생명으로서, 그 성품은 애초부터 끝없이 신령스러운 것이요, 처음부터 끝없이 신령스러운 우리의 이 심성을 어떻게 새삼스레 성스러운 상태로 향상시키겠습니까?

만일 마음의 상태가 어떤 점에서 지저분하게 여겨지고 있다면, 그것은 부처님에 대한 믿음이 부족함을 뜻하는 것에 지나지 않습니다. 믿음만이 본래부터 신령스러운 심성의 공덕을 그대로 드러나게 하는 유일한 길입니다.
이 믿음 앞에 부처님의 상주常住가 드러납니다.
번뇌 망상과 같은 지저분한 마음은 본래부터 없습니다. 오직 있는 것은 부처님생명뿐입니다. 부처님생명의 세계는 영원불멸의 상주세계常

住世界입니다.

이 세계가 참으로 있는 세계이니, 이 세계를 드러내 놓지 못한다면, 믿음의 부족 때문입니다.

부처님께서 주신 거룩하신 가르침 앞에 우리의 모든 것을 다 내어 놓습니다. 우리들 지식과 경험과 판단 그 모두를 내어던집니다. 이것이 믿음입니다.

이 믿음으로 부처님생명이 상주하는 세계가 드러납니다. 이 믿음의 세계에는 중생세계가 자리 잡지 못하는 것입니다.

그리하여 이 믿음의 세계에 자재自在하는 것입니다. 오늘도, 내일도 앞으로 올 영원한 세월을 우리는 이 믿음으로 살기를 원합니다. 결코 지치거나 싫어하는 경우가 있을 수 없습니다. 가정과 사회와 국토에 이런 믿음으로써 부처님생명을 실현합니다.

오늘, 부처님생명으로 산다 ④

1. 절대의 권능인 부처님생명

우리 모두의 참생명은 부처님생명입니다. 부처님생명은 절대생명인 까닭에, 어떠한 힘에 의해서도 장애를 받는 법이 있을 수 없습니다. 그러므로 그것은 절대의 권능입니다. 이것이 우리 참생명의 본질입니다.

그러나 이 절대의 권능을 쓸 수 있으려면, 그러한 연습을 꾸준히 해나가야 합니다. 이러한 권능을 쓰고 안 쓰고에 관계없이, 그 권능 자체가 줄거나 늘거나 하는 것이 아님은 물론입니다.

다만 그 권능을 제대로 쓰지 못하고 지낼 때에는, 없는 것과 마찬가지일 따름입니다.
이렇게 이 권능이 제대로 일상생활에서 발휘되고 있지 않다고 해서 그 권능이 없어진 것이 아니건만, 사람들은 흔히 착각을 일으켜서 '나는 아무런 능력도 없는 사람이다.' '나는 이 세상을 살아갈 만한 자격이 없다.'는 등의 비관적인 자기상自己像을 갖게 됩니다.

이러한 것은 자기 능력을 더욱 더 제한하게 되어서, 점점 더 능력발휘를 못하게 되고 마는 것입니다.

실패라고 하는 것은 능력개발의 도상에 있는 필수적인 과정입니다. 실패없는 성공이란 처음부터 있을 수 없습니다.

걸음마를 배우는 어린 아기의 경우를 봅시다.

아기는 두 발로 서는 일조차 쉽게 되지를 않습니다. 섰다가도 곧 쓰러지고 쓰러졌다가는 일어서는 연습을 수없이 반복합니다.

그렇다고 하여 이 아기가 거듭거듭 쓰러지는 것이 실패이며 좌절일 수 있겠습니까?

여러 번 반복해서 쓰러진다고 해서, 이 아기를 무능력자 또는 앉은뱅이라고 생각할 수 있겠습니까?

제 아무리 위대한 육상선수도, 이러한 과정을 거치지 않고 어머니의 배에서 태어나자마자 뛰어다닌 사람이 있겠습니까?

생각해 보면 이러한 쓰러짐은 그 생명의 성장을 위해 절대 필수의 과정인 것입니다.

2. 차원을 높이면 문제는 풀린다

부처님의 지혜 광명은 실로 무한 차원次元입니다. 그러므로 염불念佛할 때, 문제는 저절로 해결되는 것입니다.

예를 들어 우리에게 이러한 문제가 제시되었다고 생각해 봅시다.

성냥개비 6개를 주면서 정삼각형 4개를 만들어 보라는 문제입니다.

이러한 문제를 평면平面 즉 2차원의 세계에서 해결하려고 아무리 노력해도 그 문제는 해결되지 않습니다.

그러나 한 차원 높여서 3차원 즉 입체로 하여서 문제를 풀면 아주 쉽게 풀립니다. 3개의 성냥개비는 평면 위에 정삼각형 하나를 그리게 하고, 그것을 아랫면으로 하여 나머지 3개로 삼각뿔을 만들게 하면, 정사면체가 되어 거기에 정삼각형 네 개가 멋지게 나타나게 됩니다.

이와 같이 한 차원만 높여도 문제의 해결이 아주 쉬운 것인데, 차원을 높일 생각은 아니하고, 그 당면 문제에 해결책이 없다고 한숨짓고 절망하는 것은 얼마나 어리석은 일이겠습니까?

운동선수를 키워가는 트레이너Trainer의 경우를 생각해 봅시다.
훈련 받고 있는 선수들을 결코 얌전하게만 다루지는 않을 것입니다. 어떻게 보면 무자비하다고 생각될 정도로 심하게 다루는 것을 우리는 쉽게 상상할 수 있습니다.
그리고 그러한 심한 훈련으로 세계의 정상에 오를 능력이 연마되는 것은 말할 것도 없을 것입니다.
이 경우 얌전하게 다루어 그 능력을 키우도록 큰 자극을 주지 않는 트레이너와, 아주 무자비하게 다루어서 능력을 크게 키우기를 재촉하는 트레이너가 있을 때, 어느 쪽이 선수들에게 고마운 사람이겠습니까?

마찬가지로 우리는 무한히 성장하여야 합니다.
그리고 그러한 성장 과정에는 나에게 끊임없이 자극을 주면서 내가 교만한 마음, 나태한 마음을 내지 않게 해 주는 고마운 분들이 꼭 있어야 합니다. 그러한 분들은 나에게 부드럽게만 대하여 주지는 아니할 것입니다. 아주 심하게, 억울하게 대하기도 할 것입니다.
그런데 그러한 분들을 우리는 인생의 적인 양 착각하는 경우가 너무도 많습니다. 지혜 광명을 비추어 보면, 나에게 역겹게 거칠게 대한 모든 분들이 다 고마운 나의 스승님들로 나타날 것입니다.

염불합시다. 그리하여 지혜광명이 내 인생을 남김없이 비추게 합시다. 그러면 미운 사람들에 의해 포위되었던 나의 지옥살이는 곧 풀리게 될 것입니다.

"수보리야, 여래는 이 모든 중생이 이와 같이 한량없는 복덕을 얻는 것을 다 알며 다 보느니라.
어찌한 까닭이냐? 이 모든 중생은 아상이 없으며, 인상·중생상·수자상도 없으며, 법상法相도 없으며 또한 법 아닌 상도 없기 때문이니라.
어찌한 까닭이냐? 이 모든 중생들이 만약 마음에 상을 취하면, 곧 아상과 인상과 중생상과 수자상에 집착함이 되며, 만약 법상을 취하더라도 곧 아상과 인상과 중생상과 수자상에 집착함이 되느니라. 어찌한 까닭이냐? 만약 법 아닌 상을 취하더라도 이는 곧 아상과 인상과 중생상과 수자상에 집착함이 되느니라.
때문에 마땅히 법을 취하지 말아야 하며, 마땅히 법 아님도 취하지 말아야 하느니라. 이러한 뜻이기 때문에 여래는 항상 말하되, '너희들 비구는 나의 설법을 뗏목으로 비유한 바와 같다고 아는 자는, 법도 오히려 마땅히 버려야 하거늘, 어찌 하물며 법 아님이랴!' 하느니라."

須菩提 如來悉知悉見 是諸衆生 得如是無量福德 何以故 是諸衆生 無復我相人相衆生相壽者相 無法相 亦無非法相 何以故 是諸衆生 若心取相 卽爲著我人衆生壽者 若取法相 卽著我人衆生壽者 何以故 若取非法相 卽著我人衆生壽者 是故不應取法 不應取非法 以是義故 如來常說 汝等比丘 知我說法 如筏喩者 法尙應捨 何況非法

절대자유의 주체

부처님생명의 요구에 따른다는 것은, 그만큼 중생이 부정되고 있는 것입니다. 중생생명이 요구하는 것은 상대유한적인 다툼의 세계인데, 여기에서 떠나 영원·절대생명인 부처님생명으로 가는 것입니다.

영원·절대생명으로 가고 있다는 그 자체가 엄청난 복福임을 알아야 합니다. 아무리 명예가 높고 재산이 많다고 하더라도, 그것이 중생생명에서 이루어진 일이라면 곧 죽을 수밖에 없으므로, 아무리 많아도 소용없습니다.

계를 가지고 복을 닦으며, 부처님 가르침이 절대진리라는 것을 믿으면서 살아가는 사람들은, 스스로 '나는 계를 잘 지키지 못한다. 복을 제대로 짓지 못한다.'라고 생각하기 때문에 아상我相이 없습니다.

또 남이 나보다 못하다든지, 생존경쟁을 벌이고 있다든지, 내가 제일 귀하다는 생각도 없습니다. 금강경을 잘 공부하고 있다든지, 부처님 가르침을 잘 믿고 있다는 법상法相 또한 없습니다. 그리고 법상이 없다는 생각마저 없게 되는 것입니다.

흔히들 '나는 마음을 비웠다.', '나는 나라는 생각을 버렸다.'라고 말합니다.

그러나 마음을 비웠다는 말속에서, 마음을 비웠다는 상相이 남아있는 것을 알 수 있습니다. 또한 '나는 마음을 비웠다는 생각도 없다.'는 말도 또한 상에서 나온 것임을 알 수 있습니다.

때문에 '나'라는 생각을 없애야 하고, 나라는 생각을 없앴다는 생각도 없어야 되며, 또 나라는 생각을 없앴다는 생각을 하는 그 생각조차도 없어야 합니다.

이것이 아상·인상·중생상·수자상이 없는 것입니다.

우리가 배우고 있는 부처님 가르침인 '법法'은, 나의 참생명을 깨쳐가는데 필요한 약입니다. 나의 참생명을 깨치는 것은 내 밖에서 이루어지는 것이 아니라, 내 안에서 이루어집니다.

그런데 안에서 깨쳐 이루어간다면서 어떤 형식이 남아있다면 참된 진리로서의 가치가 없습니다. '법'은 절대법絶對法입니다. 나의 참생명인 부처님생명도 절대생명絶對生命을 말합니다.

그 절대생명을 드러내기 위한 것이 절대법인데, 이러한 절대법과 절대생명이 둘로 나누어질 수 없습니다. 절대법을 깨치는 것이 바로 절대생명이고, 절대생명이 자기 인식을 하는 것이 곧 깨치는 것입니다. 법과 생명이 따로따로가 아닙니다.

그런데 '부처님 법은 참 좋다.'고 한정시켜 생각하는 것은, 부처님 법을 내 밖에 상대적으로 대상화시킨 것입니다. 이렇게 진리를 객관화하거나 대상화했을 때, 그것은 이미 진리가 아닙니다. 그리고 진리를 대상화하고 있다면 참생명을 드러내고 있는 사람이라고 말할 수 없습니다.

따라서 '법을 취하지 말며, 법 아님도 취하지 말라.'는 것은 진리를 객관화해서 생각하지 말고, 참생명인 부처님생명을 드러내는 것을 법 밖에 따로 있는 것으로 보지 말라는 것입니다.

뗏목은 강을 건널 때 필요할 뿐, 건너간 다음에는 붙들고 있을 필요가 없습니다. 마찬가지로 법도 해탈을 위해서 필요한 것이기 때문에 그런 후에는 버려야 합니다. 하물며 이렇게 법도 버리는데, 법 아닌 것은 어떻겠습니까?

나의 참생명을 드러내게 하는 것이 부처님 법입니다. 참생명을 드러내면 절대자유의 주체가 됩니다. 그런데 법·가르침·경에 의해서 지배받는 위치에 있다면 그것은 절대자유가 아닙니다. 절대자유는 금강경으로부터도 부처님으로부터도 벗어나야 절대자유입니다.
금강경 법문을 배우고 불교를 믿는 이유는 절대자유의 주체로 되기 위한 것 이외에 아무 것도 없습니다.

예를 들어 '생명을 죽이지 말라.'는 계를 가지고 있는 사람에게 '왜 생명을 죽이지 않느냐?' 하고 물으면, 부처님께서 죽이지 말라고 하셨기 때문에 죽이지 않는다고 합니다. 그런 논리로 나는 도둑질을 하고 싶은데, 부처님께서 하지 말라고 해서 하지 않는다고 한다면, 그것이 진정한 자유일까요?
그것은 자유가 아니라 또 다른 구속일 따름입니다.

물론 부처님이 하지 말라고 해서 안 하는 것도 어떤 단계에서는 필요합니다. 그러나 그 단계에 머무르는 동안, 자기가 생각한 부처님으로부터 구속받고 있기 때문에 절대자유의 주체가 될 수 없습니다.
그렇다고 오해하지는 맙시다.
제 마음에 내키는 대로 살라는 게 아닙니다. 부처님이 도둑질을 하지 말라고 해서 도둑질을 안 하는 것이 아니라, 저절로 안 해야 합니다. 그것은 내가 절대생명을 살고 있으며, 나를 떠난 밖에 남이 따로 없다는 것을 확실히 알았을 때 가능합니다.
그래서 부처님의 말씀이 나를 구속하고 있다면, 그것을 버려야 한다는 것입니다.

새벽에 일찍 일어나기 위해서 알람시계를 4시에 맞춰 놓았다고 합시다. 4시에 알람이 울리면 그 소리를 듣고 눈을 떠서 제일 먼저 할 일은 알람을 끄는 일입니다.
마찬가지로 이 금강경을 통해서 절대자유를 깨쳤다면, 그 다음에는 금강경을 버려야 합니다. 나의 생각과 경험이나 지식이라는 틀로 고정시킨 금강경이 있다면 말입니다.

부처님의 가르침은 우리를 부처님께 구속받는 위치에 있게 하는 게 아닙니다. 부처님의 지배를 받는 상태에서는 어떤 일을 하든 절대자유의 주체가 아닙니다. 때문에 부처님의 법으로 내가 절대자유의 주체로서 살아가면 되는 것이지, 거기에 구속받거나 지배받으며 매달리는 그런 사람이 돼서는 안 됩니다.

"수보리야 어떻게 생각하느냐?
여래가 아누다라삼먁삼보리를 얻었느냐?
여래가 설한 바 법이 있느냐?"
수보리가 말씀드렸다.
"제가 부처님의 말씀하신 바 뜻을 이해하옴 같아서는,
아누다라삼먁삼보리라 할 정한 바 없사오며,
또한 여래께서 가히 설하신 정한 바도 없습니다.
무슨 까닭인가 하면,
여래가 설하신 법은 다 취할 수 없사오며,
말할 수도 없사오며, 법도 아니오며,
법 아님도 아니기 때문입니다.
이유를 말씀드리면, 일체 성현이 다 무위법無爲法을 쓰시어
차별이 있기 때문입니다."

———

須菩提 於意云何 如來得阿耨多羅三藐三菩提耶 如來有所說法耶 須菩提言 如我解佛所說義 無有定法 名阿耨多羅三藐三菩提 亦無有定法 如來可說 何以故 如來所說法 皆不可取 不可說 非法非非法 所以者何 一切賢聖 皆以無爲法 而有差別

즉비卽非의 논리

여태 법문을 듣고 있던 수보리존자에게 다음과 같은 의문이 생깁니다. '당신께서 부처님이 되신 것은 아누다라삼먁삼보리를 얻어서 부처님이 되신 것이다. 그런데 그 아누다라삼먁삼보리 마저도 버리라는 것인가? 당신이 해주시는 법문은 내버려야 되는 것인지, 취取해야 되는 것인지를 알 수 없지 않은가?'

부처님이 '여래가 아누다라삼먁삼보리를 얻었느냐? 여래가 설한 바 법이 있느냐?'고 물으신 까닭은, 이런 수보리의 의중을 헤아리셨기 때문입니다.

부처님께서 아누다라삼먁삼보리를 얻어서 부처가 되었다고 하지만, 수보리존자는 그 아누다라삼먁삼보리가 본래 없다는 것을 잘 이해하고 있었습니다.
왜냐하면 부처님이 되신 것은 참생명을 드러낸 것뿐으로, 따로 얻은 아누다라삼먁삼보리가 있어서 부처가 된 것이 아니기 때문입니다. 아누다라삼먁삼보리는 나의 참생명인 절대무한생명을 드러낸 것에 지나지 않으므로 밖에서 얻어올 것이 아닙니다.

부처님의 법문은 추운 겨울에는 옷을 두텁게 입으라는 것이고, 더운 여름이 되면 옷을 벗으라는 가르침입니다.

그런데 중생들이, 부처님은 옷을 입으라고 했다가 또 어떤 때는 벗으라고 하신다고 불평합니다. 그러나 부처님께서는 중생들로 하여금 가장 좋은 상태에 있도록 해주시기 위해서 상황에 따른 법문을 해주셨을 따름입니다.

아누다라삼먁삼보리를 얻게 해주신다는 의미는, 본래부터 부처님생명을 살고 있다는 사실을 일깨워 드러내 주는 것을 말합니다. 그런데 그 부처님생명을 살고 있다는 사실을 잊어버리고 있는 상태가 각기 다릅니다.
어떤 사람은 겨울에 옷을 벗고 있습니다. 이 사람에게는 옷을 입으라고 해야 합니다. 또 여름에 옷을 두껍게 입고 있는 사람도 있습니다. 이 사람에게는 옷을 벗으라고 해야 합니다.
이처럼 부처님의 법문은 정한 바가 없이 오로지 참생명이 부처님생명임을 드러내 주실 뿐입니다.

따라서 부처님께서 법문하신 것을 꼭 '이것'이라고 취할 것이 없습니다. 병에 따라서 먹는 약이 다른 것처럼, 이것이 꼭 맞는다고 취할 것은 하나도 없습니다. '이것이 법이다.', '법이 아니다.' 라고 얘기할 것이 없다는 말입니다.
그렇지만 그것을 통해 나의 진실생명이 드러나기 때문에 법 아님도 아닙니다.

그런데 '내가 함이 있는 법' 즉 유위법有爲法은 만들어진 법이고, 조건

지어진 법입니다. 조건 지어서 만들어진 인연에 의해 생기고 인연에 의해 없어지기 때문에 참으로 있는 것이 아닙니다.
인연 따라서 임시로 나타났을 뿐이고, 인연이 바뀌면 얼마든지 바뀔 수 있는 것입니다. 인연 따라서 대통령이 되기도 하고 감옥에 가기도 합니다.

따라서 나와 남이 없는 세계인 절대세계에 살고 계신 분이 성현聖賢입니다. 그렇기 때문에 하는 일은 모두가 남이 없는 내가, 함이 없이 하는 무위법無爲法입니다.

이렇게 무위법은 평등이지만 겨울에는 옷을 입으라고 하시고, 여름에는 옷을 벗으라는 차별이 있기 마련입니다. 부처님이 지금 법문을 주시는데 그것은 바로 무위법으로 나타내는 차별이지, 정해진 것이 아닙니다.
그렇기 때문에 부처님께서 지금 법문을 주고 계시는 의미가 살아납니다.

그래도 잘 이해되지 않는다면, 금강경을 읽고 또 읽으십시오. 그렇게 듣고 또 듣는 것입니다. 금강경의 논리가 내 마음에 사무치도록 말입니다.
금강경의 논리는 우리가 가지고 있는 형식논리가 아닙니다. 형식논리는 'A=B, B=C, 고로 A=C' 입니다.

그러나 금강경에 나오는 논리는 '즉비卽非의 논리' 입니다. 즉 '반야바라밀은 반야바라밀이 아니다, 그렇기 때문에 반야바라밀이다.'라는 논리입니다. 형식논리에 젖어 있는 머리로는 즉비의 논리를 이해하기가 쉽지 않습니다. 그러므로 금강경을 자꾸 읽어야 합니다.
예를 들어 '보시바라밀은 보시바라밀이 아니다. 그렇기 때문에 보시바라밀이다.'라는 논리를 생각해 봅시다.

보시는 앞에서 살펴보았듯이 남에게 주는 것입니다. 그런데 준 내가 있고 받은 네가 있다면 그것은 진정한 보시가 아닙니다.
정말 보시가 되려면 준 나도 없고 받은 너도 없고, 또 주어진 물건도 없어야 합니다.
그렇다면 주는 사람도 받는 사람도 없는데, 어떻게 보시바라밀이 있을 수 있겠습니까? 그러니 보시바라밀은 보시바라밀이 아닙니다. 그런데 그렇기 때문에 보시바라밀이 됩니다.
그래서 즉비의 논리인 것입니다.

"수보리야 어떻게 생각하느냐? 만약 어떤 사람이
삼천대천세계三千大千世界에 가득찬 칠보를 가지고 보시에 쓴다면
이 사람이 얻을 바 복덕이 얼마나 많겠느냐?"
수보리가 말씀드렸다.
"몹시 많겠습니다. 세존이시여,
왜냐하면 이 복덕이 곧 복덕성福德性이 아니오니,
이 까닭에 여래께서 복덕이 많다고 말씀하십니다."
"만약 다시 어떤 사람이 이 경 가운데 사구게四句偈만이라도,
받아지니고 다른 사람을 위하여 말해주면,
그 복덕이 앞에 말한 보시보다 나으리라.
왜냐하면 수보리야, 일체 모든 부처님과 모든 부처님의
아누다라삼먁삼보리법이 다 이 경으로부터 나오는 까닭이니라.
수보리야, 이른 바 불법佛法이라 하는 것은 불법이 아니니라."

―――――

須菩提 於意云何 若人滿三千大千世界 七寶以用布施 是人所得福德 寧爲多不 須菩提言 甚多世尊 何以故 是福德 卽非福德性 是故如來說福德多 若復有人 於此經中受持 乃至四句偈等 爲他人說 其福勝彼 何以故 須菩提 一切諸佛 及諸佛阿耨多羅三藐三菩提法 皆從此經出 須菩提 所謂佛法者 卽非佛法

전법傳法의 복덕

삼천대천세계는 우주 전체만큼 큰 세계라고 생각하면 됩니다. 태양계만 한 소천세계가 천 개 모이면 중천세계이고 중천세계가 천 개 모이면 대천세계인데, 천千을 3번 곱했기 때문에 삼천대천세계라고 말합니다.
이렇게 큰 우주를 창고로 삼아, 거기에 물질적으로 매우 귀한 것들을 가득 채워서 남에게 보시한다면, 얼마나 복덕이 많겠습니까? 심는 대로 거둔다고 했으므로 거기에서 받아들이는 과보果報도 크겠죠?

그런데 많다고 하는 것은 상대적相對的인 개념입니다. 적은 것을 상대로 했을 때 비로소 많다는 개념이 생기는 것이지요.
그러나 복덕성이라고 할 때의 성性은 절대성을 가리킵니다. 불교에서는 성性·상相을 대비시켜 설명하는 경우가 많은데, 이때 상은 겉모양을, 성은 절대성을 말합니다.

즉 삼천대천세계의 그 많은 것을 남에게 주었다고 하더라도, 이것은 '내가 남에게 무엇을 보시했다.'는 마음이 아직 있으므로, 절대적인 보시인 머무름이 없는 보시[無住相布施]는 못됩니다.
때문에 그렇게 많은 보시를 하면 그것이 씨가 되어 많은 복이 있겠지만, 아무리 많을지라도 언젠가는 없어질 수 있는 유한적인 것입니다. 그래서 그냥 많다고 합니다.
그러나 복덕성은 유한적인 것이 아닙니다. 절대무한 그 자체입니다.

이것이 복덕과 복덕성의 차이입니다.

다만 앞에서 부처님께서는 당신이 얻은 아누다라삼먁삼보리조차도 없다고 말씀하셨으므로, 아누다라삼먁삼보리에 근거를 두고 설하신 금강경마저 아무것도 아니라고 할까봐 염려하시어, 금강경을 읽는 사람의 복덕성에 대해서 말씀하시는 것입니다.

'**무릇 있는 바 상은 다 허망하니, 만약 모든 상이 상 아님을 보면 여래를 보리라.**'라는 사구게四句偈 법문을 앞에서 공부했습니다. 이 사구게를 한 번 듣고 마는 것이 아니라, 그것을 내 인생관·세계관·생명관으로 삼아서 진리로 인정하고 생활 속에서 실천하는 것이 받아 지닌다는 의미입니다.

금강경을 내 인생관·세계관·생명관으로 삼으면 이 세상에 남이 없음을 알게 됩니다. 남처럼 보이는 모든 것이, 사실은 남이 아니라 내 생명의 내용임을 아는 절대생명을 깨칩니다.

절대생명을 깨치는 것은, 나만 깨치고 다른 사람은 상관없다는 말이 아닙니다. 남이 따로 없으므로 세상 사람 모두의 생명 완성이 없이는 나의 생명 완성도 불가능합니다.

그러므로 금강경 법문을 듣는 사람은, 반드시 남을 위해서 말해주어야 합니다. 만약 부처님 법을 혼자만 듣고 남에게 전해주지 않는 사람이 있다면, 그 사람은 제대로 금강경을 공부하는 사람이 아닙니다.

'나와 남이 같이 성불한다[自他一時 成佛道].'고 예를 올리곤 하는데, 이는 석가모니께서 부처가 되셨을 적에 우리도 이미 부처가 되었다는 믿음을 드러내는 것입니다.

석가모니부처님은 절대세계에 들어가신 분입니다. 절대세계는 부처님생명 이외의 다른 생명이 존재하지 않는 세계입니다. 이 말에는 온 우주법계에 오직 부처님생명만 존재할 뿐, 다른 생명은 존재할 수 없다는 뜻이 포함되어 있습니다.

때문에 그분이 부처가 되셨으므로, 우리도 모두 부처가 되어버린 것입니다. 따라서 우리는 지금도 사바세계에 살고 있다고 생각하지만, 석가모니부처님께서 부처님이 되시는 순간, 우리도 같이 성불의 세계인 극락세계에 살고 있다는 것을 알아야 합니다.

이것이 성불成佛의 참된 의미입니다.

금강경 법문을 듣는 참된 의의는, 석가모니부처님의 성불에 의해서 우리의 성불도 이미 이루어졌다는 것을 공부하는 것입니다. 금강경 법문을 듣는 사람은, 이런 소식을 다른 사람에게도 알려줘야 합니다. 이런 전법傳法을 제외하고는 금강경이 있을 수 없습니다.

앞에서 본 바와 같이 금강경을 받아 지니고 남에게 말해주는 사람의 세계는 절대세계이고, 남에게 많은 재물을 보시한 사람의 세계는 상대세계입니다.

상대세계와 절대세계는 비교할 수 없습니다. 이렇게 위대한 위력을 지니고 있는 것이 금강경입니다. 그래서 이 복덕이 절대적으로 큰 것입니다.
부처님은 절대무한이고, 이 절대무한이 금강경에서 나왔으므로 금강경 자체가 절대무한입니다. 부처님이 성취하신 아누다라삼먁삼보리도 절대무한에서 나온 것입니다.
이렇게 절대무한 외에는 일체 모든 원천이 따로 있을 수 없습니다. 이것을 말해주는 것이 금강경이며, 이러한 모든 것이 금강경으로부터 나왔기 때문에 금강경이 위대한 것입니다.

그런데 중생은 이렇게 이야기하면 이쪽으로 붙고, 저렇게 이야기하면 저쪽으로 붙어버립니다.
앞에서는 아무것도 얻은 것이 없다고 하니까 금강경마저 아무것도 아니라고 생각하다가, 여기서는 금강경에 굉장한 복이 있다고 하니까, 다시 금강경에 복이 많은 줄 알고 거기에 붙으려고 합니다.

그러자 부처님께서,
"수보리야, 이른바 불법이라 함은 불법이 아니니라."
고 즉비卽非의 논리로 말씀하십니다.

부처님 가르침인 불법佛法은 각자의 생명 원리라고 했습니다. 그런데 그 생명의 원리를 체계화하고 객관화해서, 사상을 만들고 이념을 만들고 철학으로 만들었다면 그것이 불법이겠습니까?
그것에 의해서 예속받고 구속되어야 한다면, 불법과 나는 대립하게 됩니다. 나와 대립되어 있는 불법은 이미 불법으로서 가치가 없습니다.

뿐만 아니라 불법에 예속되면 불법이 주인이고 내가 종인 것같이 되어 버립니다. 그런 불법은 가치가 없습니다.

때문에 그런 것에 우리가 현혹되고 매달릴 필요가 전혀 없습니다. 소위 '불법이다.' 라고 객관화해서 불법이라고 내놓는 것이 있다면 그것은 불법이 아닙니다.

앞에서 금강경이 아무것도 아니라고 했다가 또 금강경은 굉장한 가치가 있다고 했습니다. 이때의 가치는 절대가치이므로 생명 그 자체일 뿐, 그것을 객관화하고 대상화해서 논리화할 수 있는 것이 아닙니다. 그래서 아무것도 아닌가 하면, 굉장한 가치가 있기도 합니다. 왜냐하면 상相이 없는 까닭입니다.

"수보리야 어떻게 생각하느냐? 수다원須陀洹이 능히 '내가 수다원과를 얻었다' 하는 생각을 가지겠느냐?"

수보리가 말씀드렸다. "아닙니다. 세존이시여, 왜냐하면 수다원은 이름으로 성류聖流에 든다 하나, 실로는 들어간 바가 없어서 형상이나 성·향·미·촉·법에 들어가지 아니하니, 이를 수다원이라 이름합니다."

"수보리야, 어떻게 생각하느냐? 사다함斯陀含이 능히 '내가 사다함과를 얻었다' 하는 생각을 가지겠느냐?"

수보리가 말씀드렸다. "아닙니다. 세존이시여, 왜냐하면 사다함은 이름이 일왕래一往來이나, 실로는 오고 가는 바가 없으니, 이를 사다함이라 이름합니다."

"수보리야 어떻게 생각하느냐? 아나함阿那含이 능히 '내가 아나함과를 얻었다' 하는 생각을 가지겠느냐?"

수보리가 말씀드렸다. "아닙니다. 세존이시여, 왜냐하면 아나함은 이름이 불래不來이나, 실로는 오지 아니함이 없으니, 이 까닭에 아나함이라 이름합니다."

———

須菩提 於意云何 須陀洹 能作是念 我得須陀洹果不 須菩提言 不也 世尊 何以故 須陀洹 名爲入流 而無所入 不入色聲香味觸法 是名須陀洹 須菩提 於意云何 斯陀含 能作是念 我得斯陀含果不 須菩提言 不也 世尊 何以故 斯陀含 名一往來 而實無往來 是名斯陀含 須菩提 於意云何 阿那含 能作是念 我得阿那含果不 須菩提言 不也 世尊 何以故 阿那含名爲不來 而實無不來 是故名阿那含

수행을 점검하라

여기에서 우리는 '불법佛法을 배우는 것은 나를 배우는 것이고, 나를 배우는 것은 나를 잊어버리는 것'임을 다시 상기해야겠습니다.
법문을 듣는 공부가 깊어지면 깊어질수록, '나는 공부가 안 되어 있구나!' 하고 생각될 뿐, '나는 공부가 얼마만큼 되고 있구나.' 하고 생각하지 않기 때문입니다.

소승불교에서는 공부하는 단계를 네 단계로 나누었는데, 그 가운데 제1단계를 수다원이라고 합니다.
수다원은 공부가 꽤 오른 상태입니다. 그 사람은 나를 잊어버리는 공부가 상당히 된 사람입니다. 남과 대립되어 있는 내가 없다는 생각이 어느 정도 익은 사람이지요. 그런 사람이 '나는 나를 잊어버리는 공부가 어느 정도 되었다.'라고 생각할 수 있겠습니까? 그것은 말이 되지 않습니다.

앞에서 들은 '이른바 불법이라는 것은 불법이 아니라'는 것과 같은 논리입니다. 불법이 없다는 게 아니라, 불법은 나를 잊어버리는 공부를 하는 것이기 때문에, '나는 나를 이만큼 잊어버리고 있다.'며 몰아沒我나 삼매三昧에 들었다고 말할 수 없다는 뜻입니다.
정말로 삼매에 들었다면 자기를 완전히 잊어버렸다는 말이니, 그렇다면 그 사람은 자신을 잊어버렸다는 생각조차도 가질 수 없습니다.

그리고 이렇게 수다원이 성인의 흐름에 들었다고 하더라도, 그것은 형상이나 소리나 냄새나 맛이나 감각이나 대상 등의 객관세계가 있어서, 그 경지에 오른 것은 아닙니다. 만약 그렇다면 그것 역시 상대세계相對世界의 현상에 지나지 않는 것입니다.

때문에 수다원의 지위를 얻었다고 한다면, 자기를 잊어버리는 공부가 된 사람이므로 오히려 '나를 잊어버리지 못하고 있는 면이 많구나.' 하고 생각할지언정, '나는 나를 이만큼 많이 잊어버렸다.' 라고 말할 수는 없습니다.

사다함은 제 2단계입니다. 이것은 수다원보다 훨씬 더 높은 경지입니다. 때문에 수다원과 마찬가지로 사다함과에 올랐다는 말을 하지 않습니다. 인간세계에서 사다함과를 얻으면 이 세상을 떠난 다음에, 하늘세계에 가서 한 번 태어났다가 거기에서 공부하고, 다시 인간세계에 돌아와 성불한다는 의미로 일왕래一往來라고 합니다.

아나함은 제 3단계인데, 돌아오지 않는다고 해서 불래不來라고 합니다. 이는 사다함보다 높은 단계로 인간세계에서는 하늘세계에, 하늘세계에서는 인간세계에 한 번만 태어나면, 더이상 왔다 갔다 할 필요 없이 성불한다고 합니다.

여기에서 또 다시 여러분들이 불법을 공부함에 있어서 명심해야 할 것이 있습니다. 그것은 불법을 공부하는 주체主體가 누구인가 하는 것입니다.

많은 사람이 행위의 주체를 중생인 나에게 두려고 합니다. 중생인 내가 수도해서 성불한다고 착각하고 있습니다. 그래서 중생인 내가 부처가 된다고 생각합니다만, 중생이 성불한다는 말은 성립할 수 없습니다. 중생은 본래 없는 것이므로 그 말은 맞지 않습니다.

부처가 부처 된다는 말이 맞는 말입니다.
우리가 수행을 한다고 할 때, 그 주체가 중생이 아니라는 점을 잊지 말아야 합니다. 법화경에는 '부처와 부처끼리[唯佛與佛]'라는 말씀이 나오며, 무량수경에는 '부처가 부처를 생각한다[佛佛相念]'라는 말씀이 나옵니다.
그런데도 공부하는 주체를 중생이라고 생각하면서 중생이 성불한다고 하니, '나는 수다원과를 얻었다', '나는 사다함과를 얻었다'는 등의 생각을 하는 것입니다.

성불은 본전치기

전에 40대 초반의 불자 한 분을 만났는데, 그는 한문漢文으로 된 금강경을 많이 읽었다고 합니다.
그런데 그 뜻에 대한 법문을 듣지 않고 읽기만 하다 보니, '나는 금강경을 많이 읽었다.'는 생각만 가득했답니다.
이럴 경우 금강경을 읽은 것인가요?

나중에 법문을 듣고는, '한문으로 읽어야 소용이 없다. 한글로 읽어야겠다.'고 하면서 한글로 읽었답니다. 그렇게 금강경의 뜻을 알고 읽으니까, 읽을수록 나를 잊어버리는 공부가 되어 '나 잘났다.'는 생각이 없어지더랍니다.

가끔 3천배 하는 분들을 볼 수 있습니다. 3천배를 한다는 것은 나를 잊어버리는 공부를 하는 것입니다. 그런데 힘들게 3천배를 하고 나서 '나는 3천배를 한 굉장히 잘난 사람이다.'고 생각한다면, 이것 역시 착각이지요.

금강경을 그렇게 숫자를 헤아리거나, 남과의 비교측정치로 생각해서 읽는다면, 이는 제대로 읽는 것이 아닙니다. 그래서 이와 같은 태도를 경계하라는 말씀을 하시는 것입니다.

금강경 법문을 듣는 것은, 나의 참생명인 부처님생명을 찾아가는 것입니다. 성불하는 것은 본전치기이기 때문입니다. 없는 어떤 능력을 얻어서 부처가 되는 것이 아니라 본래부터 부처입니다.

그러니 오직 부처 노릇만 하면 됩니다.

부처로 있으면서 부처 노릇을 못하는 것이 억울할 뿐, 부처가 부처 노릇을 한다는 것은 당연할 따름입니다. 한국사람이 한국사람 노릇을 하는 것은 너무나 당연합니다. 한국사람이 일본의 지배를 받아서 한국사람 노릇을 못했던 것이 억울할 따름입니다.

마찬가지로 우리가 본래 부처님생명을 살고 있어서, 진작 부처 노릇을 해야 할 사람들이 그렇게 하지 못하고 있습니다. 그러다가 부처 노릇을 하려고 노력하는데, 그것을 가지고 '나는 이만큼 공부가 되었다.'라고 자랑한다면 그것은 오히려 우스운 것입니다.

그러므로 우리가 공부하더라도 '나는 이만큼 공부가 되었다.' 고 생각할 수 없습니다. 다만 우리 행위의 모든 주체가 중생이 아닌 것을 알면 됩니다.

내가 알거나 모르거나에 관계없이 석가모니부처님께서 성불하셨을 때, 우리도 극락세계에 모두 들어간다고 했습니다. 내가 지금 사바세계에 살고 있다고 느끼거나 아니거나 상관없습니다.

지금 몸이 불편해서 고생을 할 수도 있고, 또한 여러 근심과 다툼이 있을 수 있습니다. 그렇지만 그것은 본래 우리에게 있는 것이 아니므로 상관없습니다. 몸이 죽거나 말거나 아무 상관없이 되는 것입니다.

즉 새삼스럽게 부처가 된다면, '나 같은 못난이가 어떻게 성불하나?' 하는 의심이 들겠지요. 하지만, 부처님이 이미 우리의 생명이 다 완성되어 있음을 밝혀 놓으신 상태이니, 본래 부처님생명을 살고 있다는 사실만 믿으면 됩니다.

이처럼 스스로 중생임을 부정하므로, 중생적인 의미의 가치관이나 세계관이나 인생관이 있을 자리가 없어집니다. 따라서 여러 가지 근심·걱정·시기·질투 등 모든 대립과 공포로부터 자연히 벗어납니다.

"수보리야 어떻게 생각하느냐? 아라한阿羅漢이 능히 '내가 아라한 도를 얻었다' 하는 생각을 가지겠느냐?"

수보리가 말씀드렸다.

"아닙니다. 세존이시여, 왜냐하면 실로 법 없음을 아라한이라 이름합니다. 세존이시여, 만약 아라한이 생각하기를, '내가 아라한도를 얻었다' 하면, 곧 아상과 인상과 중생상과 수자상에 집착함이 됩니다.

세존이시여, 부처님께서 저를 무쟁삼매無諍三昧를 얻은 사람 가운데에서 가장 으뜸이라 말씀하셨으니, 이는 욕심을 여읜 제일의 아라한이라 하심입니다. 세존이시여, 그러하나 저는 욕심을 여읜 아라한이라 생각을 하지 않습니다.

세존이시여, 제가 만약 '내가 아라한도를 얻었다'고 생각한다면, 세존께서는 곧 수보리에 아란나행阿蘭那行을 즐기는 자라고 말씀하지 않으시련만, 수보리가 실로 행하는 바가 없으므로 수보리는 아란나행을 즐기는 자라고 말씀하셨습니다."

須菩提 於意云何 阿羅漢 能作是念 我得阿羅漢道不 須菩提言 不也 世尊 何以故 實無有法 名阿羅漢 世尊 若阿羅漢 作是念 我得阿羅漢道 卽爲著我人衆生壽者 世尊 佛說我得無諍三昧 人中最爲第一 是第一離欲阿羅漢 世尊 我不作是念 我是離欲阿羅漢 世尊 我若作是念 我得阿羅漢道 世尊 卽不說須菩提是樂阿蘭那行者 以須菩提 實無所行 而名須菩提是樂阿蘭那行

다툼이 없는 사람

소승불교에서는 부처님과 같은 단계를 아라한이라고 말합니다. 이 논리로 보면 부처님도 아라한입니다.

아라한을 '응공應供', 혹은 '무학無學'이라고도 합니다. 불교에서 말하는 무학은 일반에서 말하는 것과 의미가 다릅니다. 일반적으로는 공부를 많이 한 사람을 유학有學이라고 합니다.
그러나 불교에서는 반대로 말합니다.
공부를 많이 한 사람이 무학입니다. 더 이상 공부할 것이 없다는 뜻입니다. 배울 것이 없다는 것은 이미 절대絶對에 들어가 있음을 시사합니다.

이렇게 절대 단계에 들어간 사람을 아라한이라고 합니다.
즉, 아라한은 더 이상 공부할 것이 없는 사람입니다. 때문에 '마땅히 공양을 받을 만한 분', '공양에 응할 만한 분[應供]'입니다. 공양은 잡수실 것과 입을 것을 드리는 것을 말합니다만, 그것만이 아니라 존경과 귀의를 받는다는 뜻까지도 모두 포함하는 말입니다.

어떤 사람이 자기 공부가 많이 되었다고 생각하면서, '나는 존경 받을 만한 사람이 되었다.'고 한다면, 도무지 말이 되질 않습니다. 앞에 나온 부처님과 수보리의 문답을 통해서 잘 알 수 있습니다.

그런데도 그런 사람이 가끔 있습니다. 자신이 공부를 많이 한 사람이라고 말한다면, 스스로가 얼마나 모자란 사람인지를 만천하에 공개할 따름입니다.

무쟁삼매無諍三昧는 다툼이 없는 삼매를 말하는데, 정신세계에 대립이 없는 상태인 절대의 경지입니다.
그런데 부처님은,
"다툼이 없는 삼매에 든 사람 중에서 네가 제일이다."
라고 항상 수보리존자를 칭찬해 주셨습니다.

다툼이 없다는 것은 욕심이 없다는 말과 같습니다. 욕심이 없기 때문에 다툼이 없다는 것이지요.
그래서 누군가 '나는 욕심이 없습니다.' 라고 말하고 있다면, 사실은 자신이 얼마나 욕심이 많은 사람인지 고백하는 것과 다르지 않습니다. 정말 욕심이 없는 사람이라면, 욕심이 없다는 생각조차도 없기 때문입니다.

아란나행도 마찬가지로 고요한 행을 말하며, 이 또한 대립이 없는 상태입니다. 이렇게 항상 고요한 행을 하고 있는 수보리존자입니다. 그러나 스스로는 아란나행을 한다는 생각이 없으므로, 부처님께서 아란나행을 즐기는 자라고 말씀하시는 것입니다.

부처님께서 수보리에게 이르셨다.

"수보리야, 어떻게 생각하느냐? 여래가 옛날 연등불燃燈佛 회상에 있었을 때, 법에 있어서 얻은 바가 있었겠느냐?"

"아닙니다. 세존이시여, 여래께서 연등불 회상에 계실 때, 법에 있어서 실로 얻은 바가 없습니다."

"수보리야, 어떻게 생각하느냐? 보살이 불국토佛國土를 장엄莊嚴한다고 하겠느냐?"

"아닙니다. 세존이시여, 왜냐하면 보살이 불국토를 장엄하는 것은 장엄이 아니고, 그 이름이 장엄입니다."

"이 까닭에 수보리야, 모든 보살마하살은 마땅히 이와 같이 청정한 마음을 낼지니, 마땅히 형상에 머물러서 마음을 내지 않고, 성聲·향香·미味·촉觸·법法에 머물러서 마음을 내지 아니하며, 마땅히 머문 바 없이 그 마음을 낼지니라."

佛告須菩提 於意云何 如來昔在燃燈佛所 於法有所得不 不也 世尊 如來在燃燈佛所 於法實無所得 須菩提 於意云何 菩薩莊嚴佛土不 不也 世尊 何以故 莊嚴佛土者 卽非莊嚴 是名莊嚴 是故須菩提 諸菩薩摩訶薩應如是生淸淨心 不應住色生心 不應住聲香味觸法生心 應無所住 而生其心

머무는 바 없는 마음

석가모니부처님이 과거에 성불하는 원인이 될 수행[因行]을 하고 계실 때, 연등부처님의 회상會上에서 공부했습니다.
어느 날 석가모니부처님의 전신前身인 보살이 공부하다가 마을로 내려갔는데, 마을 사람들이 마당을 치우며 청소를 하고 있었습니다. 알아보니 부처님께서 오늘 이곳에 오시기로 되어있기 때문이라고 합니다.

그 말을 듣고 보살은 너무 기뻐서 자신도 공양을 올려야겠다고 생각합니다.
그런데 하필이면 부처님이 지나가신다는 그 길이 진흙길이었습니다. 그래서 부처님이 지나가시는 길에 진흙이 있어서는 안 된다는 생각이 들어, 진흙 위에 자신의 머리카락을 풀어 깔았습니다. 그러고는 부처님이 그 머리카락을 밟고 지나가시도록 했습니다.

그때 연등부처님께서,
"그런 신심을 가지고 수행하면 반드시 부처가 될 텐데, 그때 이름을 석가모니라고 하리라."
는 수기를 주셨습니다.

그렇다면 그때 석가모니부처님께서 연등부처님으로부터 수기를 받았으므로 법에 있어서 얻은 바가 있을까요?

우리가 앞에서 공부했듯이, 수다원·사다함·아나함·아라한이 스스로 '공부가 이만하면 됐다.'고 하면 맞겠습니까? 당연히 얻은 바가 있으면 안 되겠지요?
역설적逆說的이게도 얻은 바가 없다고 하는 것이 공부가 되어 가고 있음을 뜻합니다.
마찬가지로 연등부처님으로부터 부처가 되리라는 수기를 받은 석가모니부처님의 전신인 보살도, 수기를 받은 바가 따로 없다는 얘기가 됩니다.

우리가 부처 되는 공부를 하는 것은 나의 진실생명을 본래 있는 그대로 드러내자는 것이지, 새삼스레 밖에서 무엇을 얻어다 붙이자는 것이 아닙니다.
석가모니부처님의 전신 보살이 수기를 받은 것은 그 정도로 순수해졌다는 것과 같습니다. 순수해졌다는 말은 자기에게 있었던 순수하지 않은 것을 덜어버린 것을 말하지, 밖에서 얻어다가 붙인 것이 아닙니다. 그래서 얻은 것이 없다는 것입니다.

그러자 부처님께서 내가 사는 환경을 좋게 만들 수 있느냐는 질문을 하십니다.
내가 사는 환경을 아주 장엄莊嚴스럽게 장식하는 것, 즉 나의 객관세계를 불국토로 만드는 일이 있을 수 있겠느냐는 것입니다.

이에 수보리존자는 아니라고 대답합니다.

왜 아니라고 대답했겠습니까?

나의 주관主觀과 객관客觀이 대립하고 있으면서, 주관인 나와 그 내가 사는 환경으로서의 객관이 따로 있는 것이 아니기 때문입니다. 객관이라는 것은 주관의 반영으로 있을 뿐, 따로 존재하지 않습니다.

이는 다시 말해서, 나를 바꾸지 않고 내 바깥에 있는 환경인 가정·국가·세계 등을 바꿀 수 없다는 것입니다.

비유를 들어봅시다.

방이 어둡다면 등불이 더 밝아지면 되는데, 등불이 스스로는 밝아지지 않고 방이 왜 이리 어둡냐고 불평하면서, 그 방에 있는 것들을 나무란다면 그것은 등불이 어리석은 것입니다. 등불이 밝아지면 저절로 그 방은 밝아지는데 말입니다.

《유마경維摩經》에 보면, '그 마음이 깨끗해짐에 따라서 국토가 깨끗해진다[隨其心淨 卽國土淨].'는 말씀이 나옵니다. 내 마음이 정화되는 것에 비례하여 환경이 정화된다는 말입니다.

이처럼 마음은 그대로 두고, 내 환경만 정화시킨다는 말은 성립되지 않습니다.

그렇다고 장엄하는 일이 없는 것은 아닙니다.

우리가 보시를 해서 고아원을 잘 만든다든지, 양로원을 만들어서 노인들을 보살핀다든지, 또 이 나라를 불국토로 만들기 위해서 하는 활동들이 불국토를 장엄하는 것입니다.

이렇게 하는 것들은 겉으로 보기에 환경을 좋게 만드는 것처럼 보이지만, 실지로는 내 내면의 세계를 밝게 하고 있는 것에 지나지 않습니다. 밖의 모습 그대로가 내 내면의 반영입니다. 따라서 내 밖을 더 밝게 하고 더 장엄스럽게 한다는 것은, 밖의 장엄 그 자체만이 아니라 내 마음을 장엄하는 것입니다.

즉, 우리가 보시나 장엄을 하는 것이 바깥의 형상으로 이루어지길 바라고 하는 것이 아니라, 보시나 장엄을 하는 그 자체가 내 마음을 정화시키고 있다는 의미지요.
때문에 불국토를 장엄한다는 것은 장엄이 아니고, 그 이름이 장엄인 것입니다.

청정淸淨한 마음은 순수한 마음, 부처님생명인 마음, 절대絶對인 마음이지요.
이런 마음은 형상이나 소리나 냄새나 맛이나 감각이나 대상 등의 객관세계에 머물지 않습니다. 머무르는 것은 어떤 것에 조건을 부여해서, 그것에 집착하고 지배받는 것을 말합니다.

우리가 마음을 낼 때 대개 기분이 좋다고 말하는데, 이것은 형상이나 소리나 냄새나 맛이나 감각이나 대상 등의 객관세계가 마음에 든다는 것입니다. 또한 기분이 언짢은 경우에는 객관세계 중에 무언가가 거슬리기 때문에 그렇습니다.
이렇게 내 밖의 객관세계가 나에게 제공하는 조건에 따라서, 나의 마음이 이랬다 저랬다 합니다.

저 사람이 나에게 나쁜 짓을 하니까 내가 화를 내는 것은 당연하다고 합니다. 이것은 스스로 형상이나 소리나 냄새나 맛이나 감각이나 대상의 지배를 받고 있는 것입니다. 남이라는 객관세계를 설정하고 거기에 끄달려서 내 마음이 변하기 때문이지요.

그런데 우리의 일상생활을 가만히 살펴보면 내 바깥 세계의 도전에 응하는, 다시 말하면 그 도전에 의해서 지배받는 마음을 쓰는 데 익숙합니다. 그러나 어떤 일이 벌어지더라도 그것에 의해서 내 마음이 지배받을 필요가 없습니다.
운명이나 환경 혹은 다른 사람들에 의해 지배받으려고 이 세상을 사는 것이 아님을 알아야 합니다.

직장에서의 지위가 사장이나 회장이 아니고 수위나 말단사원이라고 하더라도 내가 주인이 된 입장에 서면, 그 자리가 바로 진리의 자리 즉 극락세계가 됩니다.
만약 더 좋은 평가를 얻기 위해서 혹은 남들로부터 존경받기 위해서 일한다면 주인이라고 할 수 있겠습니까? 주인이라고 할 수 없을 것입니다. 조건에 의해서 지배를 받고 있기 때문입니다.

나에게 나쁜 짓을 하는 저 사람은 눈으로 보여지는 형상입니다. 설령 욕을 한다 하더라도, 그 욕은 소리로 들리는 것일 뿐입니다. 우리가 잘 아는 반야심경에도 나와 있듯이, 형상이나 소리나 냄새나 맛이나 감각이나 대상 등은 참으로 있는 것이 아닙니다.

남에게 지배를 받고 사는 인생은 부처님생명을 사는 인생일 수 없습니다. 그렇기 때문에 객관세계에 대하여 집착하는 마음, 구하는 마음을 갖지 말고 마음을 써야 합니다.

임제록臨濟錄에 '어떤 곳에서나 주인이 되면, 그곳이 진리의 자리이다[隨處作主 立處皆眞].'라는 말씀이 나옵니다.

어떤 경우에도 내가 주인이 되어야 합니다. 우리는 본래부터 절대생명을 살고 있기 때문에 내가 주인이 되는 것이 당연합니다.

"수보리야,
비유컨대 만약 어떤 사람의 몸이
수미산왕須彌山王만 하다면,
네 생각에 어떠하냐?
그 몸을 크다고 하겠느냐?"
수보리가 말씀드렸다.
"몹시 큽니다.
세존이시여, 왜냐하면 부처님께서는
몸 아님을 말씀하시어
큰 몸이라 이름하셨습니다."

———

須菩提 譬如有人身如須彌山王 於意云何 是身爲大不 須菩提
言 甚大 世尊 何以故 佛說非身 是名大身

복 받기를 원한다면

수미산은 우주의 중심을 일컫는 산입니다. 그 산을 중심으로 동남서북으로 네 개의 세계가 있다고 합니다. 우리가 사는 세계는 그중 남쪽에 해당하여 '남섬부주南瞻浮洲'라고 합니다.

이 수미산만큼 몸이 큰 사람이라는 것은 육신이 그만큼 크다는 뜻만이 아니라, '나는 이만큼 큰 일을 많이 했다.'는 생각을 하는 사람을 일컫는 말입니다.

예를 들어 나폴레옹 같은 사람은 좋든 나쁘든 큰 일을 많이 한 사람입니다. 그 사람의 몸뚱이는 굉장히 작았다고 합니다. 하지만 몸뚱이가 작다고 해서 그를 소인이라고 얘기하는 사람은 아무도 없습니다. 비록 몸뚱이는 작지만 큰 일을 한 사람이기에, '대인大人'이라고 합니다.

이렇게 큰 일을 한 사람에게 큰 몸이라고 말할 수 있겠느냐는 말에, 수보리존자는 몹시 크다고 대답합니다. 굉장히 큰 일을 많이 했으니까요.

그런데 이렇게 공적功績의 크고 작음을 나타내는 것은, 사실 참다운 의미의 공적이라 할 수 없습니다.

참으로 큰 공적이라면, 그것은 부처님생명밖에 없는데, 그것에 대해서 우리가 크다, 작다는 말을 붙일 수가 없습니다.

어떤 사람이 100만원을 보시했는데 100만원을 냈다는 생각을 가진다면 그것은 아무 공덕도 없습니다. 반대로 1만원을 냈을지라도 1만원을 냈다는 생각이 없으면 그 공덕은 절대공덕이 됩니다.

객관적으로 보이는 금전의 크기나 형상의 크기 등이 가치 있는 것이 아니라, 내 마음에서 얼마만큼 집착하는 마음이 없어졌느냐가 중요하다는 것입니다.

> 오늘, 부처님생명으로 산다 ❺

❀ 자기 향상의 기회

인생은 문제의 연속인 셈입니다. 그러므로 세상을 살아간다고 하는 것은 문제해결을 계속해 간다는 말과 같습니다.

그러나 문제가 제기되면 흔히들 그것이 불행한 일인 것으로 생각하고, 문제없이 지내는 것처럼 보이는 사람들을 무척 부러워합니다. 문제없이 지내는 것이 인생의 최고 이상으로 생각하기도 합니다.

그러나 이러한 것은 큰 착각임을 알아야 합니다.
왜냐하면 인생을 살아가는데 있어 문제라고 하는 것은 참으로 고마운 까닭입니다. 우리는 문제에 당면해서 그 문제를 해결하려고 노력하는 가운데에서 나의 생명을 키워갈 수 있습니다. 그러니 문제야말로 나를 키워주는 고마운 재료임을 잊지 맙시다.

이렇게 고마운 것이 문제이건만 문제를 싫어하는 데에는 사람마다 그 나름대로의 이유가 있습니다.

그 하나는 귀찮다고 생각하기 때문입니다.
문제가 발생하면 머리를 쓰든 몸을 움직이든 여하간 나의 노력이 필요한 것인데 그 노력이 싫다는 생각에서 문제를 귀찮게 봅니다.

그러나 이렇게 생각하는 사람들은 자기 성장의 의미를 모르는 사람들임을 잊어서는 안 됩니다. 아무런 문제없이, 따라서 아무런 노력 없이 세상을 살아가면 그 인생은 죽음을 뜻합니다.

그래서 문제가 없어서 심심한 사람들은 애써 문제를 만들어서라도 그 해결의 맛을 즐기려 하는 것입니다.

생명의 힘은 문제 해결을 위해 노력하는 가운데 활력을 키웁니다. 그러므로 문제를 귀찮다고 생각해서는 안 됩니다.

문제를 싫어하는 또 하나의 이유는, 그 문제에는 해결책이 없다고 생각하기 때문입니다.

어떤 문제에 당면하면 사람들은 그 문제의 크기와 자신의 능력을 비교합니다. 문제의 양과 질이 자기의 능력보다 작다고 생각되면 자신 있게 그 문제 해결에 손을 댑니다. 반대로 문제의 크기가 자기의 능력보다 훨씬 크다고 생각되면 그 문제 해결에 손을 대기는커녕 우선 공포심에 사로잡히고 맙니다.

공포심은 자기 능력을 과소평가하게 만들어서 결국은 그 문제에 압도당하는 결과를 가져옵니다. 이렇게 문제 해결의 방안이 없다고 생각하기 때문에 문제를 싫어합니다.

❀ 삶의 설계자임을 자각한다

그러나 이것이야말로 큰 오해입니다.
왜냐하면 인생의 과정에서 발생되는 모든 문제는 그것이 어떠한 것이라도, 그 당사자에게 있어서 해결 불가능은 있을 수 없습니다.

문제를 일으키는 출제자가 누구냐 하면 바로 자기 자신이기 때문입니다.
자기 자신의 과거와 현재의 삶이 바로 문제를 일으킨 것입니다. 그러므로 출제자인 자신이 풀 수 없는 문제는 없음을 알아, 해결 불가능이라는 생각을 말아야 합니다.
어떠한 문제에도 반드시 해결 방안은 마련되어 있습니다.
그 해결 방안이 쉽게 발견되는가, 좀 어렵게 발견되는가 하는 차이가 있을 뿐입니다.

문제와 비교해서 자기의 능력이 작다고 생각하며, 흔히들 자기 능력을 과소평가합니다만, 우리는 본래부터 보유하고 있는 능력의 5% 조차도 쓰지 못한다고 하니, 전체 능력의 95%는 잠자고 있다가 죽어버리는 셈입니다. 그러므로 우리 각자에게 참으로 있는 능력은 실로 무한하다고 볼 수 있습니다.

우리는 전생前生과 금생今生 그리고 내생來生의 연속된 삶을 믿습니다. 그리고 이러한 삼세三世의 삶은 인과因果의 법칙에 의해서 지배됩니다.

부처님께서는 다음과 같이 가르쳐 주십니다.

"전생이 궁금한가? 그것은 지금 네가 경험하고 있는 모든 일을 보면 알 것이다. 내생이 궁금한가? 지금 네가 하고 있는 모든 일이 바로 그것 아닌가?"

다시 말하면 자기 삶의 설계자는 바로 자기 자신이라는 것을 부처님께서는 단적으로 설명해주십니다.
이렇게 신묘하기 짝이 없는 인생 그 자체를 설계하고 조직하고 운행하고 있는 참생명의 능력이 어떠한 제약을 받을 수 있단 말인가?
실로 무한한 능력의 주인공이 바로 우리의 참생명입니다. 자신의 능력을 결코 과소평가할 수 없는 것입니다.

"수보리야, 항하恒河 가운데에 있는 모래 수와 같은 항하가 또 있다면 어떻게 생각하느냐? 저 여러 항하에 있는 모래가 얼마나 많겠느냐?"

수보리가 말씀드렸다.

"몹시 많습니다. 세존이시여, 다만 저 여러 항하만이라도 오히려 많아서 셀 수 없겠거늘, 하물며 어찌 그 모래이오리까!"

"수보리야, 내 이제 진실한 말로 너에게 이르노니, 만약 어떤 선남자·선여인이 저 항하에 있는 모래 수만큼의 삼천대천세계에 가득 찬 칠보를 가지고, 보시에 쓴다면 얻을 바 복이 많겠느냐?"

수보리가 말씀드렸다. "몹시 많습니다. 세존이시여."

부처님께서 수보리에게 이르셨다.

"만약 어떤 선남자·선여인이 이 경 가운데서 내지 사구게 만이라도, 받아지니고 다른 사람을 위하여 말해주면, 그 복덕이 앞에 말한 복덕보다 나으리라."

―――――

須菩提 如恒河中所有沙數 如是沙等恒河 於意云何 是諸恒河沙 寧爲多不 須菩提言 甚多 世尊 但諸恒河 尙多無數 何況其沙 須菩提 我今實言告汝 若有善男子善女人 以七寶滿爾所恒河沙數 三千大千世界 以用布施 得福多不 須菩提言 甚多 世尊 佛告須菩提 若善男子善女人 於此經中 乃至受持四句偈等 爲他人說 而此福德 勝前福德

뛰어난 복덕福德

항하는 인도에 있는 갠지스강을 말합니다. 제가 직접 갠지스강에 가보 았는데, 강의 크기도 한강보다 몇 배 더 크고 모래알도 한강의 모래알 보다 훨씬 잘아요.

이렇게 생각해 볼 때, 갠지스강 가운데 있는 모래 수라고 하면 굉장한 수량임을 짐작할 수 있습니다.
그런데 그 모래의 수와 같은 갠지스강이 또 있다면, 그 모든 항하에 있는 모래가 얼마나 많겠습니까?
삼천대천세계만 해도 엄청난데, 그 모래 수만큼의 삼천대천세계라고 하니 가히 말로 설명할 수 없는 수량입니다.

그런데 이렇게 한량없는 수량만큼의 칠보七寶로 보시한 공덕의 복은 어떻겠습니까?

굉장히 많을 것이 분명합니다. 그러나 아무리 많아도 한정된 양입니다.
왜냐하면 많다는 것은 계량할 수 있는 것이기 때문입니다.

여기서 수보리존자가 몹시 많다고 얘기하는 것은, 아직까지는 상대세계라는 말과 같습니다.
왜 그렇습니까?

우리가 금이나 은으로 남에게 아무리 많은 양을 보시하더라도 그것은 그 사람의 육신을 유지하는 데 필요한 것 이상이 못됩니다.

그러나 이 금강경의 한 구절이라도 말해주면, 나의 참생명이 부처님생명임을 알고 영원·절대생명을 깨쳐서 부처가 되도록 하는 것이기 때문에, 이것이 더 뛰어난 복덕福德입니다.

이렇게 생각해 볼 때 금강경 법문을 공부하는 것이 얼마나 큰 복덕인지 알 수 있습니다. 그러므로 이런 공부가 있다는 것을 남에게 자꾸 알려주어야 합니다.

"그리고 또 수보리야,
이 경을 설함에는 내지 사구게 등만이라도 마땅히 알아라.
이곳은 일체 세간의 천상과 인간과 아수라가
다 마땅히 공양하기를,
부처님의 탑묘塔廟와 같이 하는데,
어찌 하물며 어떤 사람이 능히 다 받아 지니며 읽고 외움이랴!
수보리야, 마땅히 알라.
이 사람은 가장 높아 제일가는 희유한 법을 성취하리라.
만약 이 경전이 있는 곳이면,
곧 부처님과 존중하신 제자가 계심이 되느니라."

———

復次須菩提 隨說是經 乃至四句偈等 當知此處 一切世間天人 阿修羅 皆應供養 如佛塔廟 何況有人 盡能受持讀誦 須菩提當知是人成就最上第一希有之法 若是經典所在之處 卽爲有佛 若尊重弟子

희유한 성취

경전이 곧 법法이므로, 경전이 있는 곳은 법法이 있는 곳입니다. 이렇게 법이 있는 곳에는 부처님[佛]과 부처님의 경전[法]과 존중하신 제자[僧], 즉 불법승佛法僧 삼보三寶가 다 있습니다.

때문에 금강경 법문을 듣는 것은 불법승 삼보를 모시는 것이며, 우리의 진실생명이 발휘되는 것입니다.
이때 우리가 반드시 잊지 말아야 될 것이 있습니다.

금강경 법문을 들으니, 삶의 방향과 목적이 뚜렷해집니다.
그것은 바로 경전을 읽어 법문을 들어서 내 마음을 밝히고, 주변 사람들에게 금강경에 나오는 한 구절만이라도 전하겠다는 것입니다.
그때에 우리들 마음속에 드는 생각은 '내가 남보다 잘났지!' 라는 마음이 나도 모르는 사이에 나올 수 있습니다.

그렇지 않을까요? 남들은 금강경을 모르지만 나는 아니까, 그래서 내 앞에 있는 못난 사람들에게 '어떻게 해서든 금강경을 일러주어야 되겠다.' 는 생각이 나게 됩니다.

그러나 우리는 영원한 부처님의 제자弟子이지, 그것을 넘어서 남의 스승 노릇부터 하겠다는 생각을 앞세우지 않습니다.

나보다 못한 사람을 내가 가르친다는 생각이 드는 것은, 남보다 내가 잘났다는 마음이 있다는 것입니다.
이것은 금강경의 참 뜻에 비추어 볼 때, 정반대로 나가는 것입니다. 거듭 말하지만 우리는 부처님의 제자 이상이 아닙니다. 다만 부처님의 법문을 듣는 제자일 뿐입니다.

따라서 나의 참생명이 부처님생명임을 일러주시는 금강경을 모시는 제자에게는, 언제나 그 마음이 머무는 곳이 바로 법당이 되고 탑塔이 됩니다.

그때 수보리가 부처님께 말씀드렸다.
"세존이시여, 이 경을 마땅히 무엇이라 이름하며,
저희들이 어떻게 받들어 가지오리까?"
부처님께서 수보리에게 이르셨다.
"이 경의 이름을 금강반야바라밀金剛般若波羅蜜이라 하나니,
이 명자名字로써 너희들은 마땅히 받들어 가질지니라.
무슨 까닭이냐?
수보리야, 여래가 말한 반야바라밀般若波羅蜜이
곧 반야바라밀이 아니라,
그 이름이 반야바라밀이니라."

爾時須菩提白佛言 世尊 當何名此經 我等云何奉持 佛告須菩
提 是經名爲金剛般若波羅蜜 以是名字 汝當奉持 所以者何 須
菩提 佛說般若波羅蜜 卽非般若波羅蜜 是名般若波羅蜜

오직 1인칭 一人稱

부처님이 우리에게 주신 경이 많은데, 경의 이름을 직접 붙여주신 경우도 있고 제자들이 붙인 경우도 있습니다. 그런데 위에서 본 것처럼 금강경의 경우는 부처님께서 직접 이름을 붙여주셨어요.
어째서 금강반야바라밀경이라고 이름하셨는지 그 뜻을 살펴보도록 합시다.

반야般若는 본래 구원되어 있음을 밝히는 지혜를 뜻합니다.
금강金剛은 여러분이 잘 아시는 다이아몬드를 반야般若에 비유하여 쓰인 말로, 금강반야는 '금강과 같은 지혜'라는 말입니다.

그럼 반야를 왜 금강에 비유했는지를 봅시다.

첫째, 금강은 제일 단단한 물질입니다.
따라서 어떤 것도 부술 수 있는가 하면, 어떤 것에 의해서도 부숴지지 않습니다. 아주 단단하여서 금강에 의해 파괴되지 않는 물질은 하나도 없습니다.
마찬가지로 금강반야에 의해서 파괴되지 않을 번뇌망상은 없습니다. 즉 금강과 같은 지혜가 나타났을 때, 어떤 번뇌망상도 없어지지 않는 것이 없다는 의미입니다.

둘째, 금강은 아주 단단해서 파괴되는 법이 없습니다.
다른 것에 의해서 침범 당하지 않습니다. 살아가면서 근심·걱정·골치 아픈 일·몸에 병이 생기는 등의 번뇌망상이 있다고 하더라도, 그것이 금강반야를 파괴시키지 못한다는 말입니다.
이것은 어떠한 외부적인 조건에 의해서도 부처님생명은 손상 받지 않는다는 의미입니다.

부처님생명에는 2인칭二人稱이나 3인칭三人稱이 없습니다.
오로지 1인칭一人稱밖에 없습니다.
모두가 자신이기 때문에 남으로부터 침범을 당한다고 생각할 남이 없습니다. 남이 없으므로 나를 침범하는 원수도 없습니다.

셋째, 금강은 형형색색의 빛을 지니고 있습니다.
보는 사람의 각도에 따라서 혹은 빛의 조도에 따라서 가지각색의 빛으로 보입니다. 이처럼 시대와 환경에 따라 갖가지 묘한 지혜가 나와서, 일상생활에서 구체적으로 다양하게 사는 그 모습들이 바로 금강반야입니다.
우리가 일상생활을 하는데 필요한 가지가지 지혜를 모두 다 제공해 주는 것이 바로 금강반야입니다.

이런 모든 감춰진 의미를 가지고 있는 것이 금강반야이고, 금강반야에 의해서 나타나는 세계가 바라밀입니다. '내가 부처님생명을 살고 있고, 이 세계가 바로 극락세계이구나.'를 아는 것입니다.

번뇌망상을 다 없애고 중생세계를 완전히 소멸시켜버리는 것이 바로 금강반야입니다.

따라서 어떤 괴로움이 있다고 하더라도 금강경을 읽어서 해결되지 않는 것이 없습니다. 중생세계는 상대유한의 세계인데, 이런 중생세계를 완전히 부정하면 절대무한인 부처님생명만이 남을 뿐입니다.

우리는 상대유한의 세계에 살고 있어서 세상을 사는 것이 괴롭습니다. 상대유한의 세계에 남아있는 한, 괴로움은 절대로 없어지지 않습니다. 조금 개선될 수는 있지만 완전히 벗어나기는 어렵습니다.

그러므로 괴로움을 완전히 벗어나야겠다고 생각한다면 상대유한의 세계에서 벗어나야 합니다. 이렇게 상대유한을 벗어나는 것이 절대무한입니다.

반야의 광명이 드러나서 절대무한을 실현할 때 부처님의 광명이 남김없이 드러납니다.

부처님께서는 이렇게 절대무한인 상태를 바라밀波羅蜜이라고 하십니다.

바라밀을 저 언덕에 이른다는 뜻에서 도피안到彼岸이라고 하지만, 그것은 절대무한이기 때문에 공간적인 이동을 하는 것이 아닙니다. 지혜의 광명을 비추어서 본래부터 절대의 세계에 있다는 것을 드러내는 것입니다.

일반적으로 천당과 극락에 대해서 이야기합니다만, 그 세계가 우리가 사는 세계의 밖에 어디엔가 따로 있다고 생각한다면, 그 세계는 상대세계가 됩니다. 우리와 떨어져 대립되어 있기 때문입니다.

그렇다면 그 세계가 아무리 좋을지라도 상대세계의 연장선상에 있는 것이고, 상대세계의 연장으로는 우리들이 가지고 있는 근본 문제를 해결할 수 없습니다. 반드시 절대무한이어야 합니다.

이렇게 우리가 바라는 이상향인 바라밀의 세계는, 반야로 도달할 수 있는 세계이기 때문에 반야바라밀般若波羅蜜입니다.

한편 부처님께서 우리에게 가르쳐 주신 말씀, 즉 부처가 되기 위한 공부의 지름길을 일러주신 것이 경經입니다.
그래서 금강반야바라밀경이라고 하는 것입니다.

반야의 광명

금강반야를 다른 말로 하면 '나무南無'이고, 바라밀은 '아미타'라는 말과 같습니다.
이렇게 '나무'에 의해서 중생세계가 부정되면, 아미타阿彌陀세계 즉 절대무한의 세계가 드러납니다. 결국 금강반야바라밀은 '나무아미타'라는 뜻이 됩니다.

우리가 이 뜻을 알고 경을 읽으면 본래 어둠이 없고, 병이 없고, 괴로움이 없는 것이 밝혀지므로 본래의 밝은 생명이 드러납니다.
또한 내가 밝아지면 우리의 주변이 밝아집니다. 내가 밝아졌는데도 주위가 어둡다는 것은 있을 수 없습니다.
아무리 어두운 곳이라도 태양이 비추면 밝아지듯이, 금강경을 읽어서 반야의 광명이 비치면 모든 어두움은 사라집니다.

이렇게 금강경을 자꾸 읽으면 업장業障이 소멸됩니다. 업장은 나 스스로 살고 있다고 생각하는 아상我相과 같은 말이기 때문에, 금강경을 읽어서 아상이 없어지면 업장은 당연히 소멸될 수밖에 없습니다.

그런데 부처님께서 반야바라밀이라고 이야기하시고서, 다시 반야바라밀이 아니라고 말씀하십니다.
이것은 앞에서 공부한 보시바라밀과 같은 것입니다.

보시한 사람과 보시 받는 사람과 주어지는 물건이 없어야 보시바라밀이라고 했습니다.
즉 보시의 행위는 있지만, 보시했다는 생각이 없으므로 보시바라밀이 보시바라밀이 아닌 것입니다.

그와 마찬가지로 반야바라밀이라는 것도 반야에 의해서, 본래 청정무구한 절대무한의 생명인 부처님생명이 드러나는 것입니다.
나의 참생명은 내 밖에 있는 것이 아니기 때문에 반야바라밀도 내 밖에 따로 있을 수 없습니다. 부처님생명은 새삼스럽게 드러낼 것도 없이 본래 있는 것이지요.

그러므로 반야바라밀은 반야바라밀이 아닙니다. 반야바라밀이라는 실체가 따로 있는 것이 아니라 다만 드러났을 뿐입니다.
반야바라밀이라는 실체가 객관적으로 인식될 수 있다면, 그것은 벌써 반야바라밀이 아닙니다. 만약 '나는 이만큼 반야바라밀의 공부가 되었다.'고 하면서 반야바라밀을 객관적 실체로 본다면 반야바라밀이라고 말할 수 없습니다.

우리 수행의 주체는 어디까지나 부처님생명이지, 중생생명이 아니기 때문입니다. 부처님생명이 부처님생명을 드러내는데, 어찌 객관적인 실체가 따로 필요하겠습니까? 만약 금강경이 객관적으로 논의될 수 있는 논리라면, 그것은 이미 금강경이 아닙니다. 그것은 하나의 사상이나 철학에 지나지 않을 것입니다.

"수보리야, 어떻게 생각하느냐? 여래가 설한 바 법이 있겠느냐?"
수보리가 부처님께 말씀드렸다.
"세존이시여, 여래께서는 설하신 바가 없습니다."
"수보리야, 어떻게 생각하느냐?
삼천대천세계에 있는 가는 먼지를 많다 하겠느냐?"
수보리가 말씀드렸다. "몹시 많습니다. 세존이시여."
"수보리야, 이 모든 가는 먼지는 여래가 가는 먼지 아님을 말함이니, 그 이름이 가는 먼지이며, 여래가 설한 세계도 세계가 아니라 이름이 세계이니라. 수보리야, 어떻게 생각하느냐?
삼십이상으로써 여래를 볼 수 있겠느냐?"
"아니옵니다. 세존이시여, 삼십이상으로써 여래를 볼 수 없습니다. 왜냐하면 여래께서 말씀하신 삼십이상이 곧 상이 아니고, 그 이름이 삼십이상입니다."
"수보리야, 만약 어떤 선남자·선여인이 항하의 모래 수와 같은 목숨을 바쳐 보시하더라도, 만약 다시 어떤 사람이 이 경 가운데에서 내지 사구게만이라도, 받아 지니며 다른 사람을 위하여 말해주면, 그 복이 대단히 많으니라."

須菩提 於意云何 如來有所說法不 須菩提白佛言 世尊 如來無所說 須菩提 於意云何 三千大千世界 所有微塵 是爲多不 須菩提言 甚多 世尊 須菩提 諸微塵 如來說非微塵 是名微塵 如來說世界非世界 是名世界 須菩提 於意云何 可以三十二相見如來不 不也 世尊 不可以三十二相得見如來 何以故 如來說三十二相 卽是非相 是名三十二相 須菩提 若有善男子善女人 以恒河沙等身命布施 若復有人 於此經中 乃至受持四句偈等 爲他人說 其福甚多

실체가 없는 세계

부처님께서 법을 설하셨으니, 당연히 경이 있습니다. 그런데 이제까지 법문을 들어온 바에 의하면, 부처님이 말씀하신 가르침이 따로 있다고 하겠습니까?

그런 의미에서 본다면, 부처님은 법을 설함이 없습니다. 때문에 금강경도 본래 없는 것입니다.
하지만 본래 없는 금강경이 우리의 지혜를 밝게 해주고 있으니, 이게 무슨 소식입니까? 이것은 지혜를 밝게 해주는 작용이 있을 뿐, 금강경이란 실체가 따로 있는 게 아니라는 것입니다.

삼천대천세계가 있다고 할 적에, 우리는 그 세계를 내 밖에 있는 객관세계라고 생각합니다. 나라는 주관이 있고 내가 사는 삼천대천세계가 있다면, 삼천대천세계는 나에 대해 객관이 됩니다.
이렇게 주관과 대립되어 있는 객관으로서 삼천대천세계가 있다면, 우리는 둘 중에 하나의 생각을 일으킵니다. 내 밖에 있는 삼천대천세계가 내 마음에 들지 않거나, 혹은 내 마음에 든다고 말입니다.

내가 사는 환경, 즉 가정이나 국가나 세계가 내 밖에 따로 있는 세계라면, 사랑하는 마음이나 미워하는 마음을 갖습니다. 사랑하는 마음이든 미워하는 마음이든 그것은 번뇌망상입니다.

그렇다면 세계를 구성하고 있는 모든 것들이 번뇌망상이라는 말과 같습니다.

즉, 나와 대립되어 있는 객관으로서의 세계가 존재한다면 그것은 모두 번뇌망상일 수밖에 없습니다. 남편과 아내 사이, 부모와 자식 사이, 나라와 국민 사이 등 어디에서나 마찬가지입니다.

따라서 먼지가 많다는 말씀은, 삼천대천세계를 객관으로 보았을 때 일어나는 번뇌망상의 숫자가 한량없다는 것을 말씀하시는 것입니다.
이렇게 세계는 객관화할 수 있는 대상이 아닙니다. 애초부터 세계는 내 밖에 따로 있지 않습니다. 전부 내 마음의 그림자로 존재할 뿐입니다. 그렇기 때문에 이 모든 가는 먼지는 가는 먼지가 아닙니다.

자신을 비추어 본다

부처님이 과거생에 한량없는 세월동안 착한 일을 많이 했기 때문에, 현재 나타내고 계신 삼십이상三十二相으로 부처님을 뵐 수 있겠습니까? 우리가 만약 그런 겉모양으로 부처님을 본다면, 부처님도 우리에게 객관세계의 대상이 되어버립니다. 그러나 부처님은 우리들의 참생명이기 때문에 객관적으로 볼 수 없다는 것은 앞에서 공부한 바와 같습니다.

육조 혜능대사는 부처님의 32상이 서른 두 가지의 청정행淸淨行을 말하는 것이라고 풀이했습니다.
육근六根 중에 안眼·이耳·비鼻·설舌·신身 오근五根으로 육바라밀을 닦아 서른 가지의 청정행을 이루고, 다시 의근意根으로 무상無相과 무위無爲를 닦으니 합해서 서른 두 가지입니다.
그러므로 형상으로 나타난 32상은 육바라밀의 결과에 지나지 않는다는 것입니다.

세상을 위해서 자기 목숨을 한 번만 바쳐도 큰 위인으로 받드는데, 갠지스강의 모래 수만큼 많은 목숨을 바쳐서 남한테 보시한다면 그 복은 굉장할 것입니다.

그러나 이 경 가운데 사구게四句偈 즉 법문의 한 구절이라도 일러줘서, "너의 참생명은 부처님생명이야. 너를 지배할 외부세력은 없어, 네가 곧 우주의 중심이야."
라는 것을 깨치게 하는 것이 더 큰 공덕이라고 말씀하십니다.

왜냐하면 몸뚱이로 죽을 사람을 살려줘 봐야 육신생명을 조금 연장시킬 뿐 그 이상의 의미가 없지만, 우리의 참생명인 부처님생명을 깨치는 것은 절대세계에 들어가게 하는 것이기 때문입니다.

우리는 객관세계를 상정하고, 중생이라고 생각하여 제한되고 제약받는 인생을 살고 있다고 생각합니다.
그럴 적에 '나무!' 하여 일체 모든 제한을 부정해야 합니다. 내가 중생이라는 것을 부정하며, 객관세계가 있다는 것도 부정합니다.
이렇게 중생세계를 부정하면, 절대무한인 '아미타'가 드러납니다. '나무아미타'에 의해 깨달음의 세계가 벌어집니다. 여기에는 깨달음의 주체와 객체가 따로 있지 않습니다. 그러니 '나무아미타불' 입니다.

그런데 가끔 금강경의 실체가 따로 있는 줄로 오해하는 사람들이 눈에 띕니다.
금강경에 '여시아문'이 몇 번 나오고, '수다원'이 몇 번 나오며, '수보리'가 몇 번 나온다면서 그것을 써 가지고 다니는 사람들이 있어요. 그래서 그것만 외우면 금강경을 읽은 것과 마찬가지라고 말합니다.

언젠가 그렇게 얘기하는 사람이 있기에,
"법우님은 참말로 돈 안들이고 밥 먹게 되었습니다." 라고 얘기하니까,

"어째서 그래요?"라고 되묻더군요. 그래서
"식당에 들어가서 음식을 시킬 필요 없이 거기에 있는 메뉴만 자꾸 읽으면 배부를 것 아닙니까?"라고 말했습니다.

그런가하면, 꼭 한문으로 씌여진 금강경만 읽어야 한다는 사람도 있습니다. 어째서 한문으로 읽어야 되느냐고 물었더니, 한문이 원문이라 그렇다고 대답하더군요.
그렇게 따진다면 산스크리트어가 원문이지, 어찌 한문이 원문이겠습니까? 더 나아가서 부처님이 말씀하시기 전의 깨달음이 원문일 것입니다.

글자로만 읽는 것은 아무 이익이 없으니, 모쪼록 뜻을 알고 읽어야 합니다.
그러니 다음의 말씀을 마음 깊이 새기기 바랍니다.
"나에게 한 경經이 있는데, 종이와 먹으로 이루어진 것이 아니다. 경을 펴보아도 글자는 없으나 항상 큰 광명을 내고 있다[我有一卷經 不因紙墨成 展開無一字 常放大光明. 서산대사 「운수단가사」중)]."

이제 다시 한 번 왜 금강경을 읽는지 따져봐야 합니다.
부처님 앞에 '나는 이만큼 당신의 경전을 읽고 있으니, 점수를 줘서 좋은 일이 생기게 해주십시오.' 해서 읽는 건가요? 그건 분명히 아닙니다.

조선 광해군 때의 인오印悟대사는 수행자에게 열 가지의 이익이 없는 것을 경계한 십무익송十無益頌을 지어, 나를 앞세우는 수행자를 꾸짖었습니다.
그중에서 '자신의 마음에 비춰 보지 않는다면, 경을 보아도 아무런 이익이 없으리라.' 는 것이 제일 첫 번째입니다.

맞지요. 경經은 부처님께서 내 마음 고치라고 설하신 법문法門인데, 내 마음에 비추어 보지 않으면 이익이 없을 것은 당연하지요.
'여시아문 일시불 재사위국' 이라고 하면 무슨 소린지 알아들어요? 모르지만 부처님 말씀이니까 그냥 들어야한다고요? 자기의 마음에 비춰 보지 않는다면, 부처님 법문을 듣는 것이 아닙니다.

입장을 바꾼다

'상相'은 앞에서 언급한 바와 같이, 상대적인 관념 즉 나와 남이 대립되어 있다는 생각입니다. 나와 너가 따로따로, 남편과 아내가 따로따로, 부처님과 나도 따로따로, 이것이 '상'입니다.
'부처님은 거룩하신 어른이고, 나는 복이 없는 사람이다. 그러니 부처님한테 복 좀 받아야겠다.'고 생각하는 것도 상입니다.

부처님과 내가 따로따로인 세계에 부처님은 계시지 않습니다. 어찌 부처님이 내 밖에 따로 계시겠습니까?
상대적인 관념을 다 내버리는 것이 적멸寂滅입니다. 적멸은 열반의 세계, 깨달음의 세계, 부처님의 세계입니다. 상대적인 관념을 내버리고 남과 울타리를 쌓는 생각을 내버리는 곳에 적멸이 있습니다.

집안 식구들과도 울타리를 쌓고 있는 사람들이 많습니다. 요즘은 월급을 온라인으로 송금해주니까 그럴 수 없는지는 몰라도, 남편은 아내 몰래 비상금을 숨겨둡니다. 아내는 남편의 월급을 받아 가지고, 집안 살림에 쓴다고 하고는 자기도 남편 몰래 따로 계를 듭니다. 그러면서 각각 자기는 똑똑한 사람이라고 생각합니다.

너는 너대로 나는 나대로 계산이 있으니, 남편과 아내 사이에 울타리가 생깁니다. 울타리를 쌓은 집안에는 햇빛이 들지 않고, 햇빛이 들지 않으면 자연히 곰팡이가 생깁니다. 집안에 곰팡이가 피면 우환이 생기기 마련입니다. 그러다보니 애들은 아프고, 일이 잘 안 되고, 내외간에 사이가 나빠집니다.

회사원은 회사에 가서 어떻게 하든 일은 덜하고 월급은 더 받기를 원합니다. 회사 쪽에서는 일을 더 시키고 돈을 덜 주려고 합니다.
버스에서 앉아 있는 사람은 노인이 자기 옆으로 오지 않기를 바라고, 노인은 될 수 있는 대로 다가가서 양보받길 바랍니다.

이러한 것이 모두 울타리를 쌓고 지낼 때 벌어지는 현상입니다.
그래서 다툼만 일어납니다. 이렇게 대립하는 마음, 즉 울타리를 갖고 있는 마음이 상相을 갖고 있는 것입니다. 따라서 울타리를 없애는 것은 상을 여의는 것과 같습니다. 그러므로 부처님을 믿는 사람은 가장 먼저 내 마음속에 있는 울타리부터 없애야 합니다.

절의 입구에는 '불이문不二門'이 있습니다. '불이不二'는 둘이 아니란 뜻입니다.
근본적으로 부처와 나는 둘이 아닙니다.
내가 본래부터 부처입니다. 이렇게 나와 부처님이 따로따로가 아니기 때문에 불이不二입니다.

법회에 갈 때, 집과 법당이 따로따로라고 생각합니다. 하지만 근본적으로는 따로따로가 아닙니다. 나와 미운 사람도 따로따로가 아니기 때문에 불이, 지금 가난하게 살고 있는 나와 부자 노릇하는 다른 사람도 둘이 아니기 때문에 불이입니다.

무엇이든지 불이입니다.

이런 법문을 들으러 불이문을 통과하는 것입니다.

이렇게 모든 경우에 불이를 보는 것이 상에서 떠나는 것입니다.
상을 떠나면 우리가 본래 부처와 다르지 않다는 것을 알게 됩니다.
본래 부처인 우리가, 부처님한테 새삼스럽게 뭘 달라고 할 것이 있겠습니까? 우리에게 있는 무한한 힘을 그냥 쓰면 그만이지요.

법문法門 들을 뿐

따라서 여러분들은 불교가 절대로 기복신앙일 수 없다는 것을 알아야 합니다. 이제까지 기복신앙을 가졌다면 모두 버리세요.
예언가나 상담가를 비롯한 누구에게든, 답答을 묻는 것에 의지하면 결과적으로 인생을 망치게 됩니다.

그중에 점집을 예로 봅시다.
가서 물어 보는 것은 두 가지 중에 하나입니다. '좋다'는 것과 '나쁘다'는 것입니다. 만약 사업을 하려는데 잘되겠냐고 물으면, 잘된다고 하든지 잘 안된다고 하든지 둘 중 하나의 대답이 나옵니다.
잘된다고 하면, 어차피 잘될 거니까 최선을 다하지 않습니다. 최선을 다해도 될까말까인데 최선을 다하지 않았으니, 안될 수밖에 없습니다. 또 안 된다는 얘기를 들으면 마음에 안 된다는 신념이 들어서 더욱 안 됩니다.

더구나 나쁜 일에 대한 이유를 붙입니다. '조상의 묏자리가 안 좋아서', '이사를 잘못 가서' 등등. 그래서 간단치 않은 벌금을 물도록 공갈협박 당하기 일쑵니다.
그러한 벌금이 계속되면 사업에 전념하지 못하기 때문에 결국은 망합니다. 망하고 나면 점쟁이는 자기가 하라는 대로 안하거나 정성이 부족해서 망한 것이라고 합니다. 정성이 얼마나 많아야 될지 모르지만 정성이 부족하다고 하면 그만이지요.

이렇게 점에 매달리거나 기복신앙에 매달리는 행위는 결코 좋은 결과를 얻을 수 없습니다. 그러니 그런 사람들에게 물어보는 사람이 바보입니다.

거울 속에서 눈 흘기는 그림자를 웃게 만들려면, 내가 먼저 웃는 것입니다.
거울 속의 그림자가 주먹을 들고 있다면, 그 주먹을 내리게 하는 방법은 내 주먹을 내리는 것입니다. 내 주먹은 그냥 들고 있으면서 저 주먹 좀 내리게 해 달라고 부적을 붙였더니 내 주먹은 가만히 있는데 거울 속에 있는 그림자 주먹이 쑥 내려가더라는 말이 있을 수 있겠습니까? 절대로 있을 수 없습니다.

"왜 생사해탈生死解脫 얘기만 하고 부자 되는 얘기는 안 해 주지?"
하면서 불평하는 사람들이 가끔 있어요.
그러나 지금까지 공부한 것을 잘 생각해 보면, 부자 되는 비결이 따로 있지 않음을 알 수 있습니다.
본래 부자이므로, 부자인 걸 드러내기만 하면 됩니다.
만약 '지금 난 가난하니까 부자되게 해주십시오.'라고 한다면, 그건 마음이 둘이라는 것을 고백하는 것입니다. 따라서 둘이 아니다[不二]라는 법문의 내용에 비춰볼 때, 이런 기복신앙은 성립하지 않습니다.

상相을 떠나는 것을 달리 말하자면, 나의 참생명이 부처님생명이라는 믿음에 들어가는 것입니다.
부처님생명은 온 우주에 하나뿐이므로, 참생명의 세계에는 내 밖에 남이 없고 어느 누구와도 대립이 없습니다.

겉으로 보기에는 내 밖에 남이 있어서 나한테 발길질하고 욕하고 흉보고 돌아다니는 것 같지만, 그런 남이 내 밖에 따로 있는 것이 아닙니다. 그것은 내 마음의 그림자가 나타난 것에 지나지 않습니다.
남편이든 자식이든 누구라도, 나에게 잘못하는 남이 있다는 생각을 갖는 것이 상에 집착하는 것입니다. 내 밖에 남이 따로 있어서 나에게 잘못하는 사람이 있는 것이 아니라는 것을 아는 것이 상을 떠나는 것입니다.

그러면 내 밖에 남편으로 보이고, 아내로 보이고, 자식으로, 혹은 친구로 보이는 사람이 욕하고 발길질할 때는 어떻게 합니까?
그때 얼른 내 마음을 바꿔야 합니다.

어떻게 바꿉니까?
얼른 금강경 법문을 읽어서 듣는 것입니다.
경전을 읽는 것은 겉으로 보기에는 내가 읽는 것 같지만, 그것은 내가 듣는 것입니다.
그리고 금강경을 한마디로 이르면 나무아미타불로 요약이 되니, 자꾸 염불念佛하여서 나의 참생명이 부처님생명이라는 법문을 듣습니다.

마침내 이렇게 부처님이 나와 따로 계시지 않다는 것을 아는 것이 열반의 세계이며, 성불의 세계인 것입니다.

오늘, 부처님생명으로 산다 ❻

❈ 이미 성불한 기쁨

자신의 무한성을 깨침으로써 성불한다고 하는 것은 우리에게 여러 가지의 기쁨을 안겨줍니다.

먼저, 깨침으로써 성불한다는 말은 '깨치지 아니한 상태'에서도 우리의 본질, 곧 내 생명의 참 성품은 본래부터 완벽한 상태에 있다고 하는 것을 뜻합니다.

깨친다고 하는 말은 물리적인 가공을 뜻하는 것이 아니고, 본래부터 있어온 것을 있는 그대로의 모습으로 '알아차렸다.'는 뜻이므로, '알아차리지 못한 때'에는 없었던 것이 그 때에 비로소 생겨난 것이 아니라는 말입니다.

그러므로 가령 있는 그대로 깨치지 못하였다 하더라도 그러한 무한성을 믿기만 하면 고스란히 쓰면서 살아갈 수도 있다는 것이 됩니다.
나에게 본래부터 있어온 것을 내가 깨치지 못하고 있었습니다. 그런데 스승 되시는 분이 나를 일깨워 주시고 가르침을 내려 주셔서, 나는 그것을 진실한 것이라 믿고 사니 본래의 무한성이 그대로 나타날 것은 당연한 일입니다.

그러므로 우리 자신에 대하여 가지고 있었던 그릇된 인식 즉 열등의식을 말끔히 씻어 버리고, 부처님의 가르침을 믿으며 자신과 용기를 가지고 일상생활을 하여야 합니다. 이 경우의 '믿음'이라는 용어는 맹목적으로 외부적인 절대자를 믿는다는 뜻과는 전혀 다릅니다. 스승께서 내려주신 가르침을 진실한 것이라 받아들여서 자신의 내면세계로부터 자기 능력을 그대로 구김 없이 드러내는 것임을 잊어서는 안 됩니다.

남에 의해서 내 문제가 해결되어지는 구원신앙 또는 타력신앙과 혼동하여서는 안 됩니다.

❀ 무량한 여래 공덕

그리고 내 능력의 무한성을 믿으니, 내가 용납 못할 객관세계란 결코 있을 수 없습니다.

우리의 생활은 객관에 의하여 조성된 환경 속에서 해 나갑니다.

그리고 그 환경은 나에게 달가운 경우도 있지만, 오히려 거슬리는 경우가 더 많다고 할 수 있습니다. 내가 만나는 사람들도 나에게 이로운 사람들보다는 나에게 해로운 사람들이 더 많은 것처럼 보이는 것입니다.

그리고 거슬리는 환경이나 해로운 사람들에 대하여 밉고 원망스러운 마음이 일어나고 또는 공포심마저 일게 되는 것이 사실입니다.

그러나 내 능력의 무한성을 믿게 될 때 이러한 마음과 공포심은 저절로 없어질 것입니다. 왜냐하면 그러한 환경 또는 사람을 받아들이기 위한 힘이 이미 나에게 구족하여 있음을 믿기 때문입니다.

그래서 물질적으로 궁핍한 환경에 처하더라도, 내가 그 환경을 이겨낼 능력의 소유자임을 믿게 되어 결코 당황하거나 한숨짓지 아니 하게 됩니다.

우주를 두루 덮고 있는 여래의 무한공덕은 나의 생명을 유지하기에 필요한 모든 조건을 끊임없이 공급해 주고 있음을 믿는 까닭에 절망하지 아니합니다.

여래의 공덕은 실로 무량합니다.

그러므로 그 무량공덕은 어떠한 경우에도 고갈되는 법 없이 일체 중생에게 이익을 주고 있는 것은 분명한 것입니다.

그러므로 현재의 생활이 가령 물질적으로 어렵게 전개되어 가더라도 그것이 꼭 저주스러운 일이라고 볼 수는 없습니다. 무량공덕이 전개되는 하나의 형태로 보아야 하고, 그 어려운 환경이 내 인생에서 가지는 뜻을 깊이 새겨서 넘겨야 합니다.

왜냐하면 문제의 초점은 주는 쪽에 있는 것이 아니라 받는 쪽에 있는 것이기 때문입니다. 받는 쪽의 기량이 충분치 못할 때에 그 기량보다 넘치게 주면, 그것은 받는 쪽에 파탄이 될 수밖에 없는 것이기 때문입니다. 그리하여 어려운 환경에 처하여서는 굳은 믿음을 가지고 자신을 반성하여야 하는 것입니다.

범부의 감사

그리고 불교에서는 범부를 절대세계로 인도하고 있습니다.

부처의 세계 곧 절대의 세계, 무한의 세계로 인도되는 범부에게는 어떠한 의미로도 제한이나 조건이 없습니다.

다만 생명이 있다는 것, 그리고 마음이 있다는 것, 그것이면 족합니다. 신분이 높거나 낮건, 남자나 여자건, 유복한 사람이거나 박복한 사람이건 아무런 차별이 인정되지 않습니다.

오직 부처님의 무한공덕이 자신에게 그득함을 믿는 것만으로, 우리는 부처의 세계에 들 수 있는 것입니다.
범부를 부처로 만드는 이 길보다 더 고마운 길이 이 세상 어디에 있을 수 있을까?
우리의 고마운 마음은 이유와 조건이 없습니다.
그저 고맙기만 합니다.
오직 내 생명 그 자체가 고마운 것입니다. 내가 만나는 모든 일, 즉 내 생명의 모든 경험이 고마운 것입니다. 부처님의 가르침이 고마운 것입니다.
이런 불자의 일상생활은 고마운 마음의 연속일 수밖에 없는 것입니다.

다음에 생각될 수 있는 것은 찬탄입니다. 여래의 공덕이 본래부터 우주에 두루하여 있음을 찬탄하게 되고, 나와 함께 살아가는 모든 사람이 부처님의 축복을 받고 있음을 찬탄하게 되고, 그 환경과 그 사람들이 나를 진리에 눈뜨도록 도와주고 있음을 찬탄하는 것입니다. 겉으로 보기에는 마땅치 못한 일이 허다할 것입니다. 그러나 겉모양과 본질이 꼭 같지는 않습니다.

마치 여름철에 수박을 사는 사람들과 같다 할 것입니다. 수박을 사는 사람들이 어느 누가 겉모양의 파란 껍질을 보고 사는 것을 보았습니까? 사람들의 마음의 눈은 그 겉모양과는 아무 상관 없는 수박의 참 모양, 참 맛을 보고 삽니다.

그와 마찬가지로 우리 주변의 겉모양과 관계 없이 모든 일과 사람의 본질만을 보게 될 때 우리는 오직 찬탄밖에 할 것이 없습니다. 겉모양을 보고 다툼질을 벌이거나, 싫다는 생각을 가지거나 원망하는 말을 하는 것은 여래의 가르침을 믿지 않는 어리석음입니다. 모든 것의 참모습은 여래와 하나임을 믿는 까닭에 찬탄하며 지내는 것입니다.

마지막은 회향입니다. 불자(佛子)는 부처님의 가르침을 믿는 사람들입니다. 항상 자신감과 용기로 일상생활을 해가며 자기의 환경을 밝혀갑니다. 그리고 감사와 찬탄으로 불국토를 실현합니다. 불자에게 있어서는 환경에 대한 불평이 있을 수 없습니다.
그러니 다른 사람에 대한 한탄도 있을 수 없습니다. 미움이 싹틀 여지는 아예 없습니다. 짜증나거나 초조하거나 불안하거나 공포심에 사로잡히거나 열등의식 속에서 헤매는 일이란 생각조차 할 수 없습니다.
여래의 무한공덕이 자신에게, 남에게, 모든 환경에 이미 그득하여 두루 회향함을 믿는 까닭입니다.

제4장 업장을 소멸한다

내가 지은 것은 반드시 나에게 돌아오고,

짓지 않은 것은 내 앞에 돌아오지 않습니다.

복이든 화든 반드시 내가 받아야 할 것이 올 뿐입니다.

이때에 수보리는 이 경 설하심을 듣고, 깊이 그 뜻을 깨달아
눈물을 흘리며 슬피 울면서, 부처님께 말씀드렸다.
"희유합니다. 세존이시여,
부처님께서 이와 같이 몹시 깊은 경전을 설하심은,
제가 옛적으로부터 내려오면서 얻은 바 혜안으로는
일찍이 이와 같은 경을 들을 수가 없었습니다.
세존이시여, 만약 다시 어떤 사람이 이 경을 들을 수 있어서
신심이 청정하면 곧 실상實相이 나오리니,
이 사람은 마땅히 제일 희유한 공덕을 성취하였음을 알겠습니다.
세존이시여, 이 실상이라는 것은 곧 이것이 상이 아니니,
이런 까닭에 여래께서 실상이라 말씀하셨습니다."

爾時須菩提 聞說是經 深解義趣 涕淚悲泣 而白佛言 希有世尊 佛說如是甚深經典 我從昔來 所得慧眼 未曾得聞如是之經 世尊 若復有人 得聞是經 信心淸淨 卽生實相 當知是人 成就第一希有功德 世尊 是實相者 卽是非相 是故如來說名實相

수보리존자의 눈물

수보리존자는 비록 공부를 많이 한 분이지만, 아직도 '부처님은 거룩하신 분이고 나는 못난 사람'이라는 생각이 남아있었습니다. 그래서 거룩하신 부처님의 법문을 잘 듣고, 그저 그분만 따라다니면 된다고 생각했습니다.

이런 태도는 내 밖에 부처님이 따로 있고 부처님 밖에 내가 따로 있어서, 부처님을 따라 다니는 내가 있다는 말이 되어버립니다.

대부분의 종교들이, '너는 못나서 죄를 많이 지을 수밖에 없으니 나한테 와서 잘해라.'는 식으로 협박합니다. 그러면서 지시에 따르지 않으면 지옥에 보내고, 찾아오면 천당에 보낸다고 합니다.
그러나 부처님께서는,
"너희는 모두 부처님생명을 살고 있어. 나와 너는 모두 한생명을 살고 있는 것이야."
라고 말씀해 주십니다.

이렇게 말씀하시는 분은 오직 부처님밖에 없습니다.
그러니 희유할 수밖에 없는 일이고, 참으로 거룩하고 고마운 일이 아닐 수 없습니다.

그런데 수보리존자가 가만히 생각해 보니, 참으로 억울하고 기가 막힙니다. 여태껏 20여 년 동안 부처님을 모시고 공부한답시고 했는데, 자신의 참생명이 부처님생명이란 것을 몰랐고, 그 부처님생명이 바로 자신 안에 있다는 것도 몰랐습니다.

세상을 바라보는 안목은 다 같지가 않아서, 차원에 따라서 다섯 가지로 나뉩니다.
먼저 가장 낮은 육안肉眼이 있고, 다음에 천안天眼, 혜안慧眼이 있으며, 그 위에는 법안法眼과 불안佛眼이 있습니다.

비록 수보리존자가 여태까지 공부를 많이 했다고 하지만, 당신의 혜안은 소승 아라한의 안목을 넘어서지 못했습니다. 그러다보니, '내 밖에 부처님이 따로 계신다. 나는 부처님만 못하니까 그저 부처님의 뒤나 쫓아다녀야겠다.' 는 마음에 머물렀습니다.
마치 눈이 있어도 보지 못하고, 귀가 있어도 듣지 못하는 처지였던 것입니다.

그러니 어떻게 금강경의 말씀을 들을 수나 있었겠습니까?

이제 비로소 나의 참생명이 부처님생명이라는 금강경의 법문을 들으니, 지난날이 너무나 억울하고 기가 막혀서 눈물이 저절로 납니다.
그래서 울면서 위와 같이 부처님께 말씀드린 것입니다.

의심 없는 받아들임

그렇다면 경전에서 말씀하시는 바, '다시 어떤 사람'은 누구를 가리키는 것일까요?
두말 할 필요도 없습니다. 바로 나입니다. 세상을 살아가는 모든 나입니다.

그런데 '신심이 청정淸淨하면'이라고 하면서 법문 듣는 나의 상태를 설명하십니다.
신심信心은 말 그대로 믿는 마음입니다.
그리고 청정하다는 것은 순수한 것만 있고 이물異物이 없는 것을 말합니다. 그러니까 신심만 있고, 의심하는 마음은 조금도 없는 것이 청정한 신심입니다.

부처님께서
"너의 참생명은 부처님생명이야!"
라고 할 때,
"아! 나의 참생명은 부처님생명이구나."
라고 의심 없이 받아들이는 것이 청정한 신심입니다.

이것을 다른 말로 하면, '나무아미타불'입니다.
부처님이 나에게 나무아미타불이라고 불러주시니까, 나는 '네!' 하고 대답하는 것입니다.

자고 있는 아기를 엄마가 깨울 때, 아기는 '응!' 하고 대답하며 잠에서 깨면 그만입니다. 그처럼 우리도 부처님이 우리를 향해 '나무아미타불!' 하고 불러주시면, 부처님께 '나무아미타불' 하고 대답하면 됩니다. 아기는 엄마가 자기를 사랑해주고 귀여워한다는 것을 알기 때문에, 엄마가 부를 때 무조건 대답합니다. 우리도 부처님이 불러주실 때, 그저 '네' 하고 대답할 뿐입니다. 이것이 나무아미타불입니다. 아무 의심 없이 받아들이는 것이죠.
이것이 청정한 신심입니다.

이처럼 나의 참생명이 부처님생명이라는 법문을 듣고, 그 법문을 마음에 담으니, 마음이 한량없이 편안하고 그 이상 바랄 것이 없습니다.
'언제쯤 부자가 될까? 언제쯤 진급할까? 행여 금강경을 읽으면 내가 원하는 것을 빨리 이룰 수 있을까?' 등등을 생각하는 것은 청정한 신심이 못 됩니다.

신심이 청정하면 곧 실상實相이 나옵니다. 나의 참생명이 부처님생명이라는 참다운 모습이 나옵니다. 실상은 특별한 것이 아닙니다.
본래 부처님생명인 실상이 나오는 것이 어려울 게 뭐 있겠습니까?

그런데 안타깝게도 '실상'이란 것이 따로 있는 줄 알고 있습니다. 만약 실상이 따로 있다면 어떻게 됩니까?

'나의 참생명 부처님생명'을 객관 세계에 있는 대상으로 삼으면 그것은 실상이 아닙니다. 상대가 있는 것이므로 상相이 되고 맙니다.

그러므로 이것은 상이 아니기에, 굳이 실상實相이라고 하는 것입니다.

"세존이시여,
제가 지금 이와 같은 경을 들을 수 있고
믿어 알고 받아 지니기는 족히 어려울 것이 없으나,
만약 오는 세상 후後 오백세에 어떤 중생이
이 경을 들을 수 있고 믿어 알고 받아지닌다면,
그 사람은 곧 제일第一 희유함이 되겠습니다.
이유를 말씀드리면 그 사람은 아상이 없으며,
인상도 없으며, 중생상도 없으며, 수자상도 없는 까닭입니다.
왜냐하면 아상이 곧 상이 아니며,
인상과 중생상과 수자상이 곧 상이 아닙니다.
왜그러냐 하면 일체 모든 상을 여읨을 곧
모든 부처님이라 이름하기 때문입니다."

世尊 我今得聞如是經典 信解受持 不足爲難 若當來世 後五百歲 其有衆生 得聞是經 信解受持 是人卽爲第一希有 何以故 此人無我相無人相無衆生相無壽者相 所以者何 我相卽是非相 人相衆生相壽者相 卽是非相 何以故 離一切諸相卽名諸佛

지금, 법문이 들리는가

수보리존자는 그래도 과거에 공부를 많이 했기 때문에 이러한 부처님 법문을 듣고 '정말, 그렇습니다.' 하고 알아듣고 받아 지녔습니다.
그렇지만 '만약 오는 세상 후 오백세에 이 법문을 듣고 이해할 수 있는 사람이 있다면, 그처럼 희유한 일이 어디 있겠는가?' 하고 생각합니다.

후 오백세는 2,500년 후이므로 오늘날입니다. 그렇지요. 지난 옛날이나 먼 훗날의 얘기가 아닙니다. 남의 얘기가 아니라, 바로 오늘 우리의 이야기인 것입니다.
참으로 희한한 일입니다.
오늘날 법우님들처럼 금강경을 듣고 믿어 알고 받아 지니는 제일 희유한 일이 지금 벌어지고 있으니 말입니다.

부처님 말씀에 따르면, 사실 이 경을 아무나 들을 수 있는 것은 아닙니다. 그래서 수보리존자가 증언하지 않습니까?
"이유를 말씀드리면 그 사람은 아상이 없으며, 인상도 없으며, 중생상도 없으며, 수자상도 없는 까닭입니다."

이런 마음으로 금강경 법문을 듣는 사람이, 내 생명은 김가·이가·박가라는 개별 생명이라고 고집하겠습니까? 그럴 수는 없습니다.

나의 참생명은 부처님생명이기 때문에 나와 너의 생명이 따로 있다는 아상과 인상이 없습니다. 아상과 인상이 없으니, '나는 나대로 너는 너대로의 생명을 살고 있다.'는 생각인 중생상도 없습니다. 그러니 '나는 높고 너는 낮다든지, 나는 좋고 너는 못하다.'는 생각으로 말미암는 생존경쟁의 세계인 수자상도 없습니다.

때문에 지금 이 경을 공부하는 것 자체가 이루 말할 수 없는 공덕이 있는 것임을 알아야겠습니다.
이것이 금강경 법문을 듣고, 들은 그대로 참으로 믿는 사람의 마음인 신심信心입니다.

나의 참생명이 부처님생명이므로 부처님생명 앞에는 남이 있을 수 없고, 그렇다고 부처님생명 밖에 우주 법계가 따로 있는 것도 아닙니다. 반야심경에 보면, 세상에 태어나는 것도 아니고 죽는 것도 아닌 불생불멸不生不滅이라는 말씀이 나옵니다. 태어나거나 죽는 모습은 진짜가 아니라는 것입니다. 즉 나라고 우길 만한 상이 따로 있지 않음을 말하고 있습니다.

그러므로 모든 상을 떠난다는 것은, 일체 모든 상대적인 관념에서 벗어나 모든 대립적인 한계가 타파되는 상태입니다.
거기에서 절대세계가 실현되고, 실상이 나옵니다.
부처님생명은 본래부터 절대무한이므로, 아미타阿彌陀라고 합니다. 본래부터 아미타인 분을 부처님이라고 하는 것입니다.

부처님께서 수보리에게 이르셨다.

"옳다. 그렇다. 만약 다시 어떤 사람이 이 경의 말씀을 듣고, 놀래지도 않고 겁내지도 않고 두려워하지도 않으면 마땅히 알라. 이 사람은 제일 희유함이 되느니라. 어찌한 까닭이냐? 수보리야, 여래가 말한 제일바라밀이 제일바라밀이 아니요, 그 이름이 제일바라밀이니라. 수보리야, 인욕바라밀을 여래는 인욕바라밀이 아니라고 말하므로, 이 이름이 인욕바라밀이니라.

어찌한 까닭이냐? 수보리야, 내가 옛적에 가리왕에게 몸을 베이고 끊김을 당하여도, 나는 그 때에 아상이 없었으며 인상이 없었으며 중생상이 없었으며 수자상도 없었느니라. 왜냐하면 내가 옛적에 마디마디 사지를 찢기고 끊길 그 때에, 만약 나에게 아상과 인상과 중생상과 수자상이 있었던들, 마땅히 성내고 원망하는 마음을 내었으리라.

또 과거 오백세 동안 인욕선인忍辱仙人이 되었을 때를 생각하니, 그 세상에도 아상이 없었고 인상이 없었고 중생상도 없었고 수자상도 없었느니라."

———

佛告須菩提 如是如是 若復有人 得聞是經 不驚不怖不畏 當知是人甚爲希有 何以故 須菩提 如來說第一波羅蜜 卽非第一波羅蜜 是名第一波羅蜜 須菩提 忍辱波羅蜜 如來說非忍辱波羅蜜 是名忍辱波羅蜜 何以故 須菩提 如我昔爲歌利王 割截身體 我於爾時 無我相 無人相 無衆生相 無壽者相 何以故 我於往昔 節節支解時 若有我相人相衆生相壽者相 應生瞋恨 須菩提 又念 過去於五百世 作忍辱仙人 於爾所世 無我相 無人相 無衆生相 無壽者相

참음이 없는 인욕

부처님은 당신이 하신 말씀을 제자들이 다 알아들으니, 얼마나 고맙겠습니까? 그래서 '옳다!'고 하십니다.
여기서 '어떤 사람'이라고 나오면 항상 법문 듣는 나라고 생각해야 됩니다.

'내가 여태까지 중생인 줄 알았더니 중생이 아니었구나.' 하고 놀래지 않고, 또 '나의 참생명이 부처님생명이라는데 나는 부처님생명을 드러내지도 않았구나.' 하고 겁내지도 않으며, 또한 '내가 부처님이 되면 어떻게 되나?' 하고 두려워하는 생각도 없습니다.
그래서 제일 희유함이 되는 것입니다.
왜냐하면 내가 본래부터 부처님생명이란 것을 알기 때문입니다.

제일바라밀第一波羅蜜은 예로부터 두 가지로 해석해왔습니다.
하나는, 육바라밀의 첫 번째가 보시바라밀이므로 제일바라밀은 보시바라밀이라고 말하는 것이고, 또 하나는 육바라밀 전부가 지혜바라밀로 끝나는 것이니 지혜바라밀이 결국 제일바라밀이라고 말하는 것입니다.

그러나 둘은 같은 얘기입니다. '제일바라밀이 제일바라밀이 아니고 그 이름이 제일바라밀'이라는 말을 보시바라밀로 바꿔 말하면, '보시바라밀은 보시바라밀이 아니라 그 이름이 보시바라밀'이라는 말이 됩니다.

앞에서 살펴본 바와 같이 보시는 우리가 남에게 무엇을 주는 것을 말합니다.
그러나 주는 사람이 없고, 받는 사람도 없고, 주어진 물건도 없을 때 참다운 보시입니다.
준 사람도 없고 받은 사람도 없고 주어진 물건이 없는데 어떻게 보시가 됩니까? 그러니 보시바라밀이란 것은 사실은 보시바라밀이 아닙니다. 그 이름이 보시바라밀인 것입니다.

지혜바라밀도 마찬가지입니다.
나의 참생명이 부처님생명이라는 것을 드러내는 것이 지혜바라밀인데, 내가 부처님생명을 드러냈다는 마음을 갖고 있다면 부처님생명이 드러난 것이 아닙니다.
나의 참생명이 부처님생명임을 드러낸다는 것은 부처님생명을 드러낸 나도 없고, 나에 의해서 드러난 부처님생명도 따로 없는 것입니다.
그래서 제일바라밀입니다. 제일바라밀이란 이름이 따로 있는 것이 아닙니다. 금강반야바라밀도 마찬가지입니다.

인욕바라밀은 남한테 억울하고 분한 일을 당했을 적에, 또 모욕적인 언행을 받았을 적에 참는 것입니다.
그러면 남한테 억울하고 분하고 모욕적인 일을 당했을 적에, '참아야지.' 하며 참는 것이 인욕인가 하면 그것은 아닙니다.

남이 나한테 욕을 하는데 '참아야 한다.'고 하면서 참는다면, 여기에는 아직도 날 욕하고 있는 남이 있고, 그 남에게 욕을 먹고 있는 내가 있고, 남이 하는 욕이 있게 됩니다. 그래서는 인욕바라밀이 아닙니다.

참다운 인욕바라밀은 욕하는 사람도 없고, 욕을 듣는 사람도 없고, 욕도 없이 지내는 것입니다. 그러니까 참으면서도 참는 바가 따로 없는 것이 인욕바라밀입니다.
그래서 인욕바라밀이 아니므로, 그 이름이 인욕바라밀인 것입니다.

석가모니부처님이 전생에 인욕선인忍辱仙人으로 욕된 일, 억울하고 분한 일을 참는 공부를 하던 시절의 일입니다.

그때 그 나라의 임금인 가리왕歌利王이 자기 궁녀들을 데리고 나와서 고기도 먹고 술도 먹으며 진탕 놀다가, 식곤증으로 그만 잠이 들었습니다.
그 틈에 궁녀들은 좋은 꽃이라도 따고 싶다는 생각이 들어 이리저리 산책하면서 꽃을 따고 있었습니다. 그러다가 옷은 남루하고 수염과 머리도 제대로 깎지 않아서 아주 지저분하지만, 말할 수 없이 거룩한 분위기를 풍기는 떠꺼머리총각이 앉아 있는 걸 보게 되었습니다.
얼결에 그분 곁에 가서 이 얘기 저 얘기를 나누게 되었는데, 이루 말할 수 없이 재미난 법문을 들려주는 것입니다. 그렇게 법문을 들으면서 한참을 시간 가는 줄 모르고 있었습니다.
한참 낮잠을 자던 임금이 눈을 떠보니, 자기와 같이 온 궁녀들이 하나도 없는 겁니다. 그래서 궁녀들을 찾아서 발자국을 따라 쫓아 올라갔습니다.
찾아가 봤더니, 궁녀들이 왠 떠꺼머리총각을 가운데 두고서 재미나게 얘기하고 있는 것이었습니다. 이를 목격한 임금은 순간, 엄청난 질투의 불길에 휩싸였습니다. 자기 여자들을 다 빼앗겼구나 하는 생각이 든 것이죠.

그래서 그 인욕선인에게 싸움을 겁니다.
"너는 뭐 하는 사람이냐?"
"난 욕된 일을 참는 공부를 하는 사람이다."
"그러면 내가 네 코를 베어도 가만히 있겠느냐?"
"코쯤 벤 것을 가지고 화내거나 욕하거나 성내지는 않는다."

그래서 가리왕이 인욕선인의 코를 베었어요. 그런데도 인욕선인은 까딱하지 않았습니다. 그러자 가리왕은 화가 더 솟아서 귀도 베었어요. 귀를 베어도 까딱하지 않습니다. 점점 더 화가 난 가리왕은 인욕선인의 온 몸을 전부 난도질해 버렸어요. 그래도 인욕선인은 까딱하지 않았습니다.

그때 제석천이 가리왕을 보고, 저런 나쁜 사람은 용서할 수 없다는 생각에 흙비를 내렸다고 합니다. 그 바람에 겁이 난 가리왕이 항복했습니다. 가리왕이 항복하자마자 인욕선인의 몸뚱이가 되살아났답니다. 그렇게 갈기갈기 찢기는 모욕을 당했지만, 조금도 성을 내거나 원망하는 마음을 일으키지 않았기 때문에 몸이 살아난 것입니다.

부처님은 한 번만 그렇게 하신 것이 아니라, 500생生 동안 그렇게 참는 공부를 하셨습니다. 그래서 500생 동안 인욕선인이 되었을 때를 생각하니, 그때에도 아상이 없었고, 인상이 없었고, 중생상도 없었고, 수자상도 없었다고 하시는 것입니다.

아상이 없는데 내가 있을 수 없죠. 또 인상이 없으니까 나한테 나쁜 행위를 하는 남도 있을 수 없습니다. 나쁜 행위를 겪는 나도 없고 나한테 나쁜 행위를 하는 상대방도 없으니, 마침내 내가 겪고 있는 나쁜 행위를 참는다는 생각도 없게 됩니다.
이것이 아상·인상·중생상·수자상이 없는 참된 인욕바라밀입니다.

하지만 이렇게 참는 것이 당장은 잘 안됩니다. 나를 앞세우는 습習이 여간 강한 게 아닙니다.
그때 나무아미타불을 불러야 합니다. 내가 부르는 것이 아니라, 부처님이
"너는 부처님이야!"
하면서 날 불러 주시는 소리에 귀 기울이는 것입니다.
엄마가 아기 이름을 부를 때, 그 한마디 속에 몸 건강하고 공부 잘하고 훌륭한 사람이 되라는 염원이 다 들어있습니다. 그와 마찬가지로 부처님께서 나를 나무아미타불로 부르실 적에 그 속에 온갖 것이 다 들어 있습니다.

부처님께서 그렇게 불러주실 때,
"그것은 거짓말이 아니야. 내가 정말로 부처님생명을 살고 있으니 부처님이 날 그렇게 불러주시는 거야. 아, 저를 부처님으로 불러주고 계신 부처님! 참 고맙습니다. 전 부처님의 뜻을 따라서 부처님생명을 드러내며 살겠습니다."
하는 마음으로 나무아미타불을 부르는 것입니다.
이렇게 나무아미타불 하지 않으면, 도저히 나로서는 인욕바라밀을 닦을 수 없습니다.

이 까닭에 수보리야,
보살은 마땅히 일체상을 여의어 아뇩다라삼먁삼보리심을 일으킬지니,
형상에 머물러 마음을 내지 말고,
성·향·미·촉·법에 머물러 마음을 내지 말며,
마땅히 머문 바 없는 마음을 낼지니라.
만약 마음이 머무는 바가 있으면, 곧 머무름이 아니니라.
이 까닭에 여래가 말하기를,
'보살은 마음을 형상에 머물지 아니하고 보시한다.'고 하느니라.
수보리야, 보살은 마땅히 일체 중생을 이익되게 하기 위하여
이와 같이 보시하나니, 여래가 말한 일체 모든 상은 곧
이것이 상이 아니며, 또 말한 일체 중생도 곧 중생이 아니니라."

———

是故須菩提 菩薩應離一切相 發阿耨多羅三藐三菩提心 不應住色生心 不應住聲香味觸法生心 應生無所住心 若心有住 則爲非住 是故佛說菩薩心 不應住色布施 須菩提 菩薩爲利益一切衆生 應如是布施 如來說一切諸相 卽是非相 又說一切衆生 卽非衆生

나의 참생명 부처님생명

우리 모두는 보살입니다.
보살은 일체 상을 여의어 상대적인 관념인 남과 대립되어 있다는 생각이나 남과 울타리를 쌓고 있다는 생각에서 벗어나 아누다라삼먁삼보리를 일으킵니다.

그것은 '중생인 내가 부처 되겠다.'는 생각을 내는 것이 아닙니다. 상相을 가지고 있으면 나는 중생이고 부처님이 내 밖에 따로 계시지만, 일체 상을 떠나면 중생인 나도 없고 부처님이 내 밖에 따로 계시지 않다고 했습니다.
그렇기 때문에 바로 그 자리가 부처님생명의 자리가 됩니다. 이것이 아누다라삼먁삼보리심을 일으키는 것입니다.

그런데도 우리의 마음은 어떻습니까?
눈에 보이는 세계만으로 저 사람은 잘났고, 이 사람은 못난 사람이라고 생각합니다. 또한 저건 비싼 금덩이고, 이건 오물이라고 생각합니다. 눈으로 보이는 것에 마음을 내는 게 우리 모습입니다.

그래서 부처님께서는 형상에 머물러 마음을 내지 말라고 하시는 것입니다. 눈으로 보이는 것 가지고 가치 판단을 하면서 마음을 쓰지 말라는 말씀입니다.

이 세상이 아무리 더럽게 보이고, 내가 만나는 사람들이 나쁜 사람으로 보이고, 남편이나 아내가 아주 지저분한 사람으로 보이고, 내 자식이 불효자로 보이더라도, 그런 것은 본래 없는 것이니 형상에 머물러서 마음을 내지 말아야 합니다.

또 귀로 들리는 것에 머물러 마음을 낼 것도 없습니다. 누가 욕하면 화를 내고, 칭찬하면 솔깃해질 것도 없습니다.
또한 좋은 향이 난다고 해서 좋다고 생각할 필요도 없으며, 혓바닥에 닿는 맛이나 촉감에도 관계없습니다. 헤아리는 마음에도 관계가 없습니다.

그러한 것들에 머물러서 즉, 그것들을 조건으로 해서 마음을 내지 말아야 합니다.
가령 '저 사람이 나한테 이렇게 말하는데 화를 내지 않을 수 있느냐?'고 하면, 그것은 상대방의 말에 끄달려서 화내는 마음을 낸 것입니다. 바꿔 말해서 내가 그 사람의 말, 그 사람 혓바닥의 노예가 되었다는 말과 다르지 않습니다. 참으로 불쌍한 정황이 아닐 수 없습니다.

이제 그런 못난이 노릇을 하지 말자는 겁니다.
우리의 참생명이 부처님생명인데 어떻게 그런 것에 놀아날 수 있습니까? 그러므로 형상에 머물러 마음을 내지 말고 소리나 냄새나 맛이나 감촉이나 대상에 머물러 마음을 내지 말아야 합니다. 내 욕심을 차리지 않고 형상에 머물지 않는 마음, 즉 보시하는 마음으로만 살아가는 것입니다.

이 세상은 전부 내 마음의 거울이기 때문에, 내 앞에 있는 그 거울의 그림자가 어떻게 나타나든지 거기에 속으면 안 됩니다. 만약 거울을 향해서 빼앗는 형상을 보이면 거울의 그림자도 나한테서 빼앗아 가려고 합니다. 반대로 거울을 향해서 주는 형상을 보이면 그림자도 나한테 주는 모습을 보입니다.

부처님생명의 속성을 그대로 드러내는 것이 바로 아미타입니다. 아미타는 온 우주에 하나밖에 없는 영원·절대·무한생명입니다.
그러므로 '부처님생명인 나의 참생명을 남김없이 드러내겠다.'는 마음을 낸 사람은 '세상의 모든 사람과 대립되지 않고 모든 사람에게서 나를 보는 인생을 살겠다.'는 마음을 일으킨 보살입니다.

이런 사람들은 남과 대립하고 다투면서 혹은 빼앗으면서 생활하는 것이 아니라, 모든 사람을 나로 보기 때문에 모두에게 베풀면서 생활합니다. 그래서 보살은 형상에 머무름 없이 보시한다고 하는 것입니다. 대상된 것에 머물러 마음을 내지 말며, 마땅히 머문 바 없이 마음을 내라는 말은 보시하는 것, 베푸는 것으로만 세상을 살라는 뜻입니다.

이렇게 세상 사람들을 모두 나로 보고, 그 사람들에게 이익을 주는 것이 보시이므로 차별이 있을 수 없습니다.
'마음을 형상에 머물지 아니하고'라는 말에는 평등平等이라는 의미가 들어갑니다.
어떤 특별한 행위가 아니라, 나의 모든 일상생활 그대로를 일체 중생에게 베푸는 마음으로 살아가는 게 보시입니다.

그런데 여기서 일체중생이라는 것이 참으로 내 밖에 따로 있는가를 생각해 보아야 합니다. 상에 머무름 없이 보시하라는 말이 나오니까, 마치 상이 따로 있는 것으로 알면 안 됩니다.
상은 본래 없는 것을 있는 것으로 착각해서 만든 것이므로 참으로 있는 것이 아닙니다.

또한 모든 중생을 이익 되게 한다고 하니 중생이 있는 것으로 생각하지만, 참으로는 중생이 따로 있는 게 아닙니다.
본래 온 우주에 부처님생명뿐이므로 중생이 따로 없습니다. 그러므로 일체 중생이라는 것도 실체가 있는 중생이 아니라, 그 이름이 중생입니다.

그러나 착각을 일으키고 있는 당사자로 보아서는 상도 있고 중생도 있습니다. 나에게 '남이 있다.' 고 하는 마음을 가지고 있으면 그것이 바로 상이죠. 남이 있으면 대립이 있고, 차별이 있어서 중생이 있는 것처럼 보입니다. 그러나 이는 그저 착각일 뿐입니다.

얼마 전에 화두를 가지고 참선하는 한 분이 찾아와서 말하기를,
"내가 6년 동안 수행해서 성불하기로 작정하고 지금 5년째 하고 있는 중인데, 만약 6년이 다 되어도 깨치지 못한다면 환속하겠다."고 하더군요.

그래서 내가 그 사람보고 중생이 부처가 된다는 마음을 가지고 있는 한, 백 년·억 년을 수행해도 성불하지 못한다고 말하면서 다음과 같이 말했습니다.

"중생은 원래 없습니다. 그런데 '나는 중생이오.' 라고 생각하고, 또 '내 밖에 중생이 있다.' 라고 보면서 성불할 수 있겠습니까?
중생은 상대유한의 세계 속에서 살고 있는 사람을 지칭하는 것입니다. 그런데 이렇게 상대유한의 세계에 살고 있는 내가 절대무한의 부처를 이루겠다는 것은 영원히 불가능할 수밖에 없는 것입니다.
다만 우리의 참생명은 본래 부처님생명이고 본래 절대무한인 생명이므로, 내가 깨치고 안 깨치고에 상관없이 본래 부처입니다. 그런데 우리가 깨친다는 것은 그러한 것을 확인하는 것이고, 확인을 못했다고 해서 우리가 부처가 아닌 것은 아닙니다." 라고 말입니다.

"수보리야, 여래는 참된 말을 하는 자며, 실다운 말을 하는 자며, 여여如如한 말을 하는 자며, 거짓된 말을 하지 않는 자며, 다르지 않은 말을 하는 자이니라.

수보리야, 여래가 얻은 바 법인 이 법은, 실다움도 없고 헛됨도 없느니라.

수보리야, 만약 보살이 마음을 법에 머물러서 보시하면, 마치 사람이 어둠 속에 들어감에 곧 보이는 바가 없는 것과 같고, 만약 보살이 마음을 법에 머물지 아니하고 보시하면, 눈 밝은 사람이 햇빛이 밝게 비치므로 가지가지 형상을 보는 것과 같으니라.

수보리야, 장차 오는 세상에서 만약 어떤 선남자·선여인이 능히 이 경을 받아 지니고 읽고 외우면, 곧 여래가 불지혜로써 이 사람을 다 알며 이 사람을 다 보나니, 모두가 헤아릴 수 없고 가 없는 공덕을 성취하게 되리라."

須菩提 如來是眞語者 實語者 如語者 不誑語者 不異語者 須菩提 如來所得法 此法無實無虛 須菩提 若菩薩心住於法 而行布施 如人入闇 則無所見 若菩薩心不住法 而行布施 如人有目 日光明照 見種種色 須菩提 當來之世 若有善男子善女人 能於此經 受持讀誦 卽爲如來 以佛智慧 悉知是人 悉見是人 皆得成就 無量無邊功德

발견하는 행복

부처님이 중생이나 남이 본래 없다고 아무리 말씀하셔도 이것을 쉽게 받아들이지 못합니다. 지금껏 우리는 남들과 대립하며 무시무시한 생존경쟁을 벌인다고 생각하고 있었는데, 생존경쟁을 하지 말라고 말씀하시니 의혹을 가지게 됩니다.

그러나 여래는 참되고 진실한 말씀만을 하시지, 결코 거짓으로 지어낸 말씀을 하시지 않습니다. 본래 그대로를 일러주시는 것입니다.
본래 생존경쟁을 할 남이 없는데, 생존경쟁을 벌이고 있으니 생존경쟁을 하지 말라고 말씀하시는 것입니다. 또한 중생은 처음부터 없었으니 중생을 어떻게 하라고 말씀하실 수 없겠죠. 그것은 실다운 말이 될 수 없기 때문입니다.

진리는 바뀌지 않는 것, 변하지 않는 것을 말합니다.
여여如如는 '진리 그대로' 입니다. 부처님은 진리를 말씀하시는 분으로 진리 밖에 있는 다른 것을 말씀해 주시는 분이 아닙니다.

아누다라삼먁삼보리는 나의 참생명이 본래부터 절대무한이라는 것을 깨치는 것이므로, 내 밖에 있는 객관적인 세계가 아닙니다. 따라서 '이것이다.' 라고 내세울 만한 실다운 것은 없습니다.
그렇다고 아무것도 없는 게 아닙니다.

아누다라삼먁삼보리는 온 우주를 형성하고 온 우주에 꽉 차있습니다. 이러한 의미에서 본다면 결코 헛된 것이 아닙니다. 거기에 무궁무진한 능력이 포함되어 있습니다.

이것이 바로 나의 참생명 부처님생명입니다. 나의 참생명 부처님생명에 실다움이라고 할만한 어떤 특정한 형태가 있는 것은 아니지만, 그렇다고 부처님생명 말고는 우주가 존재하는 법이 없기 때문에 헛된 것도 아닙니다.

대상으로 보이는 객관적인 세계에 끄달리고, 객관세계가 조건이 되어서 보시하는 것은 대립이 있기 때문에 어둠 속에 있는 것과 같습니다.
대립적인 마음인 '내가 너에게' 라는 마음을 가지고 보시하면, 이것이 곧 울타리를 쌓는 것입니다. 울타리를 쌓으면 어두울 수밖에 없습니다.

그런데 마음을 법에 머물지 않고 보시하는 것은 대립적인 마음, 상대적인 마음을 버리고 보시하는 것이기 때문에 울타리가 없어진 세계에 사는 것입니다. 울타리가 없어진 세계는 밝을 수밖에 없겠죠.
우리가 세상이 어둡다, 남이 밉다, 일이 잘 안 된다고 생각하는 것은 그러한 바깥 세계가 따로 있어서가 아니라, 내 마음에 울타리가 있기 때문에 그렇게 보이는 것입니다.
울타리를 거두면 하나가 되므로 어둠이 없어집니다.

우리가 금강경을 배우는 이유는 우리들 마음의 울타리를 허물기 위해서입니다. 나하고 좋게 지내는 사람과의 사이에만 울타리가 없는 것이 아니라, 나쁘게 지내는 사람과도 울타리를 갖지 않는 삶을 사는 사람이어야 합니다. 남과 대립된 감정을 갖지 않는 삶을 살아갈 때 무한한 광명이 비춥니다.

울타리가 사라지면 빛 아래 모든 것이 드러나는 것처럼 우리에게도 부처님의 광명이 모두 남김없이 드러납니다.

금강경을 읽으면 부처님께서 몇 번을 읽었는지 알아서 상을 준다는 의미가 아니라, 금강경을 읽은 만큼 내 마음속에 있는 어두움이 없어진다는 의미입니다.

내가 마음에 가지고 있던 울타리가 없어지기 때문에 어두움이 없어지는 것이고, 어두움이 없어지는 만큼 세상이 밝아지는 것입니다. 세상은 본래 밝은 것으로 새삼스럽게 밝아지는 것은 아니지만, 마음의 눈이 밝아져서 세상을 밝게 살 수 있는 길이 열리는 것이지요.

이것이 금강경의 무한공덕입니다.

그러니 금강경을 부지런히 읽고 법문을 들어서 본래부터 있는 밝은 지혜광명을 드러내야 합니다. 이렇게 해서 드러나는 밝은 지혜광명이 바로 반야般若입니다.

반야는 '우리가 본래부터 부처님생명을 살고 있는데도 부처님생명이 아니라는 어두운 마음을 갖고 있는 것을 없애는 것' 입니다.

사람들이 흔히 행복을 찾아간다고 말하지만, 불교도의 입장에서 보면 행복이란 바깥 세계에서 찾는 것이 아니라 발견하는 것임을 알아야 합니다.

본래부터 있는 것을 모르고 지내다가, 금강경을 읽고는 본래 행복한 존재이며 무한광명 속에서 무한생명을 살고 있다는 것을 저절로 알게 되는 것입니다.

오늘, 부처님생명으로 산다 ⑦

❀ 참는 것은, 거짓 나의 부정

우리가 사는 세계는 '사바세계' 입니다.
사바세계라는 것은 참으며 살아가야 하는 세계라는 뜻입니다. 세상 사람들의 얼굴 모양이 각각 다르듯 생각하는 것도 모두 다릅니다.
그 다른 것들은 서로 부딪치지 않을 수 없으니 제멋대로 살아가도록 허용하게 되면 싸움 그칠 날이 없을 것입니다.

이 속에서 싸움 없이 살 수 있는 오직 한 가지 길은 참으며 사는 것입니다.

불도를 닦는다는 것은 나를 잊어버리는 공부입니다.
우리가 생각하는 '나' 라는 것은 남들과 대립되어 있는 나, 남들과 이해가 상반되어 있는 나를 이르는 것인데, 이런 상대세계의 나를 잊어버렸을 때 그 자리에 절대무한의 나가 드러나는 것이므로, 절대무한의 나를 실현시키기 위하여서는 상대세계의 나를 완전히 부정하는 것입니다.

이러한 나를 부정하는 것이 허무주의에 빠져드는 걸로 착각할 수 있으나, 실은 그 정반대입니다.
상대세계의 나는 본래가 허무한 것이고 실재가 아닌데, 이렇게 허무하고 실재가 아닌 것을 고집하는 것이야말로 몽유병 상태에 지나지 않는 것입니다.
우리가 다투어야 할 것은 참으로 있는 것, 즉 실재實在만이어야 하는데 그 실재는 영원·절대인 것입니다.

그런데 참는다는 것은 자기주장의 포기입니다. 자기 주장만이 아니라, 자기 권리의 포기이기도 합니다. 아니, 더 극단으로 표현하면 자기 존재의 포기라고 할 수 있습니다.
이 경우 자기라는 말은 말할 것도 없이 남들과 대립되어 있는 존재를 뜻하는 것이므로, 어디까지나 상대적 존재, 곧 거짓의 나를 말함은 두말 할 나위 없습니다.

❈ 환경의 어려움을 참는다

첫째는, 생활 환경의 어려움을 참는 것입니다.
춥고 더운 것을 비롯해서 나의 생활을 지탱해 가는 과정에 나타나는 모든 불편한 일을 참는 것입니다.
우리가 생존에 필요하다고 생각하면서 불평하고 있는 일들이 꼭 절대 필요한 것인가 하고 반성해 보면 그렇지 않은 경우가 더 많은 것이 사실입니다.

생존에 필요한 일들은 반드시 공급되어진다는 확신을 가지고 여러 가지 어려움을 참게 될 때, 나에게서는 생각지 않았던 큰 힘이 솟고, 기대하지 않았던 밝은 지혜가 열리는 법입니다.
참는 것은 본능의 억제이기도 하고, 경쟁심의 극복이기도 하며 허영심의 포기이기도 합니다.

둘째는, 자존심에 대한 도전을 참는 것입니다.

자존심에 대한 도전은 남으로부터 모욕을 받는 경우와 경쟁에서 패배한 경우로 나누어서 생각할 수 있습니다.

남들이 이유 없이 나에게 모욕적인 언사나 예의에 어긋나는 행동을 취하는 경우, 분노심을 일으키는 것은 자연스러운 일입니다. 하지만 이러한 때에 참는 것입니다.

소크라테스는 어떤 사람에게 이유 없이 뺨을 맞은 일이 있습니다. 뺨을 맞고도 태연히 있는 스승에게 제자가 그 심경을 물었습니다.

소크라테스는, "내가 미리 투구를 입고 오지 않은 것이 잘못이야." 하더랍니다.

부처님은 선세에 인욕 선인으로 계시면서 가리왕의 무도한 모욕을 참아 넘기셨습니다. 남으로부터 가해 오는 모욕을 참는 사람이야말로 적극적으로 자기의 삶을 사는 사람입니다.

최종 승리는 성불

자존심이 상하는 다른 경우는 경쟁에서 졌을 경우입니다. 경쟁은 꼭 이겨야 한다는 고정 관념에서 보면, 진다는 건 곧 자존심의 손상을 뜻하므로 그 경우 심한 모욕감에 사로잡히게 됩니다.

그러나 이 경우에 우리는 두 가지를 생각할 수 있습니다.

하나는, '경쟁에 진 것만 해도 손해인데 다시 또 성내는 마음을 일으켜 건강까지 해치다니 이렇게 못날 수가 있는가?' 하고 생각하는 것입니다.
성내는 마음이 우리의 건강에 얼마나 해로운지는 이미 널리 알려져 있는 일입니다.

다른 또 하나의 생각은 경쟁을 '단거리 경주'로 보아서는 안 된다는 것입니다. 적어도 장거리 마라톤을 뛰는 사람들의 경우처럼 짧은 시간의 승부를 관심 밖으로 몰아내 놓고 생각해야 합니다.

그런데, 불자에게 있어 최종 승리는 무엇을 의미할까요?
그것은 성불입니다. 부처가 되는 것입니다.
부처되는 공부의 과정에 있는 것이 우리 불자들입니다. 그렇다면 그 과정에서의 우열(優劣)이 무슨 의미를 가지게 될까요?
오직 참음으로써 나의 무한가치가 드러나는 것이니 결코 경쟁에서 패배하였다고 해서 나의 자존심이 손상을 입었다고 생각하지 맙시다. 그리고 영원히 계속되는 인생이니 일회적 의미의 승부를 크게 생각하지 맙시다.

"수보리야. 만약 어떤 선남자·선여인이 아침에 항하의 모래 수와 같은 몸으로써 보시하고, 낮에 다시 항하의 모래 수와 같은 몸으로 보시하며, 다시 저녁 때에도 또한 항하의 모래 수와 같은 몸으로 보시하여 이와 같이 무량 백천 억 겁 동안을 몸으로써 보시하더라도, 만약 다시 어떤 사람이 이 경전을 듣고 믿는 마음으로 거슬리지 아니하면, 그 복이 앞에 말한 보시보다 나으리니, 어찌 하물며 이 경을 베껴쓰고 받아 지니며 읽고 외우며 남을 위하여 해설해 줌에 있어서랴!

수보리야, 간추려 말할진대, 이 경은 생각할 수도 없고 말할 수도 없고 끝이 없는 공덕이 있느니라.

여래는 대승에 발심發心한 자를 위하여 이 경을 설하며, 최상승最上乘에 발심한 자를 위하여 이 경을 설하느니라.

만약 어떤 사람이 능히 이 경을 받아 지니고 읽고 외우며 널리 사람들을 위하여 설명한다면, 여래는 이 사람을 모두 알며 이 사람을 모두 보나니, 이 사람은 헤아릴 수 없고 말할 수 없고 끝이 없고 생각할 수 없는 공덕을 성취하게 되리라."

須菩提 若有善男子善女人 初日分以恒河沙等身布施 中日分復以恒河沙等身布施 後日分亦以恒河沙等身布施 如是無量百千萬億劫 以身布施 若復有人聞此經典 信心不逆 其福勝彼 何況書寫受持讀誦 爲人解說 須菩提 以要言之 是經有不可思議 不可稱量 無邊功德 如來爲發大乘者說 爲發最上乘者說 若有人能受持讀誦 廣爲人說 如來悉知是人 悉見是人皆得成就 不可量 不可稱 無有邊 不可思議功德

무한가치를 드러낸다

몸은 우리가 가장 귀중하게 생각하는 것입니다. 우리가 위대하다고 생각하는 윤봉길 의사나 안중근 의사는 몸 하나를 조국에 바쳤습니다. 조국을 위해서 몸 하나를 바쳤는데도 위대하다고 하는데, 한 번이 아니고 아침 점심 저녁으로, 한량없는 몸을 보시하는 공덕은 얼마나 크겠습니까?

그러나 남이 없으므로 생존경쟁할 대상이 없다고 한다면, 위와 같이 많이 보시한 공덕보다도 공덕이 더욱 많습니다.
왜냐하면 몸으로 한 보시는 어디까지나 '내가 남에게' 라는 생각이 남아있어서, 아직 상대세계에 머물러 있기 때문입니다. 상대세계는 아무리 많아도 상대세계일 뿐 절대세계가 될 수 없습니다.

그러나 금강경을 읽고 믿어서 본래 부처님생명을 살고 있는 나의 참생명을 드러내는 것은 절대세계입니다. 절대세계와 상대세계는 비교할 수조차 없습니다.
그래서 금강경 법문을 듣고 다만 한마디에라도 믿는 마음을 내면, 여러 몸뚱이로 한결같이 보시한 공덕보다도 더 큰 것입니다.

경을 외우고 베껴 쓴다는 것은 금강경으로 세상을 사는 것을 말합니다. 금강경을 항상 읽고 외우면 내 인격이 전환轉換됩니다. 중생에서 부처로 인격전환을 이루면서 저절로 남에게 하는 행동 하나하나, 말 한마디 한마디가 금강경을 해설하는 소리로 되는 것이죠. 이러한 사람의 공덕은 말할 수 없이 클 수밖에 없습니다.

따라서 금강경은 '나 혼자 조용한 곳에서 공부하여 해탈하면 그만이다. 남이야 어떻게 되든지 말든지 나만 복 받으면 된다.' 는 의미의 신앙생활을 하는 사람을 위해서 설해진 것이 아닙니다.

대승大乘은 '일체 모든 중생이 함께 부처를 이루겠다.' 는 것입니다. 이에 비하여 소승은 조그마한 탈 것으로 자전거와 같은 것을 말합니다. 큰 일이 났을 경우, 자전거로는 자신이야 안전한 세계로 갈 수 있겠지만 남들과 같이 갈 수는 없습니다. 그러나 대승은 큰 것이므로, 수천 명, 수억 명도 한꺼번에 탈 수 있습니다.

그렇다고 해서 내 밖에 남이 따로 있는데, 그 남을 억지로 끌고 성불한다는 의미가 아닙니다.
나의 참생명이 부처님생명이고 부처님생명은 온 우주에 두루하지 않는 곳이 없기 때문에 모든 사람과 함께 성불하는 것입니다.

'나와 남이 함께 부처를 이루게 되어지이다[自他一時 成佛道].' 하는 이 마음이, 바로 대승의 마음입니다. 이렇게 대승의 마음을 일으킨 사람이라야 금강경을 들을 자격이 됩니다.
나의 참생명이 부처님생명이라는 것을 믿는 사람, 즉 참생명은 자신의 안에 있고, 또한 온 우주에 두루하여 실재하는 부처님생명만을 드러내 겠다는 사람을 위하여 이 경을 설한다고 하십니다. 자신의 행복, 자신의 가정, 자신의 몸만을 생각하는 사람을 위해서 금강경을 설하신 것이 아니라는 것입니다.

부처님은 지금도 우리를 모두 보고 있습니다. 우리의 참생명이기 때문입니다.
금강경을 읽으면 그 자리에 부처님생명이 약동합니다. 그러니 금강경을 읽는 공덕이 얼마만큼이라고 말할 수 없을 정도입니다.
금강경을 읽었기 때문에 부자가 되었다든지, 사회적인 명예가 올라갔다든지, 몸에 병이 없어졌다든지 하는 정도가 아닙니다.

도저히 중생들의 마음으로는 헤아릴 수 없습니다.
우리가 헤아린다고 하면 그것은 상대적인 것입니다. 그러나 금강경의 내용은 절대무한이기 때문에 헤아릴 수 없고 말할 수도 없습니다.
말은 3차원 세계를 표현하기 위한 수단입니다.
따라서 말도 한계를 가집니다. 그러나 금강경은 무한無限차원을 이야기하는 것이므로 언어로 표현할 수 없죠.

금강경을 읽는 공덕으로 말미암아 말할 수 없고 끝이 없는 절대무한의 부처님 세계를 살아가게 됩니다. 우리 모두가 성불할 수 있는 길을 여는 것이므로, 끝이 없으며 생각할 수 없습니다.

하지만 마치 앞 못보는 사람이 햇빛이 비쳐도 볼 수 없듯이, 우리도 부처님의 무한공덕이 꽉 차있는 것을 알지 못합니다. 그런 중에 금강경을 읽어서 지혜의 눈을 얻고 나니, 나의 참생명인 부처님생명의 무한공덕이 이미 내게 실현되고 있음을 알게 되는 것입니다.
부처님의 공덕은 달라고 구걸하니까 주시는 것이 아닙니다.

금강경을 읽어 병이 낫는다고 할때 있었던 병이 없어지는 것이 아닙니다. 병은 본래 없는데 병이 있다고 생각하고 있다가, 금강경을 읽고 본래 병이 없음을 아는 것일 뿐입니다.
금강경을 읽으면 부자富者 된다고 하는 뜻 역시 돈이 없다가 생기는 것을 말하는 것이 아니라, 본래 무한의 공덕 속에 있기 때문에 가난할래야 가난할 수가 없는, 참생명의 무한가치를 알게 된다는 뜻입니다.

그러나 금강경을 읽는 것으로 욕심을 낸다면, 그 사람은 입으로는 금강경을 읽었을지언정 법문을 듣지 않았으므로 아무 소용이 없습니다. 금강경을 읽으면서 따로 욕심을 내거나, 어떤 특별한 공덕이 나한테 나타나기를 굳이 바랄 필요가 없습니다.
그냥 읽으면서 법문을 들으면 됩니다.

길을 걷고 있을 때 하늘에 해가 뜨면 그림자가 저절로 생깁니다. 그림자는 만들어 달라고 애원해서 생긴 것이 아니라, 해 앞에서 자연스럽게 나타난 것입니다.
이와 같이 금강경을 읽으면 그 공덕은 저절로 나타나는 것이지 애걸복

걸해서 나타나는 것이 아닙니다.

금강경의 실체는 다른 것이 아니라, '나의 참생명은 부처님생명'이라는 내면의 광명光明이 쏟아져 나오는 것입니다. 밖에 있는 어떤 객관적인 철학세계를 말하는 것이 아닙니다. 만약 금강경의 실체가 따로 있다고 하면 이것 역시 상相입니다.

"이와 같은 사람들은 곧 여래의 아누다라삼먁삼보리를
짊어짐이 되나니, 어찌한 까닭이냐?
수보리야, 만약 작은 법을 즐기는 자라면
아견과 인견과 중생견과 수자견에 집착하게 되므로,
능히 이 경을 받아 듣고 읽고 외우며 사람들을 위하여
해설하지 못하느니라.
수보리야, 어떠한 곳이든 이 경이 있는 곳이면
일체 세간의 천상과 인간과 아수라 등이
마땅히 공양하는 바가 되리니, 마땅히 알라.
그곳은 곧 탑이 됨이라.
모두가 응당 공경하고 예배하며 에워싸고
가지가지 꽃과 향을 그곳에 흩뿌리리라."

──────

如是人等 卽爲荷擔如來 阿耨多羅三藐三菩提 何以故 須菩提
若樂小法者 著我見人見衆生見壽者見 卽於此經 不能聽受讀誦
爲人解說 須菩提 在在處處 若有此經 一切世間天人阿修羅所
應供養 當知此處 卽爲是塔 皆應恭敬 作禮圍繞 以諸華香 而散
其處

온 우주로부터 받는 공양

앞에서도 말했지만 이 금강경은 대승大乘을 발심한 자를 위해 설하신 것이기 때문에, '나 하나 잘 되겠다.' 는 마음을 가진 사람은 금강경을 아무리 많이 읽어도 소용없습니다.

작은 법을 즐기는 사람들은 '나' 라는 생각을 가지고 있고, 그래서 나와 남이 따로 있다는 견해 속에서 그들과 생존경쟁을 벌이는 인생관을 가지고 '나 잘났다.' 는 생각으로 살기 때문입니다.

이러한 사람들은 금강경을 읽지도 못하거니와 남에게 해설해주지도 못합니다.

꼭 절이나 법당이 아니라 우리가 생활하는 안방이나 심지어 화장실이라도 금강경이 있는 곳이면 어느 곳이든 모든 우주로부터 공양을 받습니다. 이때의 금강경은 단순히 흰 종이에 먹물 글자가 씌여진 경을 말하는 것이 아닙니다. '나의 참생명 부처님생명' 을 믿는 사람이 있는 곳이면 그곳이 바로 금강경이 있는 곳이며, 온 우주로부터 공양을 받는다는 의미입니다.

여러분이 금강경을 읽거나 나무아미타불을 염불하는 곳은, 참생명을 믿는 사람이 있는 곳이기 때문에, 세상 사람들이 나와 대립되어 있는 것처럼 보이고, 혹은 나쁜 신의 세계가 있어서 나에게 해를 끼치는 것처럼 보일지라도 그것은 겉으로 보이는 것뿐이라는 사실을 아는 자리입니다.

나무아미타불을 부르고 나의 참생명 부처님생명을 생각하고 있는 동안에는 우리 스스로가 이 세상 사람 모두를 향해, '당신은 남이 아니라 나입니다.', '당신은 나와 한생명입니다.', '당신은 부처님입니다.' 하고 있는 것입니다.

현재의식에서는 너와 내가 한생명이라는 사실을 모르지만 잠재의식에서는 모두 알고 있습니다. 우리 잠재의식의 깊은 곳에는 우주 무의식이 있어서, 하나로 통하게 되어 있다고 말한 정신분석학자 칼융의 이야기를 아실 것입니다.

비유하여 말하면, 한반도와 일본열도가 겉으로 보기에는 떨어져 있는 것처럼 보이지만, 지구의 중심에서 보면 서로 연결되어 있는 것과 마찬가지입니다.

때문에 우리가 나무아미타불을 부르거나 금강경을 읽는 것은 '나는 남과 대립을 불러일으키는 것이 아니라, 남을 부처님으로 모시고 남에게 끝없는 이익을 베푸는 것'이라고 선언하는 것입니다.

이렇게 하면 그 사람들도 똑같이 이쪽을 공양합니다.

즉, 남으로부터 공양을 받겠다고 생각하기 전에 주는 마음을 먼저 가지면, 오히려 끊임없이 공양 받는 결과가 옵니다. 이렇게 공양 받는 곳을 탑塔이라고 말씀하신 것입니다. 사리탑을 꼭 물질세계나 객관세계에서 찾으려고만 해서는 안 됩니다.

능력의 자각

우리가 세상을 살다 보면 몸에 병이 나거나, 여러 가지 난관에 봉착하게 됩니다. 그런데 그러한 난관에 봉착하면, 불안해서 곳곳으로 해결책을 물으러 다닙니다. 아무 소용이 없는데 말입니다.
법문 듣는 입장에서 보면, 나한테 벌어지는 모든 것은 인과응보因果應報입니다.
내가 짓고 내가 받는 것 이외에는 없습니다.
그렇기 때문에 용한 집에서 부적을 써다 붙여봐야 소용없습니다. 내가 지은 것이기 때문에 반드시 내게 나타날 뿐입니다.

다만 그런 모든 문제를 해결할 수 있는 능력을 발휘하면 그만입니다.
그럼 문제를 해결할 수 있는 능력은 무엇이겠습니까?
바로 금강반야바라밀, 즉 '나의 참생명 부처님생명'을 믿는 것입니다.
부처님생명이란 말은 나의 참능력이 무한능력이라는 말이므로, 이것을 믿기만 하면 나의 내면의 세계에서 무한한 능력이 저절로 솟아납니다.

우리는 눈으로 광파光波를 모두 볼 수 있다고 생각하지만, 자외선도 적외선도 감마선도 보지 못합니다. 그러나 우리가 그것을 못 본다고 해서 광선이 없는 것은 아닙니다.
마찬가지로 우리 주변에는 눈에 보이지 않지만, 우리에게 해를 끼칠 수 있는 게 한두 가지가 아닙니다.
하지만 어떤 현상이 벌어지더라도 금강경의 무한광명을 믿기만 하면, 나의 무한능력을 그대로 드러내 주는 것이므로, 어두운 대상들은 저절로 없어집니다.

요즘 세상은 온통 공포시대입니다.
정치인은 정치인대로, 경제인은 경제인대로, 의사는 의사대로, 예언가는 예언가대로, 심지어는 각종 종교단체에 가도 공포심恐怖心을 심어주기에 여념이 없습니다.

그런데 이 공포심을 없애주는 분은 부처님밖에 없습니다.
'너의 참생명은 부처님생명이다. 그 어떤 경우에도 공포심을 갖지 말아라. 네가 본래부터 절대무한 능력자니까 아무 걱정 말아라!'
고 하시며 공포 속에 사로잡혀 있는 사람에게 해방을 주시는 분이 바로 부처님이십니다.

우리의 참생명의 세계는 일체 모든 것이 성취되어 있는 세계라는 것을 적극적으로 긍정하고 시인하여 믿는 마음을 내야 합니다. 부처님 이외의 것을 완전히 부정하는 것, 즉 우리가 부처님생명을 살고 있다는 것 이외의 것은 인정하지 않는 것입니다.

부처님생명을 살고 있는 것만이 진실이고 그 이외의 것은 진실일 수 없다는 것을 믿기만 해도, 아침 점심 저녁으로 항하의 모래 수와 같은 몸으로 보시하는 공덕보다 더 크다고 말씀해주십니다.

이런 믿음보다 큰 공덕이 이 세상에 없다는 것을 확실히 아셔야 합니다. 이렇게 자신의 무한능력을 믿는 마음으로 금강경 법문을 읽고 들으며, 나무아미타불을 부르는 가운데 공포에서 해방되는 것입니다. 부지런히 읽어서 우리가 본래부터 무한생명·절대생명의 주인이고 그 생명의 권능자라는 자각 속에 들어가야 하겠습니다.

"다시 또 수보리야,
선남자·선여인이 이 경을 받아 지니며 읽고 외우더라도,
만일 사람들에게 업신여김이 되면,
이 사람은 선세先世의 죄업으로 마땅히 악도에 떨어질 것이로되,
금세의 사람들이 업신여김으로써 곧 선세의 죄업이 소멸되고,
마땅히 아누다라삼먁삼보리를 얻게 되느니라."

―――――

復次須菩提 善男子善女人 受持讀誦此經 若爲人輕賤 是人先世罪業 應墮惡道 以今世人輕賤故 先世罪業 卽爲消滅 當得阿耨多羅三藐三菩提

인생은 단막극이 아니다

금강경을 읽고 외우면 마땅히 가지가지 꽃과 향으로 공양 받는 광경이 벌어지는 것인데, 이상하게 금강경을 읽었음에도 불구하고 남에게 업신여김을 당하는 경우가 있습니다.

모순된다고 생각하지요? 금강경을 읽는 것만으로도 이 세상의 모든 중생들이 공경한다고 했는데, '어째서 나는 지금 금강경을 읽고 있는데 세상 살기가 힘든가?' 하는 의문이 생깁니다.
우리 인간은 금생今生에 어떠한 모습을 가지고 어머니 뱃속으로부터 태어날 때 비로소 태어난 것이 아니고, 의사가 죽었다고 말하는 순간에 죽는 것도 아닙니다.

인생은 결코 일회적인 현실이 아닙니다. 다시 말하면 우리 인생이란 단막극이 아니라 한량없는 과거로부터 현재에 이르기까지, 또 현재로부터 미래로 영원히 전개됩니다. 이렇게 우리의 생명이 계속하여 전개되는 생명과정 전부가 업보윤회業報輪廻입니다.

업業에는 신구의身口意 삼업三業이 있는데, 이 신구의 삼업을 지은 게 원인이 되어 업의 결과가 나에게 나타납니다.
현실에서 보여지는 것들은 내가 전생前生에 지은 업의 결과로 나타난 것입니다. 몸이 건강하다든지 허약하다든지, 재주가 있다든지 없다든지, 혹은 명예를 얻는다든지 명예롭지 못하게 산다든지 하는 여러 가지의 차별이 나타나는 이유입니다.

우리의 인생이라는 것은 전생前生과 전전생前前生이 있어서 계속되는 생명을 살고 있습니다. 지금 내 앞에 운명이라는 현상으로 나타나 있는 것은, 내가 전생에 지은 것이 원인이 되어서 나타난 결과입니다.
이것은 과학적으로 이미 증명되어 있습니다.
세계의 많은 과학자들이 전생을 밝히기 위하여 다각도로 연구하고 있습니다. 미국의 경우에서는 전생이 있다는 것을 과학적으로 도저히 의심할 수가 없는 단계까지 밝히기에 이르렀습니다.

전생前生을 밝히는 대표적인 방법에는 대략 세 가지가 있습니다.

그 하나는 자신의 전생을 스스로 기억記憶해 내는 사람들에 의한 것입니다.
전생을 기억하는 사람들의 기억 내용을 듣고 조사하여 실제로 확인하는 방법으로 증명하는 것입니다. 그 중의 대표적인 사람이 미국 버지니아 대학의 의과대학 교수로 있던 '이안 스티븐슨' 박사입니다.
이분은 전 세계에 전생을 기억하고 있는 사람들로부터 연락을 받아 그 전생 내용을 현지에서 조사한 분입니다. 그분이 조사한 것 중에서 가장 두드러진 20건을 추려서 책을 냈습니다. 그 책이 〈Twenty Cases Suggestive of Reincarnation〉입니다.
우리나라에도 번역되어 출판된 것으로 알고 있습니다. 스티븐슨 박사는 이 책을 내고 전 세계에 윤회를 의심하는 사람이 있으면 반론하라고 했습니다만 아무도 반론할 수가 없었습니다.

두 번째는 최면催眠에 의한 방법입니다.
최면은 우리의 현재의식을 잠재우고 잠재의식을 드러내는 것입니다. 이것을 이용하여 '연령역행법年齡逆行法' 즉 나이를 뒤로 되돌려서 전생을 기억해 내게 하는 방법이 있습니다. 이 방법을 사용한 가장 대표적인 사람은 '번스타인'이라는 미국 사람입니다.
시몬스라는 어떤 중년 여인에게 연령역행의 방법을 써서 그가 과거에 아일랜드의 귀족으로 살던 '브라이디 머피'였다는 것을 밝혔습니다. 그래서 '브라이디 머피를 찾아서'라는 책을 1956년에 미국에서 발표해 굉장한 선풍을 일으켰습니다. 또 어떤 심리학자는 '자유 연상법'을 이용하여 전생을 증명한 사례도 있습니다.

마지막으로 세 번째는 인간의 육신을 투시透視하는 방법입니다.
대표적인 사람으로는 '에드가 케이시'가 있습니다. 눈을 감고 스스로 최면상태에 들어가서, 사람의 이름을 듣고 그 사람의 육체 내용을 투시하는 것입니다. 그렇게 해서 상대방의 육신에 병이 있는 것을 찾아낼 수 있었습니다.
그러다가 어떤 사람의 현재 육체적인 조건, 환경적인 조건, 운명적인 조건이라고 하는 것이 결코 금생今生에만 원인이 있는 것이 아님을 발견하게 되었습니다. 그래서 전생과 현생의 조건을 연결시키는 것으로 에드가 케이시의 투시가 발전합니다.

에드가 케이시가 몸뚱이만을 투시하여 병의 원인을 밝힌 것이 약 2만 여 건 정도 되는데, 그 중에서 2천 5백 건은 전생과 관련되어 있음을 밝혀 놓았습니다. 어떤 사람이 현재의 육체적인 결함을 가지고 있는 것은 전생의 일이 원인이 되어서 금생에 그런 일이 나왔다는 것입니다.

예를 들어 어떤 사람은 병원에서 귀에 아무런 이상이 없다는 진단을 받았는데도 귀머거리로 지내고 있었다고 합니다. 그래서 에드가 케이시에게 투시 치료를 받았는데, 귀먹은 이유가 금생에 있는 것이 아니었습니다. 전생에 이 사람은 귀족으로 부유하게 잘 살았답니다. 그래서 많은 사람들이 이 사람에게 경제적 혹은 사회적인 도움을 요청하는 소리를 많이 했습니다. 그러자 이 사람은 너무 귀찮아서 '아휴, 이런 소리 좀 듣지 않았으면 좋겠다.'고 입버릇처럼 말했다고 합니다. 그 전생의 소원이 성취되어서 금생에 들을 수 없게 되었다는 것입니다.
2천 5백 건이나 되는 이런 내용이 '케이시 파일'이라고 이름 붙여져 미국의 ARE라는 기관에 보관되어 있습니다.

이렇듯 우리는 확실히 전생이 있다는 것을 알 수 있습니다.
따라서 내가 경제적, 사회적, 가정적, 육체적으로 당하고 있는 일은 당연히 업보윤회라는 것을 인정할 수밖에 없습니다. 결국 내가 지은 것은 나에게 반드시 돌아오고, 내가 짓지 않은 것이 내 앞에 돌아오는 일은 결코 없습니다. 복福이든 화禍든 반드시 내가 받아야 할 것이 왔을 뿐이라는 사실을 명심해야 합니다.
그렇기 때문에 나에게 복이 없다고 해서 복 있게 해달라고 욕심낼 것이 없습니다. 그럼으로써 탐심貪心이 없어집니다.

또 나에게 거슬리는 짓을 하는 사람에 대하여 성을 내는 진심瞋心이 날 것도 없습니다.

이와 같이 인과응보의 도리만 잘 알아도 탐심과 진심에서 벗어날 수 있습니다.

전생에 남에게 해를 입히거나 도둑질 등 나쁜 짓을 많이 했는데도 불구하고, 다행히 전전생에 착한 일을 많이 한 덕분에 사람 몸을 받아 금강경을 배우고 읽고 믿음을 일으킨다면, 그 나쁜 짓을 했었던 업의 과보를 면할 수 있습니다.

여러분이 전생에 100억 쯤 빚을 졌는데 금강경을 읽은 덕분에 99억은 없어지고 1억쯤 남아서 금생에 나타나는 것이라고 생각하면 됩니다.

이것이 바로 '선세先世의 죄업으로 마땅히 악도에 떨어질 것이로되, 금세의 사람들이 업신여김으로써 곧 선세의 죄업이 소멸된다.' 는 말씀입니다.

금강경을 읽으면 마땅히 남들에게 공경을 받아야 하는데 도리어 업신여김을 받기도 하고, 사업이 잘 되어야 하는데 잘 되지 않는 경우가 있습니다.

그것은 그 사람이 전생에 많은 잘못을 했기 때문에 다음 생애에는 삼악도[三惡道; 지옥, 아귀, 축생]에 떨어지도록 되어있지만, 금강경을 읽은 덕분에 현세에 어려운 환경을 조금 당하고 선세先世의 죄업을 소멸하는 과정에 있는 것입니다.

이렇듯 금강경을 읽는데도 일이 제대로 되지 않는다면 그것은 진실로 나쁜 것이 아니라, 과거의 나쁜 업이 소멸되는 과정에 있다는 것을 알아야 합니다.

또한, 자신을 업신여기는 사람이 없다면 스스로 자신이 잘났다고 여기는 아상에 빠져서 지옥에 갈 수도 있었는데, 다행히 못살게 구는 사람이 나타나서 스스로 공부가 부족하다는 것을 알게 합니다.
그래서 더욱 금강경을 읽게 되고 나무아미타불을 부르게 되어 악도에 떨어지지 않게 되는 것입니다.

이렇게 볼 때, 금강경을 읽거나 나무아미타불을 부르는 것 이상으로 우리의 인생을 보람있고 가치 있게 사는 길은 없다는 것을 알 수 있습니다.

"수보리야, 내가 과거 무량아승지겁을 생각하니, 연등불을 뵈옵기 그 이전에도 팔백사천 나유타의 여러 부처님을 만나, 모두 다 공양하고 받들어 섬기어 헛되이 지냄이 없었느니라.

만약 다시 또 어떤 사람이 앞으로 오는 말세末世에, 능히 이 경을 받아 지니고 읽고 외워서 얻을 바 공덕은, 내가 전에 모든 부처님께 공양한 공덕으로는 백분의 일도 되지 못하며, 천만억분의 일도 되지 못하며, 내지 숫자를 있는 대로 비교하고 비유하여도 능히 미칠 바가 못되리라.

수보리야, 만약 어떤 선남자·선여인이 앞으로 오는 말세에, 이 경을 받아 지니고 읽고 외워서 얻을 바 공덕을 내가 다 갖추어 말한다면, 혹은 어떤 사람이 듣고서 마음이 산란하여 의심하며 믿지 아니하리라.

수보리야, 마땅히 알아라. 이 경은 뜻도 가히 생각할 수 없고 과보 또한 생각할 수 없느니라."

―――――

須菩提 我念過去無量阿僧祇劫 於燃燈佛前 得值八百四千萬億 那由他諸佛 悉皆供養承事 無空過者 若復有人 於後末世 能受持讀誦此經 所得功德 於我所供養諸佛功德 百分不及一 千萬億分 乃至算數譬喻 所不能及 須菩提 若善男子善女人 於後末世 有受持讀誦此經 所得功德 我若具說者 或有人聞 心卽狂亂 狐疑不信 須菩提 當知 是經義不可思議 果報亦不可思議

말법시대의 경전

석가모니부처님께서는 이루 말할 수 없는 과거 동안에 수행을 하셨습니다. 연등불燃燈佛께 수기를 받기 그 이전에도 말할 수 없는 많은 부처님을 만나서 공양을 하고 받들어 섬기며 한 번도 헛되게 지낸 바가 없었습니다.

흔히 부처님께 공양을 올리는 만큼 그에 상응하는 대가가 돌아오기를 바라지요? 사업이 잘되기를 바라거나, 몸이 건강해지기를 바라거나, 부자가 되기를 바라면서 말입니다.
그러나 석가모니부처님은 전생前生에 모든 부처님께 공양 올릴 때는 자신을 위해서 바라는 마음이 없었습니다.

석가모니부처님께서 미래를 예언하실 때에, 당신의 열반 뒤에 오백 년 동안은 정법正法이 유지되리라고 하셨습니다.
정법이 유지된다는 것은 부처님의 가르침이 그대로 있고, 그 가르침에 따라 수행하는 사람도 있어서, 마침내 깨달음을 얻는 사람이 나온다는 것입니다.
이러한 정법시대가 지나면 상법[像法; 비슷한 법] 시대가 오는데, 이때는 부처님의 교법도 있고 수행하는 사람도 있지만 깨닫는 사람이 없는 시대로 약 천 년 동안 유지되리라고 했습니다.

이렇게 천오백 년이 지나면 그 다음부터 말법末法 시대가 온다고 하셨습니다.
불교에서 말하는 말법 시대는 다른 종교에서 말하는 종말론의 말세와는 다릅니다. 이 시대에는 교법도 제대로 없고 수행하는 사람도 제대로 없어서, 깨닫는 사람이 없는 요즘과 같은 세상입니다.

이러한 말법 시대에 금강경을 읽는 사람의 공덕은, 위에서 설명한 바와 같이 크기 때문에 금강경을 읽는 것 말고 더 큰 일은 없습니다.

우리가 금강경을 읽으며 법문을 듣는 것은 마치 앞에다 거울을 놓고 내 마음을 비추어 보는 것과 같습니다.
거울을 제대로 본다는 것은 헝클어지고 잘못된 매무새를 바로 잡는 것을 의미합니다.

이처럼 금강경을 읽을 때에도 마치 마음의 거울을 대하듯이 해서, 마음의 때와 잘못된 부분을 찾고 수정해 나가야 하는 것입니다. 성내는 마음이 있다든지, 남을 원망하는 마음이 있다든지, 남의 결점을 보는 마음이 있다든지 하는 자신의 마음을 보고, 그러한 마음을 수정해야겠다는 마음을 일으키는 것입니다.

우리가 본래 부처님생명을 살고 있다는 것을 금강경을 읽으면서 자꾸 깨달아가야 합니다. 부처님생명을 살고 있다는 것을 알면 생활하면서 벌어지는 것들을 감당하지 못할 것이 없습니다.

내가 부처님생명을 살고 있으면, 나의 능력도 역시 부처님 능력과 다르지 않을 것입니다.

지옥地獄은 있는가

지옥이 있을까요?
지옥은 없습니다.
그런데 없지만, 있습니다.
있으면서 없고, 없으면서 있는 것이 지옥입니다.

마치 전기의 힘과 같습니다. 전기는 우리 일상생활에서 아주 중요하고, 고맙고, 필요합니다. 우리가 공부할 때 밝은 불빛을 내 주는 것은 전기의 힘입니다.
밥하거나 빨래하거나 여러 일을 할 때도 전기의 힘이 필요합니다.
전기가 이렇게 말할 수 없이 고마운 것이지만 그것은 원리에 맞게 썼을 때에만 그렇습니다. 만약 전기의 원리에 어긋나게 쓴다면 감전사고를 일으키거나, 화재가 발생할 수 있습니다.
이때 그 재앙은 남이 준 것인가요?

마찬가지로 생명의 원리에 맞도록 살면 부처님생명을 사는 것이기 때문에 행복할 수밖에 없습니다.
그런데 많은 사람이 생명의 원리에 어긋나게 삽니다. 전기도 원리에 어긋나게 사용하면 커다란 재앙이 오듯이, 생명도 생명의 원리에 어긋나게 살면 재앙이 오는데 그것을 지옥이라고 합니다.

흔히들 지옥이라는 특정한 지역이 있는 것으로 압니다만, 그것은 아주 수준이 낮은 생각입니다.

전기에 감전되는 지역이 따로 정해져 있습니까? 전기의 원리에 맞게 사용하지 못했을 때 어디에서라도 감전될 수 있습니다. 마찬가지로 지옥은 생명의 원리에 어긋나게 살았을 때 어디에서도 나타날 수 있습니다.

그렇다면 생명의 원리는 무엇이지요?

남과 내가 본래 대립해 있지 않다는 것입니다. 부처님생명은 온 세상에 하나이기 때문입니다. 너나 나나 부처님생명을 살고 있는 것입니다.

부처님생명은 1인칭一人稱밖에 없으므로 남이 없습니다.

때문에 남처럼 보이는 모든 사람이, 알고 보면 모두 나입니다.

그런데 우리는 그것을 모르고 싸우고, 빼앗고, 남의 생명을 해치며 살았습니다. 이것은 생명의 원리에 맞지 않는 것입니다.

이렇게 생명의 원리에 어긋나게 산 행위의 결과로 나타나는 것이 지옥입니다. 즉, 지옥은 특정한 누군가가 나를 미워해서, 특별히 나쁜 장소를 만들고 거기에 나를 가두어 벌주는 곳이 아닙니다.

우리가 그동안 이렇게 생명의 원리에 어긋나게 살아서 지옥에서 헤매었습니다. 그러니 이제부터라도 생명의 원리에 맞게 살아야 합니다.

남을 남으로 보지 않고, 이 세상 어느 누구라도 1인칭으로 보는 생활태

도를 가지는 것입니다.

우리가 세상을 살다보면, 혹 나에게 안 좋은 일이 벌어지거나, 누가 나에게 발길질을 하거나, 심지어 나에게 칼질을 하는 사람이 나타날 수 있습니다. 그렇지만 그것을 남이 나에게 하는 것이라고 생각하지 않고, 미워하지 않고 나무아미타불을 해야 합니다.

이렇게 나의 참생명은 부처님생명임을 자각하는 것이 생명의 원리에 맞게 사는 것이며, 이것이 바로 금강경의 내용입니다.

때문에 세상을 살면서 사주팔자니 관상이니 하며 봐달라고 물어보는 어리석은 일을 하지 않습니다.

좋은 일이 있으면 좋은 일대로 금강경을 읽고, 나쁜 일이 있으면 나쁜 일대로 금강경을 읽으세요.

나쁜 일이 있다고 하더라도, 그것은 앞에서 본대로 생명의 원리에 어긋나게 살았기 때문에 드러난 현상이니까, 금강경을 읽어서 생명의 원리에 맞게 생활방법을 바꾸면 그것은 저절로 없어질 수밖에 없습니다. 또한, 좋은일이 생기는 것은 생명의 원리에 맞게 살았기 때문에 그러한 현상이 드러난 것이라고 생각할 뿐이지, 거기에 탐착할 필요가 전혀 없습니다.

좋은 일이 있어도 나무아미타불, 나쁜 일이 있어도 나무아미타불입니다. 아침에 일어나서 금강경을 읽고, 하루 종일 나무아미타불 염불해야 합니다.

우리가 부처님생명인데도 그것을 모르고, 과거에 생명의 법칙에 어긋나는 삶을 살아서 원수를 만들었습니다. 본래는 원수가 없는데 원수를 만들고는 그 원수가 나에게 칼질한다고 생각합니다.

그러나 만약 그 칼질에 의해서 내 목숨이 다한다고 하더라도, 그 다음에는 부처가 되는 일밖에 남은 것이 없습니다. 그러면 내 목숨을 해치는 사람에게까지도 고마움을 느낄 수 있을 것입니다. 욕하거나 못살게 구는 사람도 고맙습니다.

이렇게 모든 사람에게 고마움을 느끼면서, 나의 참생명이 부처님생명이라는 것을 시시각각 증명하면서 살 뿐입니다.

오늘, 부처님생명으로 산다 ⑧

1. 있어야 할 인생 방정식

일반인들이 기대하는 인생 방정식은 다음과 같다고 볼 수 있습니다.

성과 = 능력 + 노력 + 성실성

이러한 등식等式이 성립되면 그것을 당연하다고 받아들이고, 이러한 등식에 이상이 생기면 불평과 불만으로 한숨 짓습니다.
이러한 방정식의 근거는 '심은 씨는 꼭 거둔다.'는 믿음입니다. 그리고 이 믿음은 진실 그대로입니다.
결코 심지 아니한 씨를 거두는 법이 있을 수 없는 것입니다.

그런데 우리가 보는 현실세계는 어떠한가? 능력 있고 성실한 사람이 꼭 성공하고, 부도덕한 삶을 사는 사람이 반드시 그 과보果報를 받고 있는가?
누가 보더라도 크게 성공해서 세상에 큰 이익을 줄 것이라고 기대되는 사람이 하는 일마다 실패해서 보는 이들의 동정을 금할 수 없는 경우가 있는가 하면, 도저히 용납할 수 없는 불성실한 사람이 재산과 세력을 크게 얻어 교만스럽게 살아가는 것을 우리 주변에서 얼마든지 볼 수 있지 아니한가?
인과가 역연하다면 이러한 현상은 어떻게 나타났다는 말인가?

그러나 인과법칙은 영원불변의 철칙입니다. 어떠한 경우에도 이 법칙에 어긋나는 일은 이루어질 수 없습니다.

2. 영원생명의 법칙

우리는 우리의 생명을 금생의 이 육신肉身에 한정되어 있는 일회적—回的인 성격의 것으로 볼 수 없습니다.
우리의 참생명은 이 육신 이전부터 있어 왔고, 이 육신 소멸 이후에도 있을 영원생명입니다. 육신 이전이 전생이고, 육신 이후가 내생인 것을 모두 잘 알고 있습니다.
이러한 전생과 금생과 내생의 상관관계가 곧 인과법칙입니다.

그러므로 '현재'라는 이 시점은, 영원한 과거를 기준으로 할 때에는 '거두어들이는' 현장이면서, 영원한 미래를 향해서는 '씨 뿌리는' 현장이기도 한 양면적인 성격을 띠고 있습니다.

지금 심은 씨가 가까운 미래에 그 열매를 맺을 수도 있습니다. 마치 봄에 씨앗 뿌린 콩이나 팥이 그 해 가을에 그 열매를 거두게 되는 것과 같습니다.
그러나 심어 놓은 씨가 땅에 묻힌 채로 해를 넘기고, 다음 해에나 그 열매를 맺는 보리의 경우도 우리는 알고 있습니다.

그뿐 아니라 씨를 심어놓고 6년이나 7년이 지나서야 수확하게 되는 인삼과 같은 예도 우리는 알고 있습니다.

이처럼 한 번 심은 씨는 꼭 거두게 되지만, 그 거두게 되는 시기는 일정하지가 않습니다.

그러나 심은 일이 없는 씨가 열매를 맺는 법은 결코 있을 수 없습니다.

봄에 심어 가을에 거두는 것은 금생에 노력한 것이 그대로 금생에 성과를 나타내는 것과 같습니다. 가을에 심어 이듬해 봄에 거두는 것은 전생에 한 노력의 대가를 금생에 받는 것과 같습니다. 씨 뿌리고 6~7년이 지나서야 거두는 것은 먼 과거생에 심은 노력의 성과를 금생에 거두는 것과 같은 것입니다.

좋게 나타났건, 나쁘게 나타났건, 나타난 현상은 모두가 내 책임 하에 심은 씨의 수확인 것입니다. 이것이 삼세인과의 인생관입니다.

남 때문에 안 되는 것이 없기 때문에 남을 미워할 수가 없는 것이며, 남들이 거두고 있는 영광된 성과는 그것이 그 자신이 심은 결과이기 때문에, 시기하거나 질투하거나 미워할 이유가 없는 것입니다.

제5장 응답하는 부처님

내가 바뀌면 세상이 바뀝니다.

내가 바뀌는 것 말고는 없습니다.

내가 바뀔 때 세상이 바뀌고,

내가 바뀔 때 이웃이 바뀌고,

내가 바뀔 때 가족이 바뀝니다.

그때에 수보리가 부처님께 사루어 말씀드렸다.

"세존이시여, 선남자·선여인이 아누다라삼먁삼보리심을 일으켰으니, 마땅히 어떻게 머물며 어떻게 그 마음을 항복받아야 합니까?"

부처님께서 수보리에게 이르셨다.

"만약 선남자·선여인이 아누다라삼먁삼보리심을 일으켰다면 마땅히 이와 같은 마음을 내어야 하느니, '내가 마땅히 일체 중생을 멸도滅度하리라.'고 하라.

일체 중생을 멸도한다고 하지만, 실로 한 중생도 멸도되는 중생이 없느니라.

왜냐하면 수보리야, 이 보살이 아상과 인상과 중생상과 수자상이 있으면 곧 보살이 아니니, 그 까닭이 무엇이냐? 수보리야, 실로 법이 있지 않음이 아누다라삼먁삼보리를 발함이 되느니라."

爾時須菩提白佛言 世尊 善男子善女人 發阿耨多羅三藐三菩提心 云何應住 云何降伏其心 佛告須菩提 若善男子善女人 發阿耨多羅三藐三菩提心者 當生如是心 我應滅度一切衆生 滅度一切衆生已 而無有一衆生實滅度者 何以故 須菩提 若菩薩有我相人相衆生相壽者相 卽非菩薩 所以者何 須菩提 實無有法 發阿耨多羅三藐三菩提心者

제도할 중생은 없다

마치 금강경 법문을 처음 청할 때와 비슷하지 않습니까?
그러나 지금은 물음의 수준이 사뭇 다릅니다.
이제까지 법문 들으니, 나의 참생명이 부처님생명임을 확신하게 되었습니다. 그래서 지금부터는 적극적으로 부처님 가르침에 대한 그 믿음 그대로를 실천하겠다는 구도자의 각오가 도드라집니다.
생명의 중심에 부처님을 모시게 되었으니, 그 가르침 이외의 모든 것들을 항복降伏받겠다는 것입니다.

그래서 언뜻 '내가 마땅히 일체 중생을 멸도滅度하리라.' 는 말씀을 듣게 되면 고개를 갸웃거리게 됩니다.
내 밖에 중생이 따로 있고 중생 밖에 내가 따로 있는데, 그런 상대적인 내가 중생을 멸도 즉 부처님생명 자리인 열반에 들게하려는 것처럼 보입니다.

하지만 누구를 제도해서 열반의 세계에 들게 하려면, 당신의 능력이 열반의 차원 이상이어야 남을 열반에 들게 하지 않겠습니까?
내 차원이 열반에도 이르지 못했으면서 남들을 열반에 들게 한다는 말은 성립이 안 됩니다.

따라서 일체 중생을 멸도하겠다는 것은, 적어도 중생을 상대하는 나로서는 불가능합니다.
참생명인 부처님이 부처님을 드러나게 하는 수밖에 없습니다.
이렇게 생명의 중심에 부처님을 모시면, 중생을 멸도하는 것은 부처님 당신입니다.
이는 당신의 임무입니다. 당신의 원력입니다.
그러니 우리가 할 것은 다만 나의 참생명 자리에 부처님이 앉아 계시게 할 뿐입니다.

그런데 온 우주에 있는 이루 말할 수 없는 많은 중생들을 다 멸도해서 열반의 세계에 들게 하고 다 마쳤다 칩시다. 그렇게 멸도하고 마쳤다 해도 참으로 한 중생도 멸도된 중생은 없습니다.
왜일까요? 멸도할 중생이 본래부터 있지 않았기 때문입니다.

'그 사람을 어떻게 제도해야 될지 모르겠습니다.'라고 하는 분들이 가끔 있습니다. 이런 진단은 내 앞의 중생을 인정한 것입니다. 그런데 인정하는 것은 무엇이든지간에 반드시 나타나기 마련입니다.
어떤 사람을 두고 저 사람이 중생이다, 그 중생을 내가 제도해야 되겠다고 해서는 영원히 제도가 되지 않습니다. 중생이라고 인정을 해 놓았으니까 영원히 중생인 것입니다.

그럼 어떻게 제도한다는 겁니까?
부처님이 깨치신 다음에 모든 중생을 보니까 무엇이라고 말씀하셨습니까?

모두 다 부처님생명을 살고 있다고 보셨지요. 이럴 때에만 제도가 되는 것입니다. 부처님으로 인정했을 때에만 제도된다는 말이고, 부처님으로 인정했을 때에는 본래부터 중생이 아닌 것으로 얘기되는 겁니다.

'내가 중생을 제도하리라.' 라는 말은 처음부터 성립되지가 않습니다. 있는 중생을 어떻게 제도합니까? 제도되지가 않습니다.
혹여 중생을 제도할 수가 있다 하더라도, 그 말은 내 밖의 남을 바꾸겠다는 얘깁니다. 그러한 생각부터가 도리에 맞지 않는 말입니다.
남에게 지배권을 행사하겠다는 말이니까요. 남을 바꾸겠다는 것은 불가능한 말이고 있을 수가 없는 얘기입니다.
그렇다면 '한 중생도 멸도된 중생이 없다.' 는 것은 본래부터 중생이 아닌 것입니다. 중생이 없다는 말입니다.

내 눈에 아무리 나쁜 중생, 못난 중생, 죄 많은 중생으로 보인다 하더라도 그런 중생은 본래 없다고 보아야 합니다. 그래서 그 사람들의 참생명이 부처님생명이라는 것을 진실하게 보게 될 때, 저절로 그들의 참생명인 부처님생명이 드러나게 됩니다.

만약에 '나는 남을 제도할 만한 능력이 있다.' 그랬다면 그것은 무슨 상相입니까? 그것은 '아상我相' 입니다. '저 사람은 내가 제도해야 되겠다.' 하면 그것은 '인상人相' 입니다. 그래서 '저 사람과 내가 같이 열반의 세상에 들어가야 되겠다.' 라는 것은 '중생상衆生相' 입니다. '그러니까 역시 내 생명이 귀하구나.' 하면 '수자상壽者相' 이 되어버리는 것입니다.

내가 누구를 제도해서 지금보다 더 좋은 세상에 가서 나게 하겠다고 하는데, 그 시점은 부처님생명이 있는 때입니까, 없는 때입니까? 부처님생명이 어떻게 있을 때도 있고 없을 때도 있을 수 있나요? 그런 법은 없습니다.

비오는 날은 비오는 대로 좋고, 가물은 날은 가물은 대로 좋은 것입니다. 어느 특별한 시기가 따로 있어서, 앞으로 2년이나 3년이 지나면 좋아진다는 그런 법은 있을 수가 없습니다. 만약에 그렇게 기다리는 사람이 있다면, 미안하지만 영원히 행복을 찾지 못하게 될 것입니다.
행복은 밖으로부터 새로이 내게 다가오는 것이 아니라, 발견하는 것입니다. 밖에 있는 것을 시간이 지나서 나에게 오도록 하는 것이 아닙니다. 본래부터 있는 행복을 발견하는 것입니다.

주변에 있는 누군가를 고치겠다는 마음을 갖는 것은, 그 사람을 고칠 수 있는 능력이 나에게 있다는 생각이 밑변에 깔려있기 때문입니다. 그 사람을 내가 고칠 수 있다고 보는 것이죠.
거기서 아상·인상·중생상·수자상이 벌어지는 겁니다. 그런 마음을 갖고 있는 동안, 상대방을 제도하기는커녕 영원히 나 자신도 상대유한의 세계에서 벗어나지 못합니다. 아상·인상·중생상·수자상이 있으면 곧 보살이 아니라는 걸 분명히 알아야 합니다.

불교를 믿으려면 제일 먼저 신분이 중생으로부터 보살로 바뀌어야 합니다. 아상·인상·중생상·수자상이 없어야 보살입니다.

아상·인상·중생상·수자상이 없는 걸 뭐라고 그립니까? 나무아미타불이라고 그랬습니다.

나의 참생명으로 돌아가는 것입니다. 그게 '나무'입니다. 나의 참생명으로 돌아가다 보니, 나의 참생명은 본래부터 무한절대생명입니다.

이렇게 나무아미타불에 의해서 본래 부처님생명으로 세상을 살아가는 것이 보살입니다.

그러므로 내 객관세계에 어떤 법이 따로 있어서, 그 법을 의지하여 아누다라삼먁삼보리를 얻겠다는 시도는 아무런 소용도 없습니다.

깨쳐서 부처된다는 말은, 궁극적으로 내가 본래부터 부처였음을 깨치는 것이기 때문입니다.

"수보리야, 어떻게 생각하느냐? 여래가 연등불 회상에 법이 있어서 아누다라삼먁삼보리를 얻었겠느냐?"

"아닙니다. 세존이시여, 제가 부처님께서 설하신 바 뜻을 이해함 같아서는, 부처님이 연등불燃燈佛 회상에서 법이 있어서 아누다라삼먁삼보리를 얻으심이 아닙니다."

부처님께서 말씀하셨다.

"옳다, 그렇다. 수보리야, 실로 법이 있지 않으므로 여래가 아누다라삼먁삼보리를 얻었느니라. 수보리야, 만약 법이 있어 여래가 아누다라삼먁삼보리를 얻었다면, 연등불이 나에게 수기를 주시면서, '네가 내세에 마땅히 부처를 이루리니, 호를 석가모니라고 하리라' 하시지 않았겠지만, 실로 법이 있지 않으므로 아누다라삼먁삼보리를 얻었느니라.

때문에 연등불께서 나에게 수기를 주시며 말씀하시기를, '네가 내세에 마땅히 부처를 이루리니, 호를 석가모니라고 하리라' 하셨느니라. 왜냐하면 여래라 함은 곧 모든 법이 여여如如하다는 뜻이니라.

만약 어떤 사람이 말하기를, '여래가 아누다라삼먁삼보리를 얻었다'고 한다면 수보리야, 실로 법이 있지 아니하므로 여래는 아누다라삼먁삼보리를 얻었느니라.

―――――

須菩提 於意云何 如來於燃燈佛所 有法得阿耨多羅三藐三菩提不 不也 世尊 如我解佛所說義 佛於燃燈佛所 無有法得阿耨多羅三藐三菩提 佛言 如是如是 須菩提 實無有法 如來得阿耨多羅三藐三菩提 須菩提 若有法如來得阿耨多羅三藐三菩提者 燃燈佛卽不與我授記 汝於來世 當得作佛 號釋迦牟尼 以實無有法 得阿耨多羅三藐三菩提 是故燃燈佛 與我授記 作是言 汝於來世 當得作佛 號釋迦牟尼 何以故 如來者 卽諸法如義 若有人言 如來得阿耨多羅三藐三菩提 須菩提 實無有法 佛得阿耨多羅三藐三菩提

성불成佛을 믿는다

석가모니부처님이 과거 연등불이라고 하는 부처님 앞에서 수기授記를 받았습니다.
수기란, '앞으로 부처가 될 것이다.' 라는 예언을 받았다는 의미입니다.

이는 나의 노력에 의해서 공부가 성숙되어, 궁극의 깨달음인 아누다라삼먁삼보리를 새롭게 얻었다는 것이 아닙니다.
깨쳐서 부처 된다는 것은, 밖에 있는 걸 붙여서 부족했던 것을 보충시키는 것이 아닙니다. 본래부터 부처였던 그대로를 확인한다는 의미입니다.

만약 구하는 바 법을 얻었다고 하면, 그것은 상대유한인 나의 범주를 결코 벗어나지 못한 것입니다. 다시 말해서 구하는 바 법을 얻어서 깨달았다고 해도, 중생을 기준으로 해서 중생살이를 확대한 데 지나지 않습니다.

부처님 가르침은 우리 모두의 성불成佛을 위한 가르침입니다.
부처님께서 우리에게 끊임없이 외치고 계신 것은 '어서 부처를 이루어라.' 는 것입니다.

이 점이 우리 불교와 여타의 종교가 근본적으로 다른 점입니다.

종교에 귀의함으로써, 신앙의 대상으로부터 특별히 은총을 받고 죄 사함을 받으며, 저 세상에서의 영생을 얻게 될 것이라는 가르침과는 초점이 처음부터 다릅니다.

부처님께서는 우리에게 당신과 똑같은 지위에 오르도록 끊임없이 일깨워 주고 계십니다. 그러므로 불교 신앙의 목적은 남으로부터 구원 받는 데에 있는 것이 아니라, 스스로가 성불하는 데에 있음을 잊어서는 안 됩니다.

성불이라 함은 절대의 진리를 나에게서 남김없이 실현시킨다는 뜻입니다. 우주 전체에 두루하여 있는 무한 생명력이 곧 나의 내면에 도도히 흐르고 있음을 깨치는 것입니다. 다시 말하면 나에게서 부처를 발견하는 것입니다.
결코 밖으로부터 무엇인가를 얻어와 붙여서 성불하는 것도 아니고, 나에게 불필요한 무엇인가를 떼어버려서 성불하는 것도 아닙니다.

오직 깨치는 것뿐입니다.
이는 곧 나의 참생명이 부처님생명으로 본래부터 완벽한 상태에 있음을 믿는 것입니다. 마치 석가모니부처님이 '네가 내세에 마땅히 부처를 이루리니, 호를 석가모니라고 하리라.' 는 수기를 깨쳐서 믿었듯이 말입니다.

수보리야, 여래가 얻은 바 아뉵다라삼먁삼보리 가운데에는 실다움도 없고 헛됨도 없느니라.

이 까닭에 여래가 말하기를, 일체법一切法이 다 불법佛法이라고 말하느니라. 수보리야, 말한 바 일체법이란 것도 곧 일체법이 아니니, 그러므로 일체법이라 이름하느니라.

수보리야, 비유컨대 사람의 몸이 장대長大함과 같느니라. 수보리가 말씀드렸다. 세존이시여, 여래께서 말씀하신 사람 몸의 장대함도 곧 이것이 큰 몸이 아니고 그 이름이 큰 몸입니다.

수보리야, 보살도 이와 같으니 만약 말하기를, '내가 마땅히 무량 중생을 멸도하리라' 한다면, 이는 곧 보살이라 이름할 수 없느니라. 어찌한 까닭이냐? 수보리야, 실로 법이 있지 않기에 보살이라 이름하느니라. 때문에 여래가 말하기를, '일체 법이 아我도 없고 인人도 없고 중생衆生도 없고 수자壽者도 없다'고 하느니라. 수보리야, 만약 보살이 말하기를, '내가 마땅히 불국토를 장엄하리라' 한다면, 이는 보살이라 할 수 없나니, 왜냐하면 여래가 말하는 바 불국토 장엄은 이것이 장엄이 아니오, 그 이름이 장엄이니라. 수보리야, 만약 보살이 아我와 법이 없음을 통달한 자者이면, 여래는 이 사람을 참된 보살마하살이라 말하느니라.

須菩提 如來所得 阿耨多羅三藐三菩提 於是中無實無虛 是故如來說一切法 皆是佛法 須菩提 所言一切法者 卽非一切法 是故名一切法 須菩提 譬如人身長大 須菩提言 世尊 如來說人身長大 卽爲非大身 是名大身 須菩提 菩薩亦如是 若作是言 我當滅度無量衆生 卽不名菩薩 何以故 須菩提 實無有法 名爲菩薩 是故佛說一切法 無我無人無衆生無壽者 須菩提 若菩薩作是言 我當莊嚴佛土 是不名菩薩 何以故 如來說莊嚴佛土者 卽非莊嚴 是名莊嚴 須菩提 若菩薩通達無我法者 如來說名眞是菩薩

내가 바뀌면 세상이 바뀐다

이미 반복한 것처럼 다시, "내가 마땅히 무량중생을 멸도하리라 한다면 이는 곧 보살이라 이름 할 수 없느니라."고 강조하시는 부처님입니다.
멸도란 제도해서 열반에 들게 하라는 것입니다. 그렇다면 멸도하지 말라는 얘기일까요? 아닙니다. 오히려 멸도하라는 겁니다. 그것도 적극적으로 말입니다. 내 주변에 있는 사람들을 전부 제도해서 열반의 세계에 들게 하라는 겁니다.

행하는 것이 아무 것도 없는 것을 악공惡空이라고 합니다. 무한가능성의 세계인 공空을 허무한 것으로 파악하여 빠져 있는 겁니다. 그러니 행하긴 행하지만, 행하면서도 행하는 게 없는 자리로 들어가야 합니다. 행하는 게 남아 있으면 그건 아상·인상·중생상·수자상의 세계입니다.

그런데 재미난 것은, 실로 법이 있지 않다는 것입니다. 법이 있지 않다는 것은 상대적인 객관세계를 따로 두지 않는 것입니다.
보시를 하더라도 내가 누구에게 보시를 했다는 마음이 남아있으면, 그건 보살로서 아무런 가치가 없는 것입니다. 그런 법이 있지 않은 겁니다. 내가 뭘 했다는, 그런 자기만족이 남아있지를 않습니다.

그렇기 때문에 실로 법이 있지 않기에 보살이라 이름하는 것입니다.

세상 일체법이 다 불법이지만, 어디에도 아상·인상·중생상·수자상이 본래 없는 것입니다. 있다고 한다면 부처님생명밖에 없습니다.

그런데 요새 가끔 '내가 이 땅에 불국토를 건설하리라.'고 주장하는 묘한 사람들이 등장하곤 하지요? 불국토를 건설한다는 게 불국토를 장엄한다는 것과 마찬가지입니다.
불국토를 건설한다는 것은, 불도저는 얼마만큼 있어야 하고 크레인도 얼마만큼 있어야 하고 시멘트도 얼마만큼 있어야 되겠다고 하는 건설현장은 아니겠지요?

장엄이란 것은 아주 장식을 좋게 한다는 것입니다.
다시 말해서 어두운 방을 아주 환한 방으로 바꿔야겠는데, 그러려면 등불을 켜는 방법밖에는 없습니다.
그렇다고 등불이 새삼스럽게 '이 방을 밝게 해야겠다.'고 하는 것도 아닙니다. 등불은 그저 밝아지면 그만인 겁니다.

가정생활을 하더라도 좋은 집안으로 만들어야겠다는 마음은 있습니다. 그런데 좋은 집으로 만드는 것은 내 마음이 밝아지는 것 밖에 없습니다.
내가 그대로 보살로 바뀌고 부처로 되는 것 말고 우리 집을 바뀌게 하는 것은 없습니다. 내가 밝아지면 내 주변이 제대로 밝아지는 것입니다.

잘 생각해 봅시다.

나와 남이 대립되어 있습니다. 그래서 부처님께서 나와 대립되어 있는 모든 중생을 멸도에 들도록 하라고 하셨습니다. 그러나 내가 그 많은 중생을 멸도에 들도록 했지만, 한 중생도 멸도된 바가 없습니다.

멸도에 들기는 들었으니 누군가가 바뀌기는 바뀌었습니다.
자, 그럼 누가 바뀌었을까요?

내가 살고 있는 주변에 많은 중생이 있습니다. 악한 사람도 있고, 잘난 사람도 있고, 착한 사람도 있고, 남자도 있고, 여자도 있으며, 늙은 사람도 있고, 젊은 사람도 있습니다. 이렇게 많은 종류의 중생들을 하나도 남김없이 모두 무여열반에 들도록 해서 멸도에 들게 했습니다.

그런데 실로는 멸도에 든 중생이 한 사람도 없다고 합니다.
어찌된 걸까요?
이 말은 바뀐 사람은 나이고 다른 사람은 바뀐 바가 없다는 말과 같습니다. 다시 말하면 내가 바뀌려고 해야지, 내 밖의 다른 사람을 바꾸려고 하지 말라는 겁니다.

어째서 남을 바꾸려고 하지 않는 것일까요?
남들도 모두 부처님생명을 살고 있기 때문입니다. 이 세상 모든 사람이 내 눈에는 중생처럼 보일지 모르지만, 그러나 그 근본을 보면 모두 부처님생명을 살고 있습니다.
때문에 나에 의해서 새삼스럽게 열반에 들 중생이 없어요.

이것을 우리가 항상 명심해야 합니다. 나에 의해서 교화될 사람은 하나도 없습니다.

누군가를 보고 나쁜 사람이라고 생각하는 것은, 내가 상대방을 좋은 사람으로 만들어야겠다는 생각이 이미 마음속에 있기 때문입니다.
그러나 내가 좋은 사람으로 만들어야 될 사람은 한 사람도 없습니다.
모두 본래부터 부처님생명을 살고 있기 때문입니다.

그러한 모든 사람이 좋은 사람이 되게 하는 방법은 그 사람들을 모두 부처님생명으로 볼 수 있도록 내가 바뀌는 것 말고는 없습니다.
내가 바뀔 때 세상이 바뀌고, 내가 바뀔 때 이웃이 바뀌고, 내가 바뀔 때 가족이 바뀝니다.

우리는 흔히 나 아닌 내 주위의 다른 사람이 밉다고 생각합니다.
동네 사람들, 시어머니, 남편 등을 밉다고 생각하지만, 사실 우리가 미워해야 할 만큼 나쁜 사람은 하나도 없습니다.
그러면 나와 맞지 않는 사람과 좋게 지내려면 어떻게 해야 하나요?

내가 바뀌는 방법밖에는 없습니다. 내가 가지고 있는 입장을 바꾸는 것입니다. 우리는 각자 가지고 있는 나름의 이유와 조건이 있고, 나름의 가치관이 있으며 모두 자신을 위해서 삽니다.
그런데 부처님께서는 나를 위해서 사는 입장들을 버리라고 말씀하십니다. 내가 나를 위해서 살아야겠다는 입장을 모두 버리는 것이 바로 내가 가지고 있는 마음을 항복받는 것입니다.
나를 위주로 해서 일으키는 많은 생각은 모두 항복받아야 할 것뿐입니다.

이와 같이 주관과 객관의 대립이 없는 세계가 아미타입니다. 그리고 이 아미타의 세계에 들어가려니까, 지금의 내가 중생세계라고 생각하는 그 모두를 부정할 수밖에 없습니다.
그래서 부처님은 이런 사람을 참된 보살마하살이라고 찬탄하십니다.

"수보리야, 어떻게 생각하느냐? 여래가 육안肉眼이 있느냐?"
"그렇습니다. 세존이시여, 여래께서는 육안이 있습니다."
"수보리야, 어떻게 생각하느냐? 여래가 천안天眼이 있느냐?"
"그렇습니다. 세존이시여, 여래께서는 천안이 있습니다."
"수보리야, 어떻게 생각하느냐? 여래가 혜안慧眼이 있느냐?"
"그렇습니다. 세존이시여, 여래께서는 혜안이 있습니다."
"수보리야, 어떻게 생각하느냐? 여래가 법안法眼이 있느냐?"
"그렇습니다. 세존이시여, 여래께서는 법안이 있습니다."
"수보리야, 어떻게 생각하느냐? 여래가 불안佛眼이 있느냐?"
"그렇습니다. 세존이시여, 여래께서는 불안이 있습니다."

―――

須菩提 於意云何 如來有肉眼不 如是世尊 如來有肉眼 須菩提 於意云何 如來有天眼不 如是世尊 如來有天眼 須菩提 於意云何 如來有慧眼不 如是世尊 如來有慧眼 須菩提 於意云何 如來有法眼不 如是世尊 如來有法眼 須菩提 於意云何 如來有佛眼不 如是世尊 如來有佛眼

부처님의 눈

부처님 눈에는 부처님만 보인다고 하지요? 그야말로 부처님이란 분은 어떤 분인지를 설명하는 데 있어서 핵심을 찌르는 말입니다.
눈으로 바라보는 세상이나 사물 또는 사람은 당사자의 수준을 뛰어넘지 못합니다. 자신의 생명내용만큼 바라볼 따름입니다.
그래서 그런 안목眼目을 다음과 같이 다섯 가지로 나누곤 하였습니다.

육안肉眼이라는 것은, 보통 인간이 갖고 있는 눈을 의미합니다.
겉에 나타난 것만 보고 책장을 넘기면, 그 뒤의 것까지는 보지 못합니다. 현미경처럼 미세한 것을 보지도 못하고, 조금만 거리가 떨어져도 망원경처럼 제대로 보지도 못합니다. 이렇게 제한을 많이 가지고 있는 눈이 육안입니다.

천안天眼이라고 하는 것은, 하늘세계의 사람들이 가지고 있는 눈입니다.
인간들이 육안으로 볼 수 없는 것까지 그대로 보고 먼 거리에 있는 것도 본다든지, 투시를 해서 봉투 속에 있는 것이 보인다든지 금고 속에 뭐가 있는지 보인다든지, 또 몸속의 어떤 내장 기관들이 보인다든지 하는 게 천안입니다.

혜안慧眼이라고 하는 것은, 이른바 나한羅漢들이 갖고 있는 눈입니다.

이 세상의 모든 것들이 본래부터 평등하다는 것을 보는 지혜의 눈입니다.

법안法眼이라는 것은, 보살들이 갖고 있는 눈입니다.
이 보살들은 일체 모든 중생을 남이라고 보지 않습니다. 혜안은 공空에 빠져 완전히 평등한 세계만 볼뿐, 평등 속에 차별이 있는 것까지는 못 봅니다.
그런데 이 법안을 가지고 계신 분들은, 평등 속의 차별을 보고 차별 속의 평등을 보는 분들입니다. 이게 법안입니다.

불안佛眼은 당연히 부처님이 갖고 있는 눈이지요.
따라서 육안·천안·혜안·법안·불안 그랬지만, 부처님은 그런 것까지도 초월해서 온 우주법계에 크거나 작거나 간에, 일체 모든 것을 다 부처님으로 보는 눈입니다. 이는 부처님이 보시지 못하는 건 하나도 없다는 의미입니다.

"수보리야, 어떻게 생각하느냐?
저 항하 가운데 있는 모래를 여래가 말한 적이 있느냐?"
"그렇습니다. 세존이시여,
여래께서는 그 모래를 말씀하셨습니다."
"수보리야, 어떻게 생각하느냐? 저 한 항하 가운데 있는 모래 수와 같은 항하가 또 있어서, 이 모든 항하에 있는 바 모래 수 만큼의 불세계佛世界가 다시 있다면 얼마나 많겠느냐?"
"몹시 많습니다. 세존이시여."
부처님께서 수보리에게 이르셨다.
"저 국토 가운데 있는 바 중생의 가지가지 마음을 여래가 다 아느니라. 어찌한 까닭이냐? 여래가 말한 바 모든 마음이 다 마음이 아니요, 그 이름이 마음인 까닭이니라. 왜냐하면 수보리야, 지나간 마음도 얻을 수 없으며 현재의 마음도 얻을 수 없으며 미래의 마음도 얻을 수 없느니라."

―――――

須菩提 於意云何 如恒河中所有沙 佛說是沙不 如是世尊 如來說是沙 須菩提 於意云何 如一恒河中所有沙 有如是沙等恒河 是諸恒河所有沙數 佛世界 如是寧爲多不 甚多世尊 佛告須菩提 爾所國土中 所有衆生 若干種心 如來悉知 何以故 如來說諸心 皆爲非心 是名爲心 所以者何 須菩提 過去心不可得 現在心不可得 未來心不可得

마음은 있는가

갠지스강에 있는 모래 수만큼이라는 것은 말로 다할 수 없는 세계죠. 부처님은 이렇게 굉장히 많은 세계를 얘기했습니다.
그랬습니다. 그렇게 한량없이 많은 세계의 중생들이 마음을 안 쓰고 살 수는 없습니다. 한량없는 마음을 쓰면서 사는데, 그 마음들을 부처님이 다 아신다고 하십니다.

아신다는 것은 부처님에게 객관화 된다는 얘기입니다.
그렇지만 객관화 될 수 있는 마음이라면, 이는 진짜 마음이 아니라 망심妄心일 뿐입니다. 망심이기 때문에 볼 수 있는 것이지, 망심이 아니면 볼 수가 없습니다.

비록 마음이라고 그랬지만, 그 마음은 망령된 마음을 얘기한 것이지, 참마음을 얘기한 것이 아닙니다.
'모든 것은 다 마음이 만들었다' 고 하는 그 마음은, 나의 참생명의 마음입니다. 그건 상대가 아닌 절대絕對의 마음입니다.

그러니 마음이라는 게 참으로 있다면 과거의 마음이 있었다든지, 현재의 마음이 있다든지, 미래의 마음이 있을 것이라든지 그래야 합니다.
하지만 과거의 마음은 지나갔기 때문에 없는 것이고, 미래의 마음은 아직 오지 않았으니까 모르는 것이고, 또 현재의 마음은 있을 것 같지만 현재의 마음이라고 잡으려는 순간, 이미 과거의 마음이 되어버리니까 그것도 없습니다.

그래서 나의 참생명의 마음은 그러한 상대적인 마음이 아니기에 무심無心이라고 하는 것입니다. 시간적인 기준으로 이게 내 마음이라고 내놓는 발상 자체가 망령된 마음입니다.

오늘, 부처님생명으로 산다 ⑨

❀ 일상생활 전부가 수행

불자 즉, 보살의 수행은 '상구보리 하화중생'으로 요약됩니다.
위로는 부처님의 지혜를 구하고 아래로는 모든 중생을 교화한다는 뜻입니다.
그리하여 이것은 자리自利와 이타利他의 동시성장을 가능케 합니다.

불자는 결코 자기만의 이익을 위해 사는 것이 아닙니다.
여기에서 이익이라는 말은 반드시 세속적인 의미의 물적 이익만을 의미하지는 않습니다. 넓은 의미의 법이익法利益까지도 불자에게 있어서는 개인의 전유물일 수 없는 것입니다.
불자에게 모든 중생은 본래 한 형제입니다.

그러므로 형제들의 이익을 떠나 자기만의 해탈을 바랄 수는 없습니다.
그리하여 중생의 교화 문제가 나옵니다.
이것은 분명히 남을 이익 되게 하는 것입니다. 남에게 부처님의 교법을 전하여 그들이 결코 육체나 환경의 제약을 받는 불쌍한 존재들이 아니요, 육체 이전, 물질 이전의 절대가치의 주인으로 자각케 하는 일을 벌여가는 것입니다.
이렇게 보면 자리와 이타는 둘로 나뉘어진 듯 착각될 지 모르지만 그렇지가 않습니다.

❀ 최상의 이익

불자에게 있어 최상의 이익은 성불입니다. 진리 그 자체와 합일되어지는 것 말고 불자의 희망이 있을 까닭이 없습니다.
그러나 우리가 언제 진리로부터 분리되어 본 일이 있었던가?
진리는 이미 모든 시간과 공간에 두루하여서 없는 곳이 없고, 없는 때가 없는 절대 보편의 원리입니다. 어느 누구도 이 진리를 떠난 생명을 지닐 수 없습니다.

모든 생명은 그 내용에 있어서 진리의 분신일지언정, 결코 진리와 별개의 존재로 있는 것이 아닙니다.
그러므로 우리 모두는 잠시도 진리를 떠나 있어본 적이 없습니다.

그렇다면 세삼스레 진리와 합일하여야 할 필요가 있는가?
새삼스럽게 진리를 찾아갈 것도, 합일하여야 할 까닭도 없습니다.

그러나 우리가 진리의 분신들이라면 어떠한 의미로도 제약이란 게 있을 까닭이 없으련만, 많은 제약이 우리를 구속하는 이유는 무엇일까요?

우리가 일상생활 속에서 고집하는 나는 가짜 나입니다. 이 나는 너가 아닌 나, 그와 대립하고 있는 나, 모든 중생과 생존경쟁을 벌이고 있는 나입니다.
이러한 나는 진리의 나가 아닙니다. 진리는 본래 하나이므로 진리의 나에게 대립이 있을 까닭이 없건만, 현재의 우리는 대립하는 나를 가지고 있습니다.
진리가 아닌 가짜의 나인데 착각하고 있는 것입니다.

없는 것을 있다고 생각하는 까닭에 망념妄念이라고 합니다. 불자는 이 망념을 잊어버리는 사람들입니다. 그래서 불자의 수행은 '나를 잊어버림' 입니다. '나' 가 잊어버려진 곳에 참나가 그 무한의 공덕을 드러내게 됩니다.

그렇다면 불자에게 있어서 자리自利 즉 상구보리는 무엇을 뜻함일까?
나의 부정이 곧 자리이니 그것은 이타利他와의 합일입니다. 그리고 나의 부정은 곧 모든 중생과의 합일입니다.
이타利他라고 할 때의 타他 곧, 남이 나에게 대립하여 존재한다면 그것은 참 이타일 수 없는 것입니다. 자타의 대립이 아직 남아 있기 때문입니다.
자타의 대립은 곧 생존경쟁의 적대관계를 낳는 것이며, 적대관계가 존속된 상태에서 적인 타인에게 이로움을 준다 함이 어찌 가능하겠습니까? 나와 대립하여 있는 남이 부정되어질 때, 곧 남에게 이로움을 주는 것입니다.

그렇다면 불자의 수행은 어떤 모양을 보이는가?
불자에게 있어서 내가 위하여야 할 나는 곧 부정되어지는 것이니, 나에게 이로움을 준다 함은 곧 남에게 이로움을 주는 일로만 남습니다. 그러나 다시 이 나도 고집할 수 없습니다.
오직 '이익중생' 뿐입니다.

❀ 무한생명체를 양성하는 삶

중생을 이익하게 함이란 무엇인가?
중생 곧 나와 한 형제인 모든 중생과 함께 진리로 돌아가는 것입니다. 나도 깨치고 남도 깨쳐 모두 진리생명을 있는 그대로 구현하는 것입니다.
우리 모두의 생명의 본원이 무한절대임을 깨달아 절대자유의 주인으로 돌아가는 것 말고 자타에게 이익됨이 따로 있을 수 없습니다.

곧 자타일시성불도自他一時成佛道이니, 부처님의 가르침을 받아 읽고 외우며, 남을 위해 풀어 말합니다.
경을 읽고 그것을 나의 생명으로 삼으며 내 형제들에게 법을 전해갑니다.

불자의 수행은 바로 이것입니다.
내 마음을 밝혀서 진리생명이 곧 나임을 끊임없이 깨쳐가며, 내 형제자매들에게 법을 전하는 일 말고 불자의 수행이 따로 없습니다.

중생이 없는 한적한 곳에서 홀로 수행하고 싶은 것이 우리가 흔히 갖기 쉬운 생각이지만, 중생 없는 곳에서는 전법이 불가능합니다.
위타인설爲他人說, 곧 남을 위해 설명하는 일을 빼놓은 수행은 없다는 것을 마음에 새겨서, 내 주변에 중생이 많다는 것은 나의 수행 곧 전법을 위해 지극히 다행스러운 일이라고 스스로 축복하여야 합니다.

우리의 모든 말과 행동이 내 주위의 형제들에게 전법을 실천하는 길이라 믿고 불자답게 살아갑시다. 전법 말고는 불법 수행이 따로 없으니 말입니다.

"수보리야, 어떻게 생각하느냐?
만약 어떤 사람이 삼천대천세계에
가득 찬 칠보를 가지고 보시에 쓴다면,
그 사람이 이 인연으로 얻는 복이 많다 하겠느냐?"
"그러합니다. 세존이시여, 그 사람은 이 인연으로
몹시 많은 복을 얻겠습니다."
"수보리야, 만약 복덕이 실다움이 있다면
여래가 복덕 얻음이 많다고 말하지 않겠지만,
복덕이 없기 때문에 여래가 많은 복덕을 얻는다고 말하느니라."

———

須菩提 於意云何 若有人滿三千大千世界 七寶以用布施 是人
以是因緣 得福多不 如是世尊 此人以是因緣得福甚多 須菩提
若福德有實 如來不說得福德多 以福德無故 如來說得福德多

복福은 닦는 것

세상을 사는데 자유로움의 범위가 복덕입니다. 육신적인 자유로움도 있고 환경에서 오는 자유로움도 있습니다. 그러나 경제적 혹은 사회적인 복덕이란 것에 정말 실다움이 있느냐 하면 실다움이 있을 수가 없습니다.

우리들의 참생명이 부처님생명·절대무한생명이니까 그 자체에 공덕이 있을 뿐, 밖에서 누군가 나한테 보태주기 때문에 자유로워지는 건 있을 수가 없습니다.

그래서 복덕이 지금 있느니 없느니 하는 것은, 참으로는 없는 복덕을 말하는 것입니다. 왜냐하면 있었던 것은 끝내 없어져 버리기 때문입니다. 아무리 많다고 하더라도 없어져버리는 것입니다.

있던 게 없어져 버리는 법은 절대 없습니다. 없는 게 없는 제 모습을 드러내는 것뿐입니다.
우리가 몸뚱이를 가지고 살다가 죽는 것도, 살아 있다가 죽는 거라고 생각을 하지만 살아 있는 생명이 죽는 법은 절대 없습니다. 본래 죽었던 게 죽은 모습을 그대로 드러내는 것입니다. 그게 우리가 죽었다고 이야기하는 겁니다.

우리의 참생명은 불생불멸不生不滅입니다.
이 세상에 태어난 법도 없고, 죽는 법도 없는, 시간적으로 영원한 참생명입니다. 없어지는 것이 없습니다. 모든 법은 여여如如하고 바뀌지 않습니다.

그렇지만 우리 육신이라는 것은 반드시 죽습니다. 왜냐하면 육신은 본래부터 죽어 있는 겁니다. 이 육신은 생명이 있는 게 아니기 때문입니다.
우리는 자꾸 육신에 생명이 있다고 생각해서 육신이 죽는다고 말하지만 육신이 죽는 것이 아닙니다. 본래 무생물인데, 그것이 생명이 있는 것처럼 모습을 임시로 드러냈다가 인연이 다하게 되면 죽는 모습을 보이는 겁니다. 본래 생명이 없는, 제 모습을 드러내는 겁니다.

그와 마찬가지로 복덕이라고 하는 것도 본래 무량복덕입니다.
본래 무량복덕이라는 것은 문자 그대로 본래부터 무량합니다. 어떤 조건 때문에 나타나는 복이 아니라 본래부터 무조건적으로 무량한 복덕입니다.

그런데 부처님이 말씀하시는 바처럼, 세상에 꽉 차있는 칠보를 가지고 보시를 하면 그에 따르는 복을 얻습니다. 하지만 이것은 어떤 조건이 있어서, 그 조건에 의해서 나한테 어떤 이익이 오는 것처럼 나타나는 현상에 지나지 않습니다.
 따라서 그것은 참으로 있는 것이 아닙니다. 무슨 복이 있느니 없느니

쓸데없이 이런 이야기를 할 필요가 없습니다.

참생명은 본래부터 무량복덕입니다.
나의 참생명이 본래부터 부처님생명이란 말은 내 참생명이 본래부터 무량복이란 말입니다. 그러니까 무량복인 것만 드러내면 되는 겁니다. 나무아미타불로 극락세계를 실현시킨다고 했는데, 극락세계는 절대무한의 세계, 모든 것이 이미 이루어져 있는 세계, 일체 모든 것이 나인 세계입니다. 나무아미타불로 일체 모든 것이 나인 세계가 실현되는데, 거기에 다시 무엇을 가져다 붙이고, 무슨 복을 더 얻어오고 할 것이 있겠습니까?

복福이란, 우리가 닦아가는 것[修福]입니다. 그 닦은 결과가 나에게 돌아오는 것을 취하는 것도 아닙니다.
닦는다는 말은 복을 닦는 그 자체가 완성이고 성취인 것이지, 다시 어떤 결과를 바라는 것이 아닙니다. 닦아가고 있는 것이 참생명의 모습을 드러내고 있는 겁니다.

그렇기 때문에 행복을 추구한다고 하지만, 부처님 가르침으로 보게 되면 행복은 어디 밖에서 새삼스럽게 오는 게 아닙니다. 이미 있는 행복을 발견해 나가는 겁니다.
그러니까 불교를 믿는다면서, '저는 언제나 복을 받겠습니까?' 하고 묻고 다닌다면, 그것은 나의 참생명인 부처님생명을 믿지 않는다는 증명일 뿐입니다.

복은 받는 게 아니에요. 지금 있는 이 자리에 이미 무량한 복이 있다는 것을 발견하는 것이고, 또 복이 있다는 것을 발견한다는 것은 구체적으로 복을 닦아가는 겁니다.

그럼 복을 닦으려면 어디서 닦아야 할까?

환경이 좋은 데서는 좀체로 복이 닦여지질 않습니다. 역설적이게도 정말 복을 닦기 위해서는 환경이 거칠거나, 거스르는 사람이 있어야 복을 닦을 수 있습니다.
복福과 지혜智慧는 다른 것이 아니기 때문입니다.

지혜를 이야기할 때, 칼에 비유해서 지혜검을 말합니다. 칼이란 것을 제대로 쓰려면 갈아야 합니다. 칼은 어디다 갈아야 되죠? 칼은 제 몸을 상하게 하는 숫돌에 대고 갈지 않으면 날이 서질 않습니다.
마찬가지로 우리가 이 세상을 살면서 지혜가 밝아지고, 그래서 내가 본래부터 무량 공덕생명인 부처님생명을 살고 있다는 사실을 알아차리려면, 내 환경이 거칠어야 됩니다.
내 환경이 순리대로 펼쳐지고 모든 것이 뜻대로 된다면, 지혜고 복이고 하나도 닦을 수가 없습니다. 뜻대로 다 된다는 것은 중생의 탐심, 진심을 만족시키는 것밖에는 안 되는 겁니다.

어디 가서 운명 판단이나 받으려고, '언제부터 좋아지겠습니까?' 이렇게 물어보는데, 참으로 한심한 이야기입니다.

어떤 사람이 항상 '그저 일 안하고, 밥이나 실컷 먹고, 낮잠만 늘어지게 잤으면 좋겠다.'는 소원을 세웠어요. 그러다 죽었습니다.

자, 그 사람은 누구 뱃속에 들어갔겠어요?

그런 원을 세우면 돼지 뱃속에 들어가는 겁니다. 죽은 다음에는 몸뚱이를 못 보니까 일도 안하고, 밥만 먹고, 낮잠이나 자고 싶다는 원을 세운 사람이 들어가는 곳은 돼지 뱃속밖에 없습니다.

그렇다면 '언제부터 좋아지겠습니까?' 하는 물음의 속내는 무엇입니까?

'언제가 되면 내가 축생畜生 같은 생활을 할 수 있겠습니까?' 그래서 '언제나 복을 닦을 수 없겠습니까?' 하고 묻고 있는 것이지요.

그러니까 얼핏 보면 복이 제일 많은 것 같지만 그런 것은 결코 복이 아닙니다. 복이라고 하는 것은 정말 닦아 가는 것이지, 어떤 달콤한 결과가 있어서 나에게 다가오는 게 아님을 여기서 말하고 있습니다.

그래서 복이 실다움이 있다면 얻음이 많다고 말하지 않는다는 것입니다.

복은 얻는 것이 아닙니다.

닦는 것입니다.

"수보리야, 어떻게 생각하느냐?
여래를 구족具足한 색신色身으로써 볼 수 있겠느냐?"
"아닙니다. 세존이시여,
여래는 마땅히 구족한 색신으로써 볼 수 없습니다.
왜냐하면 여래께서 말씀하시는 구족한 색신은
곧 구족한 색신이 아니고, 그 이름이 구족한 색신입니다."
"수보리야, 어떻게 생각하느냐?
여래를 가히 모든 상이 구족한 것으로써 볼 수 있겠느냐?"
"아닙니다. 세존이시여,
여래는 모든 상이 구족한 것으로써 볼 수 없습니다.
어찌한 까닭인가 하면, 여래께서 말씀하신 모든 상의 구족함이
곧 구족함이 아니고, 그 이름이 모든 상을 구족함입니다."

須菩提 於意云何 佛可以具足色身見不 不也 世尊 如來不應以具足色身見 何以故 如來說具足色身 即非具足色身 是名具足色身 須菩提 於意云何 如來可以具足諸相見不 不也 世尊 如來不應以具足諸相見 何以故 如來說諸相具足 即非具足 是名諸相具足

부처님의 몸

세상 사람들은 부처님의 드러난 몸인 색신色身의 겉모양만 탐착을 하죠. 그래서 '어떻게 하면 저렇게 잘 생길 수 있을까? 복덕의 극치가 부처님의 색신인데 어떻게 하면 저런 색신을 가질 수 있을까?' 하는 생각을 하는 겁니다.

그런데 사실은 부처님이 구족한 색신을 갖게 된 원인을 알아야 합니다. 어떻게 해서 부처님이 저런 색신을 가졌느냐? 부처님의 구족하신 색신을 32상이라고 칭하는데, 32상은 겉모양으로만 나타난 32상이 아니라, 그 내면에 있는 32가지의 청정행清淨行을 봐야 합니다.

청정이란 것은 순수생명을 말합니다. 그러니까 청정행이란 순수생명의 행동입니다. 순수생명에서는 대립이 없죠. 대립이 없으니까 저절로 눈, 귀, 코, 혀, 몸 등의 다섯 가지 기관[五根]마다 완전한 생명가치인 여섯 가지의 바라밀[六波羅蜜]을 행합니다.
육바라밀六波羅蜜은 다음과 같이 간단히 요약할 수 있습니다.

첫째는 보시布施입니다.
자기 주변의 모든 사람을 적으로 보지 않고, 고마운 분들로 보는 까닭에 그들로부터 빼앗고자 하는 마음을 갖는 것이 아니라, 그들에게 주는 마음으로 살아갑니다.

둘째는, 지계持戒입니다.

자기 방어가 필요 없는 상태에 있으니, 진리에 어긋나는 행동을 할 이유가 없습니다. 법률 또는 규칙이 어긋나게 행동하거나 서로의 약속을 어기지 않고, 신의를 지키는 삶을 삽니다.

셋째는, 인욕忍辱입니다.

이미 부처님의 위신력으로 상대적인 현상 내지 가치관 모두가 부정되니 나를 내세울 이유가 없습니다. 명예심은 이미 극복되고 자기중심적 사고방식 모두가 말끔히 씻어진 상태입니다.

넷째는, 정진精進입니다.

부처님의 위신력을 드러내지 못함을 송구스럽게 생각하면서, 마음을 밝히는 공부를 게을리 하지 않습니다. 항시 부처님의 위신력을 생각하고, 그에 감사하는 시간을 계속 갖습니다.

다섯째는, 선정禪定입니다.

자기중심적 사고방식 또는 가치관이 부정되어진 상태에서는 나를 움직일 힘이 내 밖에 따로 있을 수 없습니다. 내가 바로 생명의 주인인 자리가 드러납니다. 나의 참생명은 부처님생명이기에 어떠한 경계에도 흔들리지 않습니다.

여섯째는, 지혜智慧입니다.

일체의 근본 진리 및 세간의 모든 차별상을 진실 그대로 아는 밝음이 드러납니다.

결국 5根 × 6波羅行 = 30淸淨行 이 되고, 여기에다가 의근意根으로 무상無相과 무위無爲를 닦아서, 32가지의 청정행이 됩니다.

이렇게 석가모니부처님이 32상을 갖추었다는 것을 다른 말로 하면, 그 어른이 32청정행 자체라는 말입니다. 그 어른이 32청정행으로 살고 계신 겁니다. 32청정행으로 살고 계신 것이 겉모양으로 보니까 32상의 거룩한 모습으로 보이는 거죠.

그러면 우리가 32상을 갖추고 계신 부처님의 색신을 공경한다는 말은 어떤 의미입니까? 그 말은 32청정행을 공경한다는 말이고, 부처 되겠다는 말을 다른 말로 하면 32청정행으로 세상을 살겠다는 말이나 마찬가지입니다.
한마디로 얘기하면 육바라밀로 사는 겁니다. 그런데 이 상相이란 것도 결국은 부처님의 몸 전체를 색신이라고 했지만, 그 상을 32가지로 나누었을 때 32상이 되는 거죠.

부처님은 완벽하십니다.
완벽하신 것은 그 분이 법신 그 자체로 살고 계시기 때문이죠. 법신은 진리의 몸이죠. 우리도 진리의 생명을 살고 있어요.
나의 참생명도 진리생명입니다. 나의 참생명이 진리생명이건만 그 진리생명대로 살지 못했죠. 생명의 원리에 어긋나게 살았어요. 생명의 원리에 어긋나게 산 현상이 지금의 못난이 얼굴로 나타나 있는 겁니다.
그런데 부처님은 생명의 원리 그대로 법신대로 사셔서 32상으로 완벽히 나타나신 거니까, 32상이라는 그 자체가 따로 있을 수 없습니다.

여기서 우리가 생각할 수 있는 것은, 부처님의 32상이라는 것은 32상이 나타나는 결과가 중요한 게 아니라, 32상을 가져온 과정이 중요하다는 것입니다.
따라서 우리가 부처님을 신앙信仰한다는 것은, 부처님을 따라서 배우는 것이고, 부처님을 따라 배우는 것은 언제나 주는 마음으로 살아가는 것입니다.

세상살이에 화합이 잘 안되고 시끄러운 이유는 간단합니다. 서로가 받으려는 마음으로만 살아서 그렇습니다.
남편은 아내에게, 아내 역시 남편에게 계속 받고 싶어 합니다. 부모는 부모대로 자식한테 효행을 받고 싶고, 자식은 자식대로 부모에게 유산이나 자애로움을 받고 싶어서 애씁니다.
친구 간에도 의리를 앞세우며 서로 받겠다고 야단입니다. 그 받겠다는 마음을 가지고 살고 있기 때문에 이 세상이 섭섭해지는 겁니다.

내가 받고 싶어 하는 마음만큼 누가 주지를 않습니다. 안 주니까 상대방에 대해서 섭섭한 생각이 나고, 섭섭하니까 강제로 뺏어와야 하는 상황이 되는 것입니다. 뺏는다는 것이 바로 다툼질입니다.

그렇다면 받고 싶은 마음은 어떻게 해야 될까요?

빼앗는 마음, 다투는 마음이 없어야 됩니다. 다투지 않으려면 빼앗지 말아야 되고, 빼앗지 않으려면 받고 싶은 마음이 없어야 됩니다. 금강경에서는 '주는 마음'으로 바꾸라는 겁니다. 이제부터 주는 마음으로 바꾸어 가는 겁니다.

운명전환의 원리

불교는 무엇을 말하는 것이냐면, 바로 부처가 되는 것입니다.
부처 된다는 것은 현재 내 상태를 유지하는 것이 아닌, 현재의 내가 바뀌어서 부처가 되는 것입니다. 바뀌는 겁니다.
그러니까 불교라는 것은 내가 바뀌는 공부를 하는 것입니다.

이렇게 업행개조業行改造를 합니다.
중생인 줄 알았는데 지금 부처님생명으로 살아갑니다. 곧 내 업을 바꾸어갑니다.

나에게 답답한 일이 벌어지고 있고, 병이 생겼고, 하던 일이 잘 안 되고, 재수가 없고, 남들로부터 구설이 생겼고, 그러면서 '왜 나한테만 삼재三災가 들었나?' 라고 생각하지 않습니다.
부처님생명을 살고 있는데 무슨 삼재가 새삼스럽게 들겠습니까?
조상의 산소자리나 이사 간 집이 나빠서 그런 게 아닙니다. 안 좋은 일이 있게 되면 얼른 자기 자신을 반성해야 합니다.

'아! 이 기회에 내가 바뀌어야 되겠구나!' 하면서 바라밀로 바꾸는 것입니다.
중생업衆生業으로부터 보살업菩薩業으로 바꾸는 겁니다.
그렇게 나를 바꾸어 나가는 것이지요. 내가 바뀌면 어찌 된다 했습니까? 그렇습니다. 세상이 다 바뀐다 했습니다.

그렇기 때문에 누구하고 다툴 것이 하나도 없게 됩니다. 무슨 일이 벌어지든 간에 얼른 '아! 나보고 바꾸라는 얘기구나!' 하면서 나를 바꾸어 갑니다.

나를 바꾸는 공부를 하는 것이 바로 '바라밀波羅蜜' 입니다.

금강경이 그것입니다.

금강경을 읽으면 복을 많이 받는다는 얘기를 듣고서 '엄청나게 읽었는데도 복권당첨이 왜 안 되는가' 라고 하는게 아닙니다. 금강경을 읽음으로 해서 내가 바뀌어가는 공부를 하는 것입니다.

참으로 인생은 결론이 없습니다. 인생은 영원한 과정입니다. 매 순간 순간의 과정을 내가 '어떻게 살아가느냐?' 하는 것입니다.

그래서 수보리존자가 '아닙니다. 세존이시여, 여래는 모든 상이 구족한 것으로써 볼 수 없습니다.' 하신 것입니다.

매 순간마다 언제나 스스로를 부처님으로 대접합니다. 또한 내가 만나는 모든 사람을 다 부처님으로 봅니다.

나 자신을 부처님으로 보기 때문에 내가 하는 행동에 그릇됨이 하나도 있을 수가 없는 것이고, 내 주변사람을 전부 부처님으로 보기 때문에 내 밖에 있는 사람이 전부 내 스승으로 보이는 겁니다.

어디에 내가 원망할 사람이 있고, 미워할 사람이 있고, 헐뜯을 사람이 있고, 걷어찰 사람이 있고, 싸울 사람이 있겠습니까?

하나도 없습니다. 그것을 드러내는 것이 바로 금강경입니다. 금강경 법문을 들은 대로 살게 되면 그렇게 되는 것입니다.

아무리 역경처럼 보이는 환경이 내 앞에 다가오더라도 그로 인해 내가 파멸되는 법은 절대 없습니다.
나의 참생명은 부처님생명입니다. 그 순간을 내가 부처님생명으로 사는 것입니다.
'금강경이 있는 곳이면 모든 천인 아수라가 와서 공양하기를, 부처님 계신 곳과 조금도 다름없이 한다.'고 했습니다. 그렇기에 절대로 환경이 나빠서 지금 파멸한다는 생각을 갖지 말아야 합니다.

다들 시계를 가지고 있을 겁니다. 그런데 그 시계는 어떤 원리로 돌아가나요? 네, 톱니바퀴로 돌아갑니다.
여기서 재미난 질문을 하겠습니다.
'톱니바퀴가 돌아갈 때에 맞물려 있는 톱니바퀴는 같은 방향으로 돌까요, 다른 방향으로 돌까요?' 잘 알다시피 반대로 도는 톱니바퀴가 상대에게 힘을 줍니다.
그와 마찬가지입니다. 직장을 나가든 회사를 경영하든 식구끼리 살든, 세상을 살아가는 데 있어 내게 거슬리고 있는 사람이 바로 나에게 힘을 주는 사람입니다. 그것을 모르면,
'왜 저 사람이 자꾸 나를 거슬리나? 저 나쁜 사람! 아이고 내가 전생에 무슨 원수를 지어서 저 사람을 만났을까?'
그런 생각을 하게 되는데 이것은 어리석은 겁니다.
그럴 때 얼른 금강경을 읽으세요.

금강경을 읽으면 틀림없습니다.
나의 참생명이 부처님생명이니까요.

금강경을 읽는 사람의 공덕이 그렇게 큽니다. 금강경을 읽으니까 별안간에 어디서 복이 산더미처럼 굴러 들어온다는 게 아닙니다.
금강경을 읽게 되면 금강반야의 지혜가 드러나게 되고, 지혜가 드러나면 문제의 연속인 우리 인생에서 그 문제를 해결할 수 있는 능력이 발휘됩니다.

또한 지혜가 밝아지면 밝아질수록, 이 세상이 본래부터 불국토佛國土였다는 것을 알게 됩니다. 본래부터 나는 극락정토極樂淨土에 살고 있었다는 것을 알게 됩니다.
그런데 거기에서 무엇을 새삼스럽게 구할 것이 있겠습니까?
내가 할 일은 부처님생명을 사는 사람답게, 내 주변에 있는 모든 사람들을 도와주는 인생을 살겠다고 하는 것입니다. 왜일까요? 이 세상 사람은 전부 나의 생명내용이고, 내 밖에 남은 하나도 없으니까! 그렇게 살아나가는 것이지요.

"수보리야, 너는 여래가 생각하기를 '내가 마땅히 설한 바 법이 있다'고 말하지 말라. 이런 말하지 말지니, 어찌 한 까닭이냐?

 만약 어떤 사람이 말하기를 '여래가 설한 바 법이 있다'고 한다면, 이는 여래를 비방함이 되나니, 내가 설한 바를 알지 못하기 때문이니라. 수보리야, 법을 설한다는 것은 법이 없음을 가히 말하는 것이니, 그 이름이 법을 설함이니라."

 그때 혜명慧命 수보리가 부처님께 말씀드렸다.

"세존이시여, 자못 어떤 중생이 미래세에 이 법 설하심을 듣고 믿는 마음을 내오리까?"

 부처님께서 말씀하셨다.

"수보리야, 저들은 중생이 아니며 중생 아님도 아니니, 어찌한 까닭이냐? 수보리야, 중생·중생이라 하는 것은 여래가 중생 아님을 말하는 것이니, 그 이름이 중생이니라."

―――――

須菩提 汝勿謂如來作是念 我當有所說法 莫作是念 何以故 若人言如來有所說法 則爲謗佛 不能解我所說故 須菩提 說法者 無法可說 是名說法 爾時慧命須菩提白佛言 世尊 頗有衆生於未來世聞說是法 生信心不 佛言 須菩提 彼非衆生 非不衆生 何以故 須菩提 衆生衆生者 如來說非衆生 是名衆生

누가 설법하는가

지금 부처님이 법문法門을 하고 계십니다. 그런데 법을 설한 게 있다고 하거나 법문하고 있다고 생각하지 말라고 하십니다.
왜 그럴까요?
법문이 무엇이기에 그렇습니까?

지금까지 얘기한 것으로 보면, 불법佛法이란 결국 나를 찾아가는 것입니다. 참생명이 부처님생명이니까, 부처님생명인 참생명을 실현시키겠다는 겁니다.

참생명을 찾아가기 위해서 지금까지 '거짓 나'로 살았던 그 나를 내어버리는 것입니다. 불법을 배우는 것은 나를 배우는 것이고, 나를 배우는 것은 나를 잊어버리는 것이라고 했습니다.
그렇기에 지금 남들과 대립하고 지내는 나, 운명 속에 갇혀 있다고 생각하는 나, 어리석은 나, 그 나를 내어 버리도록 일러주시는 것이 부처님의 법문인 것입니다.

그러니까 '네가 무엇이 좀 부족하니까 밖에서 얻어다 붙여라!'가 아닙니다.
'네가 본래부터 부처님생명을 살고 있는데, 부처 노릇을 못하는 것은 가짜인 너에게 속는 것이니, 그것을 내어 버려라!'고 하는 것이 부처님의 법문입니다.

따라서 부처님이 법을 설했다면, 법이라는 원리가 밖에 있어서 그 밖에 있는 원리를 갖고 내 생명에다 붙이라는 것은 말이 안 됩니다. 내 참생명의 원리는 내 내면세계에 있는 원리이고 내 안에 있는 법칙이지, 밖에 있는 것이 아닙니다.

그래서 부처님께서 새삼스럽게 법을 설하실 것이 없습니다. 만약에 부처님께서 법을 설하고 계시다면, 다시 말해 법을 설하시는 부처님이 계시고 부처님이 설하시는 법이 따로 있는 것이라면, 그것은 주관과 객관의 대립이 되어서 참된 진리인 법이라고 할 수 없을 것입니다.

참된 진리는 대상화 될 수가 없고 객관화 될 수가 없습니다.
객관적으로, 혹은 대상적으로 판단하는 그런 것은 진리가 아닙니다.
참 진리는 생명 그 자체인 것입니다.
그러니까 부처님이 특정한 법을 설한다는 말은 있을 수가 없습니다.
왜냐하면 부처님의 일거수일투족 모두가 법 아닌 게 없기 때문입니다.

'**수보리야 법을 설한다는 것은 법이 없음을 가히 말하는 것이니**'라고 하신 부처님의 말씀처럼, 진리는 객관세계인 나의 밖에 따로 있지 않다는 점을 확실하게 알아야 할 것입니다.

불교 이외의 다른 종교는 내도內道가 아닌 외도外道를 말합니다.

내도內道라는 것은 내 안에서 진리를 찾는다는 말이고, 진리를 찾는다는 것은 본래 진리를 살고 있다는 것을 드러내는 것입니다.
외도外道라고 하는 것은, 내 밖에 어떤 진리가 있는 것이며, 내 밖에 어떤 가치가 있는 것이고, 내 밖에 어디 좋은 세상이 있는 것이고, 또한, 내 밖으로부터 어떤 때가 되면 특별히 복이 많이 오는 때가 있다고 생각하는 것이 외도인 것입니다.

그런데 부처님은 그게 아니라고 말씀하십니다. 나의 참생명이 원래부터 부처님생명이기에 법이 내 밖에 따로 없습니다. 객관적인 진리가 따로 없습니다.
'**법을 설한다는 것은 법이 없음을 가히 말하는 것이니, 그 이름이 법을 설함이니라.**'고 했습니다.
그러니 부처님께서 법을 설하신 것이 있다고 한다면, 의도와 상관없이 부처님을 비방하는 것입니다.

그렇다면 한 가지 물어보겠는데, 금강경은 누가 설했나요?
만약에 금강경을 부처님이 설했다고 답하면 부처님을 비방하는 것이 되니, 이거 참 난처합니다.
금강경을 부처님이 말씀하셨다고 하면 부처님을 비방하는 것이 되고, 부처님이 말씀하신 것이 아니라고 하면 법을 비방하게 된다는 말입니다. 그렇지요?

마음 쓰는 법

그런데 고맙게도 부처님이 설하시지 않았다고 하는데, 이 말씀을 중생들이 곡해曲解하지 않을까 걱정한 수보리가 여쭈었지요?
그러자 부처님이 이전까지는 수보리를 장로라고 했는데, 이제 혜명慧命이라고 부르십니다. 혜명이라는 것은 부처님의 지혜를 목숨으로 삼아서 그대로 이어주신 법의 상속자相續者라는 뜻합니다. 동시에 지금 법문 듣고 있는 우리도 불법의 상속자입니다.

이 점을 잊지 맙시다. 이제는 몸뚱이를 나라고 하는 사람이 아닙니다. 지혜가 바로 나의 목숨이라는 것을 아는 사람이 된 것입니다.

미래에 부처님의 말씀을 믿지 않을 중생들을 염려하는 법의 상속자, 수보리를 향해서 부처님이 다음과 같은 말씀을 하십니다.
'수보리야, 저들은 중생이 아니며 중생 아님도 아니니' 이렇게 말입니다.

걸핏하면 나는 중생이고 주변의 사람들도 다 중생이라고 생각하는데, 부처님께서 저들은 중생이 아니랍니다.
왜 중생이 아닐까요?
본래부터 부처님생명을 살고 있는데 어디 중생이 있겠습니까? 이 점을 확실히 아셔야 합니다.

성불한다는 것은 중생이 부처 되는 게 아닙니다.
그럼 누가 부처 되는 것인가요?
바로 부처가 부처 되는 것입니다.
우리의 참생명이 그대로 부처 되는 것이지, 중생이었던 내가 부처로 바뀌는 법은 없습니다.

부처님의 가르침은, '어떻게 복을 얻느냐?'의 문제가 아니라, '어떻게 사느냐?'의 문제에 초점을 맞추고 있습니다. 한마디로 용심법用心法이라는 세 글자로 귀결이 됩니다.
그런데 금강경에서는 나를 꺾어 버리라고 하십니다.
아상我相을 꺾는 겁니다. 아상을 꺾는 게 부처님 가르침입니다. 부처님의 가르침은 모두 나를 앞세우는 아상을 꺾어 버리라는 겁니다.
나는 내가 참으로 있다는 착각 속에서, 탐욕과 성냄 그리고 어리석음을 능사로 합니다.
그런데 부처님생명을 살고 있는 것이 나의 참생명이면, 마치 구름이 벗겨지자 푸른 하늘이 제 모습을 드러내는 것과 마찬가지로, 부처님생명 아닌 중생의 나는 완전히 없어집니다. 중생 노릇도 하고 부처 노릇도 한다는 건 말이 되지 않습니다.

부처님 법문을 듣다 보니, '내가 탐욕과 성냄 그리고 어리석은 마음으로 살아왔구나' 하면서 이것을 얼른 내버려야겠다고 생각합니다.

그렇다면 그런 마음을 없애겠다는 마음은 또 어디서 나오는 겁니까?

그것도 아상입니다. 없애야 되겠는데, 없애는 게 또 나입니다. 그렇게 되니까 아상을 없애는 것처럼 보여도 아상이 다시 드러납니다.

정법正法보다 상법을 좋아하는 것입니다.
상법像法이라는 것은 모양입니다. 겉모습이 비슷하긴 해요. 그러나 겉모양이 비슷하다고 해서 불교라고 할 수는 없습니다.

대표적으로 기복祈福은, 내가 가지고 있는 욕심을 부처님께서 채워주시길 바라는 신앙입니다.
아상을 내 힘으로 꺾겠다는 것 가지고도 삐뚤게 나가는데, 그보다 더 삐뚤게 나가서는 부처님이라고 하시는 어른을 내 욕심이나 채워주는 심부름꾼으로 생각합니다. 욕심은 꺾어 버리고 내버리라고 부처님께서 말씀하셨는데 말입니다.

아상을 아상으로 꺾으려고 하니, 아상을 꺾은 것처럼 보여도 그 아상이 도로 드러납니다. 세속적인 욕심을 채워 주는 분이 부처님인 줄 알고 절에 부지런히 다닌다면, 과연 그런 사람들이 이 금강경을 듣고서 믿는 마음을 낼 것인가? 걱정스럽습니다.

이름이 중생일 뿐

이렇게 인생관과 가치관이 삐뚤어진 시대입니다. 그러니 수보리존자의 눈에는 세상이 중생으로 꽉 차 있는 것처럼 보입니다.
금강경 법문을 듣고서, 그 중생들이 중생을 내버리고 부처가 되겠다는 신심信心을 낼 사람이 있을까를 걱정하는 겁니다.

'기어코 아상을 꺾어서 절대무한의 생명을 실현하겠다.'는 마음이 신심입니다. 더구나 아상을 꺾는 힘은 내 쪽이 아니라, 부처님 쪽에서 나에게 작용되고 있음을 알게 됩니다.

그럼에도 불구하고 세상 사람들은 자신을 중생으로 한정하면서, 중생이 부처 되겠다고 고집을 피웁니다.
그러면서 '나는 중생인데, 중생인 내가 어떻게 부처가 되나? 나는 중생이기 때문에 탐욕도 있고 성냄도 있고 어리석기도 한데 그걸 다 내버리라니...나는 부처가 아닌 중생인데...' 하면서 영원히 중생으로 남아있기를 작정합니다.

수보리존자가 걱정하는 것은, '어떤 중생이 이 법 설하심을 듣고 믿는 마음을 내겠느냐'는 것입니다. 하지만 여태까지의 법문에 미뤄 보면, 중생이 어떻게 믿겠습니까? 중생은 도저히 부처가 될 수 없으니 말입니다.

그런데 이제 보니, 수보리존자가 세상 사람들을 중생으로 보고 있는 것입니다.

그 중생들이 이 금강경 법문을 듣고 믿겠느냐고 하니, 부처님께서 '수보리야, 저들이 중생이 아니며 중생 아님도 아니니'라고 하셨습니다. 참 기가 막히는 얘기입니다.
왜냐하면 눈감고 못 보고 있으니까, 스스로 자기를 중생이라고 우기고 있으니까, 그래서 중생이 아니며 중생 아님도 아니라고 하십니다.

아! 얼마나 답답하면 이렇게 하셨을까?
중생이 아니면 아니고 중생이면 중생이지, 중생이 아니며 중생 아님도 아니라는 것은 무슨 말씀인가?
본래 살기는 부처님생명을 살고 있으니 중생일 수가 없습니다. 그런데 스스로를 중생이라고 우기고 있으니, 중생 아니라고 할 수도 없어요. 그러므로 중생이라고 우기고 있는 사람만 중생인 것입니다.

중생이 아니라고 선언해 버리면 중생이 아닌 것입니다. 본래 생명이 부처님생명으로, 중생생명을 살고 있지 않으니까 중생은 처음부터 없는 것입니다.

그렇습니다. 중생이라고 그렇게 자꾸 말을 하지만, 그건 부처님이 중생 아님을 그렇게 이름 붙였을 뿐이지, 중생은 참으로 있는 게 아닙니다.

여러분들은 이제 중생 아닌 사람들이 됐습니다.
우린 중생이 아닙니다. 그럼, 중생 아니면 무엇입니까?
부처인 것입니다.

법문法門에 응답하라

한 다섯 살쯤 먹은 아이들이 놀고 있는데, 마침 강아지가 길에서 잠을 자고 있습니다.
잠을 자는 모습을 본 한 아이가 뭐라고 그러냐하면 '야, 저 강아지가 어젯밤에 술 먹은 모양이다. 지금 자는 거 보니까.' 그런단 말입니다. 그러니까 다른 아이가 '아냐, 저 강아지는 어젯밤에 밤새도록 책을 봤나보다. 그래서 피곤해서 자고 있어.'

두 아이가 똑같이 강아지가 잠자는 모습을 보고, 다르게 얘기합니다. 왜 그럴까요?
한 아이의 아버지는 날마다 밤늦게까지 술 먹다가 대낮까지 잠을 잡니다. 그래서 누구든지 낮에 잠자는 것을 보면, '저 사람, 밤에 술 먹었구나.' 그렇게 보는 겁니다. 다른 애의 아버지는 아침 저녁으로 책을 보고는 낮잠을 잡니다. 그래서 낮잠 자는 걸 보면 밤새 책을 봤다고 여기는 겁니다.

우리가 남을 판단하는 것은 내 업, 내 경험의 세계에 비추어서 남을 판단해 버립니다. 마찬가지로 중생이 부처를 생각한대봤자, 중생이라는 그 수준 이상 생각하지 못합니다. 따라서 부처님을 중생인 우리가 생각한다는 말은 성립이 되질 않습니다.
부처님이 성불하고 보니 당신 말고 남이 없습니다.

1인칭의 세계입니다.

당신이 성불하고 보니 이 세상 사람 모두가 다 당신의 생명내용입니다. 어떤 사람도 생명내용 아닌 사람이 없습니다.

그런데 그 사람들이 괴로움에 허덕이고 있습니다. 그럼 그건 누구의 문제가 됩니까? 부처님의 문제입니다. 부처님이 해결하지 않으면 당신이 완전한 부처 노릇을 못합니다. 그 어른께서 부처 노릇 하려면, 당신의 생명내용인 모든 중생이 부처가 되어야 합니다.

부득불 중생들 보고 '부처 되어다오.' 그것밖에 얘기할 수 없으니, 그게 나무아미타불 아닙니까?

부처님 쪽에서 우리를 나무아미타불로 불러주시며, '부처 노릇 해라, 부처 노릇 해라.', '부처 되라, 부처 되라.' 그렇게 불러주고 계신 것입니다.

마치 어린 아이가 씹지를 못하면 엄마가 씹어서 입에다 넣어주고 삼킬 수 있게 하듯이, 부처님이 우릴 보고 염불하라고 해도 할 수가 없으니, 당신께서 음식 씹어서 넣어주듯이 염불을 해주십니다.

나의 참생명이 부처님생명이라는 나무아미타불을 하시는 겁니다.

그 염불 속에 일체 모든 공덕이 다 들어있습니다.

이처럼 본래부터 중생이 아니면서 중생 아님도 아닌 우리는 부처님이 불러주시는 법문에 귀의할 수밖에 없습니다.

그런데 금강경을 많이 읽으면 공덕이 된다니까, 모르고라도 자꾸 읽기만 하면 된다는 뜻이 아닙니다. 내가 금강경 법문을 주체적으로 받아들여서, 성불의 등불이 되는 것입니다.

오늘, 부처님생명으로 산다 ⑩

❽ 인과因果의 주인공

우리는 '현재' '여기'에 살고 있습니다. 그리고 우리 삶이란 여러 가지 문제들을 해결하는 과정입니다.

따라서, 인간은 '지금 여기에서 자기에게 주어진 문제를 해결해 가는 존재'라고 정의할 수 있습니다. 그러한 까닭에 사람들은 자기 문제를 반드시 자기가 해결하여야 합니다. 내 문제는 나 아닌 남이 해결해 주지 못합니다.

이렇게 내가 지어놓은 대로의 세계에서, 내가 지어놓은 대로 살아가고 있는 것입니다. 내 인생의 각본을 내가 마련하였고, 무대 장치도 내가 하였고, 주인공 노릇도 내가 하고 있으며, 연출 역시 내가 담당하고 있습니다.

곧 내 주위의 사람들은 모두 나의 인생에서 조연의 역할을 해주고 있으면서 그 무대를 빛내주고 있는 것입니다.

내 인생의 전적인 책임은 오직 나에게만 있는 것입니다. 남이 나에게 강요해 준 인생이 아닌 것을 잊지 말아야 합니다.

그러면 언제 우리가 그러한 각본을 마련하였다는 말인가?

그것은 전생前生에 이미 준비해 놓은 것입니다.

우리에게는 한량없는 세월의 과거가 있어 왔습니다. 현재의 생이 우리의 첫 생애가 아닌 것입니다.

현재의 생 이전에는 이미 수없이 많은 생애를 살아왔습니다. 그것이 전생입니다. 전생으로부터 살아오면서 우리는 많은 일들을 해왔습니다. 몸으로, 입으로, 그리고 마음으로 가지가지의 행위를 해온 것입니다.

그것이 '업業' 입니다.
이 업은 씨가 되어서 꼭 그에 알맞은 열매를 맺습니다.
그것이 인과因果입니다.

내가 지은 업에 꼭 맞는 내 몸, 내 환경, 그리고 나의 능력인 까닭에 그것이 사람마다 다릅니다. 그 각기 다른 업의 결과가 바로 이 차별상입니다.

다시 말하면 모든 문제의 제기자는 각기 자기 자신인 것입니다. 이렇게 인간은 자기가 제시한 문제를 자기가 해결해 가는 것입니다.

업은 개인으로 지은 것, 즉 별업別業만 있는 것이 아닙니다. 딴 사람들과 함께 지은 것, 즉 공업共業도 있습니다.

그러므로 내 앞에 어떠한 사람이 나타나서 나에게 이롭게 행동하든, 해롭게 행동하든 그것은 곧 나의 과거생의 결과임을 잊어서는 안 됩니다. 동시에 그와 함께 지어온 공업을 생각하여야 하는 것입니다. 그와 함께 지은 공업의 결과는 공동운명으로 나타납니다.

❈ 영원한 미래의 창조

그럼 인생은 어떻게 풀어가야 할까?

영원의 미래를 창조하는 마음으로 풀어가는 것입니다.

우리의 생명은 과거에 이미 무한한 생애를 살아왔듯, 앞으로 영원히 살아갈 것입니다. 몸뚱이는 백천만 번 바꾸어 가더라도 그 생명의 주인은 영원토록 살아갑니다. 그리고 그 영원한 미래의 생애에 대한 창조가 곧 현재의 삶인 것입니다.

내가 몸을 움직이고 말을 하고 마음속에 무엇인가를 생각하는 것들, 이것이 바로 나 자신의 미래의 창조인 것입니다.

그것은 밝은 것일 수도 있고 어두운 것일 수도 있습니다. 그 의사결정의 절대적 자유는 본인에게 주어져 있습니다.

다만 밝은 창조[善行]에는 밝은 앞날이, 어두운 창조[惡行]에는 어두운 앞날이 그에게 나타나는 것입니다.

우리의 현실이란 과연 무엇일까?

그것은 양면성을 띠고 있습니다.

그 첫 번째는 무한한 나의 과거생애의 결과입니다.

무엇이 닥쳐오든 그것은 내 과거의 결과이므로 내 스스로가 지혜롭게 그 문제에 대처하여야 합니다. 결코 남에게서 그 원인을 찾아서는 안 됩니다.

양면성의 두 번째는 무한한 미래가 창조되는 현장이라는 것입니다. 내가 부딪힌 문제를 어떻게 처리하는가는 내 자유입니다. 그러나 그 문제의 처리는 곧 내 미래의 창조임을 명심하여야 하는 것입니다.

가령, 남에게서 모욕을 받았다고 합시다. 그 모욕의 현장은 과거생의 결과입니다. 내가 과거에 남에게 모욕 준 것이 이제 나에게 그대로 돌아온 것입니다. 그리고 그 모욕을 받는 순간에 나는 다시 상대방에게 보복을 가하거나 원망스러운 마음을 가지거나 할 수도 있지만, 반대로 깨끗이 참아 넘길 수도 있습니다.

그러한 결정권은 바로 나에게만 있습니다. 그리고 그 행동의 결과를 의심 없이 믿는 사람은, 결코 다시 그 상대방을 원망하지는 않을 것이고, 오히려 그 자리에서 인욕행忍辱行을 닦을 것입니다. 그리고 그 인욕행은 나에게 무한한 행복을 약속할 것입니다.

인생은 나의 과거와 대면하는 현장이며, 동시에 나의 미래를 창조하는 성스러운 도량입니다. 인간관계도, 직장에서의 명예도, 재산 형성의 문제도 모두 이 진리를 바탕으로 해서 생각해야 합니다.

제6장 호념 속의 삶

부처님은

아니 계신 곳 없이 계시고,

아니 계신 때 없이 계십니다.

이렇게 항상하시는 부처님을 믿을 따름입니다.

수보리가 부처님께 말씀드렸다.

"세존이시여, 부처님께서 아누다라삼막삼보리를 얻으심은, 얻은 바가 없음이 됩니까?"

부처님께서 말씀하셨다.

"옳다 옳다. 수보리야, 내가 아누다라삼막삼보리를 얻음에 있어서 내지 조그마한 법도 얻음이 없으니, 이를 아누다라삼막삼보리라 이름하느니라.

다시 또 수보리야, 이 법이 평등하여 높고 낮음이 없으니, 이름이 아누다라삼막삼보리니라. 아我도 없고 인人도 없고 중생衆生도 없고 수자壽者도 없이, 일체 선법善法을 닦으면 곧 아누다라삼막삼보리를 얻게 되느니라.

수보리야, 선법이라고 말하지만 여래는 곧 선법 아님을 말하고 있는 것이니, 그 이름이 선법이니라."

――――――

須菩提白佛言 世尊 佛得阿耨多羅三藐三菩提 爲無所得耶 佛言 如是如是 須菩提 我於阿耨多羅三藐三菩提 乃至無有少法可得 是名阿耨多羅三藐三菩提
復次須菩提 是法平等 無有高下 是名阿耨多羅三藐三菩提 以無我無人無衆生無壽者 修一切善法卽得阿耨多羅三藐三菩提 須菩提 所言善法者 如來說卽非善法 是名善法

얻음이 없는 깨달음

부처님이 아누다라삼먁삼보리를 얻으셨다는 것은, 깨달으셨다는 얘기입니다.
이는 곧 깨달음으로 살고 계시다는 뜻이니, 깨달았다는 것은 지금 밖에서 따로 얻어올 게 없다는 뜻이기도 합니다. 새로울 게 없으므로, 아누다라삼먁삼보리를 얻었다고 하지만, 내가 곧 법이고 법이 곧 나임을 아는 것이지, 밖에서 얻어온 게 아닌 것입니다.
이미 모든 것이 갖춰져 있는 부처라는 걸 깨치신 것입니다.

이와 같이 부처님은 본래 대우주의 진리 그 자체인 까닭에, 세간에서 벌어지고 있는 일이 무엇이 되었건 해결하지 못할 문제는 없습니다.
또한 그런 부처님의 능력은, 나의 참생명이 부처님생명임을 믿는 모든 불자佛子들에게도 남김없이 두루하여 있습니다. 그야말로 나와 너에게 무한능력이 거침없이 펼쳐집니다.

이런 부처님생명으로 사는 불자가 있는 곳은 온통 광명천지뿐입니다. 앞을 어둡게 할 어두움은 참으로 있을 수가 없습니다. 불자에게서 어둠은 이미 없어진 지 오래입니다. 그래서 결코 그 환경을 나무라지 않습니다.

부처님생명 자체는 결코 병들 수 없고, 피곤할 수 없고 마침내 죽어질 수 없는 것입니다. 이러한 무한생명의 주인인 불자는, 그런 까닭에 어떠한 환경에서도 생명의 위협을 받음이 없이 절대자유의 생명력을 발휘할 능력을 부여받고 있는 것입니다.

물질적 조건이 어떠하든, 그 생활환경이 어떠하든 불자의 근본생명에 터럭만큼도 영향을 주지 않는 까닭에, 불자는 공포심恐怖心으로부터 완전히 해방됩니다.

그리하여 그의 생활 목표는 이미 자기 생존을 위한 작은 단계는 뛰어넘고, 일체 중생의 이익만이 그의 행동 원인이 되는 것입니다.

설령 유한적이고 대립적인 두뇌 작용으로는 절망적인 상황이라 판단되는 문제를 만난다 해도, 결코 당황하거나 좌절하지 않습니다. 아무리 엉키고 답답한 문제라도 부처님생명 앞에서는 손쉽게 풀려갑니다. 어떠한 문제도 결코 저주스러운 것이 아니라 즐거움으로 여겨집니다. 오히려 문제 하나를 원만히 풀 때마다, 그는 부처님생명으로 사는 자기를 한 번 더 확인할 수 있기 때문입니다.

그렇습니다. 불법佛法은 절대무한입니다.
그리고 절대평등입니다.
그래서 어디에는 있고 어디에는 없거나, 누구에겐 더 많이 있고 누구에겐 덜 있는 게 아닙니다. 절대평등하여 높고 낮음이 없으니, 그 이름이 아누다라삼먁삼보리입니다.
부처님이어서 더 높아지는 법이 없고, 중생이라서 더 낮아지는 법도 없습니다. 본래부터 부처님생명 말고는 딴 것이 없고, 높고 낮음이 없는 절대평등이기 때문에 아누다라삼먁삼보리라고 합니다.

나는 착하게 살 수 있나

프랑스혁명이 일어난 이후에 소위 근대사회로 들어와서 지금 인류가 이상으로 삼고 있는 것은 자유와 평등의 동시실현입니다.
그런데 자유를 실현한다고 하면서 자본주의사회를 만들어냈습니다. 그렇다면 자본주의는 모두 좋은 것인가? 그렇지 않습니다. 자유가 너무나 중요하지만 자유가 진화하면 결국 불평등을 낳고 맙니다. 그 불평등 속에서 허덕이는 사람이 많습니다.

자본주의도 반성을 하고 수정을 해야 합니다. 자본주의의 자유는 좋지만 평등을 실현시킬 수 있는 것이 보완되어야 합니다.
그래서 평등사회를 만들겠다고 공산주의가 등장했지만, 자유를 실현하려니 평등이 안 되고, 평등을 실현하려니 자유가 안 되는 게 인류의 고민입니다.

이와 같이 자유와 평등을 외형의 세계에서 실현하는 건 불가능합니다. 우리들의 내면 세계, 참생명의 세계에서 이루어지는 것인데, 참생명의 세계는 자유와 평등이 본래부터 동시에 실현되어 있습니다.

자유는 생사해탈입니다. 그러면서 모든 사람이 부처님생명을 살고 있는 것이 절대평등입니다. 절대평등이기 때문에 어디는 높고 어디는 낮고가 없습니다. 그러므로 본래부터 아我도 없고, 인人도 없고, 중생衆生

도 없고, 수자壽者도 없습니다.

따라서 이런 절대세계에서 대립이 없이, 세상 사람들을 모두 나로 보고 살아갑니다. 내 밖에 있는 남들이 본래부터 남이 아니라는 생명 본연의 자세에서 그 사람들에게 이익을 주는 것입니다. 그리고 이는 곧 나에게 이익을 주는 것이기도 하기에, 선법善法이라고 합니다.

이렇게 선법을 닦으면 당연히 아누다라삼먁삼보리를 얻겠지만, 아我도 없고, 인人도 없고, 중생衆生도 없고, 수자壽者도 없는 절대세계에서 무한의 주인으로 살면, 아누다라삼먁삼보리가 저절로 나오게 되는 것입니다.
이른바 견성見性을 한다는 것은 이러한 일체의 선법만 닦는 겁니다. 따라서 절대세계에서는 무슨 일을 하든지 다 착한 일입니다. 반대로 절대세계에 들어가지 않은 내가 착한 일을 한다는 것은, 무슨 일을 하든지 다 악惡한 일이 됩니다.

견성해서 하는 일은 선한 일로서 남들에게 이익이 되는 일만 하기 때문에, 부처님은 '일체 선법을 닦으면 곧 아누다라삼먁삼보리를 얻는다.'고 하신 겁니다.

그런데 선법이라는 게 따로 있는 겁니까, 없는 겁니까?
선법이라는 게 지금까지 얘기한 대로 생명의 본연에서 보면, 내 밖에 남이 없어서 남처럼 보이는 사람들이 다 나입니다.

그래서 내가 나 자신의 아픔을 없애고 가려운 데를 긁어주는 것이니, 선법일 게 따로 없는 것입니다.

'나는 착한 일을 많이 했다.' 고 말한다면, 본인의 의도와 관계없이 그건 거짓말입니다. 누구든지 정말 착한 일을 한 사람은, 착한 일을 한 것도 없이 착한 일을 하는 것입니다. 착한 일을 한 걸로 들어가 있으면 그건 착한 일이 아닙니다.

그렇다고 착한 일을 하지 말라는 게 아닙니다.
착한 일은 부지런히 해야 합니다.
그렇지만 착한 일을 하면서도, 착한 일을 하고 있는 나와 착한 일을 받고 있는 너라고 하는 대립세계가 없어지는 게 진짜 착한 일입니다.
착한 일을 한 나도 없고 착한 일을 받은 너도 없으니까, 참으로 착한 일이라는 게 따라붙을 여지가 없는 것입니다.

"수보리야, 만약 삼천대천세계 가운데 있는 바,
모든 수미산왕須彌山王만한 칠보 무더기를 가지고
어떤 사람이 보시에 쓰더라도,
만약 또 어떤 사람이 이 반야바라밀경이나
내지 사구게 등을 받아 지니고 읽고 외우며
다른 사람을 위하여 말해준다면,
앞의 복덕으로는 백분의 일도 미치지 못하며
백 천 만억 분의 일도 되지 못하며,
내지 숫자를 있는 대로 비유할지라도 능히 미치지 못하느니라."

―――――

須菩提 若三千大千世界中 所有諸須彌山王 如是等七寶聚 有人持用布施 若人以此般若波羅蜜經 乃至四句偈等 受持讀誦 爲他人說 於前福德 百分不及一 百千萬億分 乃至 算數譬喩所不能及

누구나 전법傳法할 수 있다

수미산은 삼천대천세계 가운데 중심이 되는 제일 높은 산인데, 그 산이 산 중에서 왕이기 때문에 수미산왕이라고 합니다.

금·은·유리·자거·마노·호박·진주 같은 칠보무더기를 가지고 어떤 사람이 보시에 쓴다면, 얼마나 착한 일을 많이 하는 겁니까? 물론 거기서 나오는 복이 굉장히 많겠지만, 그렇게 재물로 남한테 보시를 해봤자, 끝내 물질적인 욕망을 충족시키는 것 이상의 의미가 없습니다. 결국은 유한세계에 머물러 있는 것밖에 안 됩니다.

그런데 어떤 사람이 이 반야바라밀경이나 내지 사구게四句偈만이라도 받아 지닙니다. 받아 지닌다는 것은 법문을 듣고 '아! 이것이 바로 진리로구나.', '참생명의 세계구나.'를 인정하는 것입니다.

그리고 자꾸 읽게 되면 외워집니다. 외운다는 자체는 의미가 없지만, 외우는 것으로 해서 그때마다 법문을 듣게 됩니다. 이렇게 자꾸 읽고 외우면 구업口業을 짓게 되고, 구업을 지으면 의업意業도 따라서 바뀝니다.

우리는 부처가 되는 공부를 하는 사람들인데, 부처 된다는 것은 결국은 내가 바뀌는 겁니다. 중생으로부터 내가 바뀌는 겁니다.

여태 중생도 아니면서 중생 노릇을 해왔는데, 이제부터 부처 노릇을 해야 되겠다고 금강경을 읽는 겁니다.

입만 나불나불하면서 외느냐면 그렇지가 않습니다. 신구의身口意 삼업에서 입은 구업인데, 입을 통하지 않고 즉, 구업을 통하지 않고서는 마음이 고쳐질 수 없습니다. 흔히들 입으로 나불나불하는 것보다 마음으로 한다고 하는데 그건 거꾸로입니다. 마음으로 고쳐지질 않습니다.
마음으로 고치려면 입부터 먼저 고쳐야 됩니다. 그래서 구업口業이 중요합니다. 염불을 하더라도 구업으로 '나무아미타불, 나무아미타불' 염불을 해야 합니다. 한참 부르다 보면, 내가 구업을 지어 부르는 줄 알았는데, 부처님이 날 불러주신다는 것을 제대로 알게 됩니다.

읽고 외우다 보면, 내 밖에 남이 있는 게 아님을 알게 됩니다. 남으로 보이던 그들이 바로 나임을 알게 됩니다.
그들이 금강경을 모르는 상태로는, 내가 성불할 수가 없습니다. 나 하나만 완성해서는 되질 않으니, 부지런히 남을 위해서 말해주어야 합니다.

이것이 저 유명한 상구보리上求菩提하고 하화중생下化衆生하는 도리입니다. 위로는 부처님의 지혜를 구하고 아래로는 모든 중생을 교화해나간다는 의미죠.
중생들을 교화하는 일을 빼놓고, 부처님 법만 공부해서는 진정한 공부가 되지 않습니다. 중생이 따로 없지만, 내 눈에 중생으로 보이는 사람이 있는 건 사실 아닙니까? 그들과 담을 쌓고 놔 둔 채, 나 혼자 깨달음을 구한다는 법은 없기 때문입니다.

그럼 어떻게 해야 하는가?
부지런히 금강경을 공부하면서 남들에게 전해줘야 합니다. 법을 전하지 않는 구법求法은 없습니다. 법을 구하는 데는 반드시 전법傳法이 있어야 합니다.

금강경을 듣고 믿음이 생기면 반드시 전해줘야 합니다. 전해주지 않으면 금강경이 아닙니다. 이른바 유통流通하여 참생명이 흘러서 통하게 해야 합니다. 흘러서 통하지 않게 되는 법은 없으니 말입니다.

그런데 전해주라고 하니까 '나에게는 남에게 금강경을 법문해 줄 만한 능력이 없는데, 어떻게 남을 위해서 법문을 전해주는가?' 라고 생각할 수 있습니다.
그러나 법회에서 진행되는 불사佛事소식을 알려준다든지, 불서佛書가 발간되면 전해준다든지, 법회시간을 알려주는 것 등이 모두 법을 전해주는 것입니다. 당연히 금강경 법회가 있으니, 함께 들으러 가자고 하는 것도 금강경을 전해주는 것입니다.

뿐만 아니라 남들과 다투기도 하고, 미워하기도 하고, 흉보고 욕했던 사람이 금강경 법문을 배우고 나서 달라졌음을 알게 됩니다. 그러면 그 달라진 모습을 보고 자기도 금강경을 배워서 바꾸어보겠다는 마음을 내기도 합니다.

부처님이 깨달으신 후 최초로 법문을 하신 초전법륜初轉法輪 때 다섯 분의 제자가 계셨는데, 그 중 마승馬勝이라는 분에 관한 이야기입니다.

이분이 거리에서 탁발托鉢을 하고 있었는데, 그 걷는 모습이 어찌나 온화한 지 사리불존자가 보기에 보통 사람이 아닌 거에요.
그래서 탁발이 끝날 때까지 뒤쫓아 갔습니다. 뒤쫓아 가서 합장을 하고는 인사를 했습니다.
"탁발하시는 모습을 뵈니 당신이 도를 깨쳤든지 당신의 스승이 도를 깨쳤든지, 훌륭하신 분인 것 같은데 어느 쪽입니까?" 하니, 본인은 아무 것도 아니고 스승께 배워서 그렇다고 합니다.
그래서 스승이 누구신지 물으니, '석가모니부처님' 이라고 하는데, 사리불존자는 부처님이 출현하셨다는 말에 깜짝 놀라서, 부처님께 무엇을 배웠는지 묻습니다.

마승 비구가 "난 배운 지가 얼마 되지 않아 말을 전할 수가 없습니다." 고 대답합니다.
사리불이 그래도 뭐든 좋으니, 석가모니부처님에게 배운 것 한 마디만 전해달라고 하자, '모든 것은 인연因緣 따라 생겨나서 인연 따라 없어진다' 는 부처님의 말씀을 전하였다고 합니다.

그래 여러분은 어떻습니까?

모든 게 인연 따라 생겨나고 인연 따라 없어진다는 말은 여러분도 할 수 있겠죠?

그런데 그 얘기를 듣더니, 그런 높은 법문을 말씀해주시는 분이 계시냐며 사리불존자가 깜짝 놀라는 거에요.
여태까지는 어떤 조물주나 운명의 신이 있어 세상이 존재하는 걸로 알았는데, 부처님 말씀에 따르면 인연 따라 생겨나고 인연 따라 없어진다는 것이니, 조물주나 창조주가 없다는 얘기지요. 몇 마디의 말씀을 전해 들은 것만 가지고도, 그분이 부처님이라는 걸 알아차리고는 곧바로 목련존자에게 연락을 합니다.

사리불존자와 목련존자는 한 스승 밑에 출가하여 함께 공부를 하고 있었는데, 진전이 없었습니다. 그리하여 훌륭한 스승을 먼저 만나는 쪽이 연락하여 같이 공부하자고 약속이 되어 있었습니다.
당시 그분들에게는 백 명씩의 제자가 있었는데, 이 200명의 제자들까지 한꺼번에 석가모니부처님께 귀의를 했다고 합니다.

이렇듯 걸어가고 있는 모습, 얼굴의 온화함만 보고도 사리불존자는 귀의하는 마음을 일으켰습니다. 그러니 금강경 법문을 할 수 있을 만한 능력이 없다고 걱정할 것 없습니다. 바로 우리들이 살고 있는 일상 자체가 법문입니다.

예를 들어 어떤 사람이 건강식품을 팔고 있는데, 이 식품을 먹으면 폐

결핵도 없어지고 영양실조도 없어지고 병도 없어진다고 한참을 얘기합니다. 근데 그 사람 얼굴은 노랗고 콜록콜록 기침을 하는 모양새가 영락없이 폐병환자이면, 누가 살 사람이 있을까요? 아무도 안 삽니다. 그런 것과 마찬가지로 우리가 부지런히 금강경을 읽으면서 인격이 바뀌게 되면, 저절로 남들도 나를 따라 금강경을 배워봐야겠구나 하는 마음을 일으키게 됩니다.

그러니까 다른 사람을 위해 말해준다는 것은 언어문자를 나열해서 남을 믿게 한다는 뜻으로만 해석할 것이 아니라, 금강경을 읽고 외우면서 인격전환이 돼야 된다는 얘기입니다.

그렇게 말해준다면, '수미산만한 칠보 무더기를 가지고 남한테 복을 베풀어 준 그 복덕으로는, 백분의 일도 미치지 못하며, 백천만억 분의 일도 되지 못하며, 내지 숫자를 있는 대로 비유할지라도 능히 미치지 못하느니라'고 하시는 것입니다.

수미산만한 칠보무더기를 가지고 남한테 보시하는 것은 복은 될지 모르지만 지혜는 되지 못한다는 뜻입니다. 그 복을 가지고 남들에게 배고픈 것을 채워줄 수는 있어도 부처 노릇은 못해줍니다.
그러나 금강경의 한 구절만 지니더라도 그것이 인연이 되어서 반드시 부처 되도록 합니다. 중생세계를 떠나서 부처 될 수 있는 길을 열어주는 것이기 때문에 그 공덕이 더 크다는 것입니다.

"수보리야 어떻게 생각하느냐? 너희들은 여래가 '내가 마땅히 중생을 제도한다'는 생각을 한다고 말하지 말라.
수보리야, 이런 생각을 하지 말아라. 어찌한 까닭이냐?
실제로는 여래가 제도할 중생이 없나니, 만약 중생이 있어서 여래가 제도한다면, 여래에게 아상과 인상과 중생상과 수자상이 있는 것이 되느니라.
수보리야, 여래가 '내[我]가 있다'고 말한 것은 곧 내가 있음이 아니거늘, 범부凡夫들은 이를 '내가 있다'고 하느니라.
하지만 수보리야, 범부라고 하지만,
여래는 말하기를 '범부가 아니다'고 하느니라.

須菩提 於意云何 汝等勿謂如來作是念 我當度衆生 須菩提 莫作是念 何以故 實無有衆生如來度者 若有衆生如來度者 如來卽有我人衆生壽者 須菩提 如來說有我者 卽非有我 而凡夫之人 以爲有我 須菩提 凡夫者 如來說卽非凡夫 是名凡夫

도대체 범부가 있나

누군가 교화敎化할 대상이 있다고 한다면, 그것은 교화할 중생이 따로 있다는 말이 됩니다. 그래서 부처님의 말씀인 즉, 너희는 내가 '교화한다'는 생각을 한다고 말할지 모르지만, 그렇지 않다는 것입니다.

'내가 마땅히 중생을 제도한다는 생각을 한다고 말하지 말라'는 말씀은, 부처님에게는 실제로 제도할 중생이 없다는 말씀입니다. 왜 그럴까요?
본래 제도할 중생이 없기 때문입니다. 그리고 만약 중생이 있어서 제도했다면, 그것은 부처님 스스로가 제도하는 아상我相과 인상人相과 중생상衆生相과 수자상壽者相이 있는 게 됩니다.

이 글을 보고 있는 여러분은 어떤지 몰라도, 대개의 경우 자신은 법회에 나와서 금강경 법문도 듣고 그러는데, 다른 사람을 어떻게 법회에 나오게 할 수 있을까 하고 고민합니다. 여러분들도 그렇게 생각하시는 분들이 많으실 겁니다.
그건 무슨 뜻입니까? 바로 다른 사람을 바꾸게 하겠다는 것이겠지요.

부처님도 제도할 수 없다는데, 어떻게 내가 다른 사람을 제도할 수 있겠습니까?
그런 것은 없습니다.

내가 다른 사람으로 하여금 정말로 부처님 앞에 나오게 하고 싶다면, 앞서 말했듯이 내가 진실로 인격전환이 되는 것이어야 합니다. 인격전환이 이루어진 다음에, 부처님 법을 부지런히 공부하고, 나와 남이 둘이 아닌 단계로 들어가게 되면, 다른 사람은 저절로 법회에 나오게 될 것입니다.

그럼에도 불구하고 나라고 생각하는, 그 '나' 라는 것이 참으로 존재하는 것은 아닙니다. 부처님생명밖에 없는 것인데, 그 어디에 나를 앞세우는 아상我相과 인상人相과 중생상衆生相과 수자상壽者相이 있겠습니까?

또한 범부凡夫란, 어둡게 사는 사람을 이릅니다. 진리를 모르고 사는 평범한 사람을 범부라고 하지요.
내 몸뚱이만 생각하는 소견머리가 좁은 사람들이 내가 있다고 고집한다는 말씀입니다. 자기 눈에 보이는 것만 주장하는 사람들입니다.
그런데 범부인 사람들이 '나' 가 있다고 말합니다.
'나' 가 있지 않은데도 불구하고 '나' 가 있다고 말하다보니, 범부 또한 있는 것처럼 보이는 것입니다.

하지만 이렇게 '나'를 고집하면서 자신을 범부라고 우긴다 해도 부처님은 우리를 범부라고 이르지 않으십니다.
범부의 씨가 본래 있지 않은데도 괜히 일부러 범부 노릇을 하고 있으니 범부라고 이름하지만, 본래는 부처님생명밖에 없다고 일러주고 계신 것입니다.

따라서 여래가 '내가 있다'고 말씀하시는, 그 '나'는 범부가 주장하고 있는 '나'가 아니라, 참생명인 부처님생명으로서의 '나'라는 것을 알아야 합니다. 즉 시간적으로 영원하고, 공간적으로 절대적이며, 괴로움이 없는 '나'입니다.

나의 참생명의 세계는 절대무한이기 때문에 상대적인 대립이 없고, 대립이 없기 때문에 괴로움이 있을 수 없습니다.
절대의 주체이므로 남이 있을 수 없습니다.
남이 없는데 무슨 죄를 지을 게 있겠습니까? 모든 사람을 다 나로 보기 때문에 죄업罪業이라고는 있을 수 없는 절대청정絶對淸淨의 '나'입니다.

"수보리야, 어떻게 생각하느냐?
삼십이상三十二相으로써 여래를 관觀할 수 있겠느냐?"
수보리가 말씀드렸다.
"그렇습니다. 삼십이상으로써 여래를 관하겠습니다."
부처님께서 말씀하셨다.
"수보리야, 만약에 삼십이상으로써 여래를 관한다면,
전륜성왕도 곧 여래이리라."
수보리가 부처님께 말씀드렸다.
"세존이시여, 제가 부처님께서 말씀하신 바 뜻을 헤아리면,
마땅히 삼십이상으로써 여래를 관할 수 없습니다."
그때에 세존께서 게송으로 말씀하셨다.

만약 형상으로 나를 보려하거나,
음성으로 나를 찾으려고 한다면,
이 사람은 삿된 도를 행함이니,
여래를 능히 뵈옵지 못하리라.

──────

須菩提 於意云何 可以三十二相觀如來不 須菩提言 如是如是
以三十二相觀如來 佛言 須菩提 若以三十二相觀如來者 轉輪
聖王卽是如來 須菩提白佛言 世尊 如我解佛所說義 不應以三
十二相觀如來 爾時世尊 而說偈言

若以色見我
以音聲求我
是人行邪道
不能見如來

겉모습에 속지 말라

32상이라 하는 것은 무엇이죠? 바로 부처님의 훌륭하신 몸매입니다. 이렇게 몸매를 통해서 부처님을 볼 수 있다고 여기는 수보리존자에게, 부처님은 '수보리야, 만약에 32상으로써 여래를 관한다면, 전륜성왕도 곧 여래이리라.'고 역설적인 말씀을 하십니다.

현실 속에서 법문을 듣기 위해서는 특정한 장소와 시스템이 뒷받침 되어야 합니다. 그렇다고 그 자체가 불교는 아닙니다.

어떤 사람은 그럽니다. '난 어디 유명한 종교단체에 소속되어 있어.'라고요. 물론 소속이 안 되고서는 신앙생활을 못하겠지요. 하지만 그곳에 소속되어 있다는 것만으로 불교를 보증하는 것은 아닙니다.

그 다음에는 명칭을 들 수 있습니다.
부르는 명칭을 가지고 궁극적인 종교로 보지 말라는 겁니다. 하나님이니 부처님이니 하는 명칭 없이는 종교생활을 못합니다. 그렇지만 명칭 자체가 종교는 아닙니다.

그리고 신분은 또 어떻고요?
스님이니 신부니 목사라고 하지만, 이런 이름들은 참된 신분이 아닙니다. 그런데 이런 신분으로 종교인 줄 아는데, 그 신분만으로 참된 종교를 가리는 것은 아니지요. 우리는 이러한 것들을 연관 지어서 생각하셔야 됩니다.

뿐만 아니라, 중요한 것 중에 의식儀式이 있습니다.
의식 없는 종교는 있을 수가 없습니다. 그러나 눈에 보이는 의식만 잘 따라하면 그것을 무척 대단하게 여기는데, 종교생활을 하는데 있어 의식이 필요한 것은 사실이지만, 의식 자체가 종교는 아니라는 것은 분명합니다. 의식은 나를 참생명으로 이끄는 하나의 방편이며, 형식인 것입니다.

물론 종교라면 이런 것들이 다 있도록 되어 있습니다. 그렇다고 해서 그것이 종교 자체를 뜻하는 것은 아닙니다.
모두 겉모양일 뿐입니다.
그러니까 32상이라는 부처님의 겉모양, 그것을 가지고 나의 참생명이 지향하는 종교라고 얘기할 수 없습니다.

전륜성왕轉輪聖王은 전 우주를 지배하는 이상적으로 성스러운 임금인데, 그 성스러운 임금도 복이 많기 때문에 32상을 갖춘 겉모양은 부처님과 똑같습니다. 그러나 겉모양이 같다고 해서 부처님이라고 할 수는 없습니다.
의식이나 조직이나 이런 것들이 아무리 갖추어졌다 하더라도 드러나는 겉모양을 가지고 종교라고 얘기할 수는 없기에, 그러지 말라는 말씀입니다.

이같이 참된 부처는 모습이 없다는 겁니다. 그렇다고 해서 모습이 없기에 도깨비 모습이나 허깨비 모습처럼 따로 있는 것도 아닙니다.

허나, 모습이 없다는 것을 고집하는 것도, 또 다른 모습이 있는 것입니다. 모습이 없다는 것은, 나타남에 있어서 모습이 정해지지 않는다는 것이지요. 따라서 부처님 아니 계신 곳이 없고, 아니 나타나지 않는 때가 없는 것입니다.

그래서 부처님은 금강경에서 게송으로 아주 유명한 법문을 하십니다.

만약 형상으로 나를 보려 하거나,
음성으로 나를 찾으려고 한다면
이 사람은 삿된 도를 행함이니,
여래를 능히 뵈옵지 못하리라.

얼마나 기가 막힌 말씀입니까?
너나없이 '우리 부처님은 잘 생기셔서 특별한 영험이 있다.'는 식으로, 온통 형상이나 음성으로 부처님을 찾으려고 하는데 말입니다.

'나'란 누구입니까? 부처님이지요. 부처님인 동시에 우리 모두의 참생명이지요.
그런 '나'를 형상으로 보려고 합니다.
신분의 높낮이를 잰다거나, 어떤 옷을 입었는지 그리고 얼굴의 생김새와 같은 상대적인 기준으로 부처님을 한정시킬 수는 없습니다. 마찬가지로 들리는 음성에 의해서도 찾을 수 없습니다.

이는 부처님이라는 특정한 분을 가리키는 게 아닙니다. 생명내용 모두가 다르지 않습니다.
눈으로 볼 수 있고 귀로 들을 수 있는 것을 앞세운다면, 그것은 이미 나라고 하는 상대유한적인 존재에 속합니다. 그러니 어떻게 나의 참생명인 부처님생명으로 살아가겠습니까? 도저히 있을 수 없는 시도입니다.

그래도 보고 듣는 것으로 부처님을 찾으려고 한다면, 내 밖에서 찾고 있는 것이므로, 눈으로 찾는 것도 외도外道고 귀로 찾는 것도 외도에 지나지 않습니다.
그것이 불교라는 이름을 붙였든 아니든 간에, 이러한 외도로 산다면, 그는 두말 할 것도 없이 삿된 길을 가는 사람이라고 할 것입니다.

부처님을 보는 내가 따로 있고 나에 의해 보여지는 부처님이 있는 동안은, 부처님을 보지 못하게 되는 겁니다. 주관과 객관의 대립이 되니까요. 나의 참생명이 부처님생명이라고 해서 내 안에 갇혀 있다는 것이 아니라, 절대무한생명 그 자체로 온 우주에 두루하다는 얘깁니다.

오늘, 부처님생명으로 산다 ⑪

❀ 근본 착각 – 중생의식 衆生意識

많은 사람은 큰 착각 속에서 살아가고 있습니다. '나는 중생이다'라는 인생관으로 세상을 사는 것이 바로 그것입니다.
이러한 인생관은 우리의 삶을 어둡고 답답하고 슬픈 것으로 만들어 놓고 마는 것이니, 인생을 불행으로 이끄는 근본적인 착각이라고 보아야 할 것입니다. 이러한 착각으로 인생과 세계를 보게 되니, '나'라고 하는 것은 하찮은 '육체 생명'으로 전락하고, 이 세계는 저주받은 피투성이의 싸움판일 수밖에 없습니다.

'육체 생명이 곧 나'라는 생각에 사로잡혀 살고 있으니, 마음과 몸에는 병이 끊일 겨를이 없고, 죽음의 위협이 한시도 뇌리에서 떠나지 않게 됩니다.
참으로 불쌍하고 슬픈 삶을 살아갑니다.
그뿐 아니라 만나는 모든 사람이 생존경쟁의 적들뿐입니다. 사면팔방으로 적이 포위하고 있는 세상인 것이니, 오직 밉기만 하고 원망스럽기만 한 것이 당연한 일이 아니겠습니까?

착각한 것은 다만 그 견해를 바로 잡기만 하면 됩니다. 착각이 어둠이라면 그것은 밝음을 들이대면 없어집니다. 착각 곧 어둠은 실체가 없기 때문입니다.

이 밝음이 곧 '반야般若'입니다.
'반야'는 무한의 광명입니다. 이 광명 앞에 드러난 것은 본래부터 있어 온 무한생명뿐입니다.

중생은 본래부터 없었던 것입니다. 중생세계를 있는 것인 줄 착각을 일으킨 유물주의적 생활방식은 인생을 지옥 속으로 몰고 갈 수밖에 없습니다. 이 지옥고地獄苦로부터 벗어나는 길은 중생세계를 부정하는 길밖에 없습니다.

중생세계는 본래 없는 것이기 때문입니다.
중생세계의 부정이 곧 진리 세계의 현현顯現입니다. 구름이 벗겨질 때 본래부터 있어 온 푸른 하늘은 그대로 그 모습을 드러냅니다.

❽ 생명의 절대가치를 실현하자

이 무한생명은 시간적 영원성만을 뜻하는 것이 아닙니다.
왜냐하면 내가 바로 무한생명을 살고 있듯이 내 이웃들도 모두 무한생명을 살고 있기 때문입니다.

무한생명이란 말은 '한계 없는 생명'이란 뜻이니, 너와 나 사이에 한계를 그을 수 없는 것입니다. 다시 말하면 울타리가 있을 수 없는 것이 무한생명입니다.
그러므로 나와 남을 대립하여 다툼질을 하는 것은 착각의 소산이지, 생명 본래의 모습일 수 없습니다.

무한생명을 산다는 것은 '대립 없는 삶'을 산다는 뜻입니다. 남들과 대립하여 살고 있는 나는 없고, 나와 대립하여 살고 있는 남도 없는 것이 무한생명인 까닭입니다.

그러므로 유물주의적 인생관인 근본 착각을 버리게 되면, 거기에는 모두가 한 생명을 살고 있는 한 몸, 한 형제들뿐인 세계가 드러나게 됩니다.

한 몸인 까닭에 서로가 서로에게 해를 주는 일은 일어날 수가 없습니다.
남에게 해를 주는 일이란 곧 자기 생명을 스스로 해치는 일이 되기 때문입니다.
한 몸인 까닭에, 하는 일 모두는 이웃 모든 사람들에게 끝없는 이익을 주는 일뿐입니다. 그것이 곧 자기 자신의 생명을 살리는 일이기 때문입니다.

그러므로 한 생명을 살고 있음을 밝게 알고 있는 사람들은, 모두 사람들에게 이익을 주는 일만 하면서 삽니다.
오직 주는 마음으로만 살고, 받고자 하는 마음, 구하는 마음을 갖지 않습니다.

이것이 보시바라밀布施波羅蜜입니다.
거기에는 이미 빼앗음이나 다툼질이나 미움과 원망이 자리 잡을 여지가 없습니다.
생존경쟁은 어느새 그 자취도 없이 사라져 버렸습니다. 인생의 적들은 이미 없어져 버렸습니다. 적이 없는 세계에 살고 있는 밝은 생명이 그곳에 있습니다.
이것이 바로 진리에 일치한 삶 아니겠습니까?

"수보리야, 네가 만약 생각하기를,
'여래는 구족한 상相을 갖추었기 때문에
아누다라삼먁삼보리를 얻은 것이 아니다.'라고 한다면,
수보리야, 이런 생각을 말아라.
'여래는 구족한 상을 갖추었기 때문에
아누다라삼먁삼보리를 얻은 것이 아니다.'라고 생각하지 말아라.
수보리야, 네가 만약 생각하기를,
'아누다라삼먁삼보리심을 발한 자는
모든 법의 단멸을 말함이라' 한다면, 이런 생각하지 말지니,
어찌한 까닭이냐? 아누다라삼먁삼보리심을 일으킨 자는
법에 있어서 단멸상斷滅相을 말하지 않느니라."

―――――

須菩提 汝若作是念 如來不以具足相故 得阿耨多羅三藐三菩提
須菩提 莫作是念 如來 不以具足相故 得阿耨多羅三藐三菩提
須菩提 汝若作是念 發阿耨多羅三藐三菩提心者 說諸法斷滅 莫
作是念 何以故 發阿耨多羅三藐三菩提心者 於法不說斷滅相

운명은 바뀐다

부처님의 32상은 육바라밀을 닦아서 가능했다는 것을 기억합니까? 눈과 귀와 코와 혀와 몸, 이 다섯 가지 기관[五根]으로 육바라밀六波羅蜜을 닦으면 '5×6=30'이 되고, 거기에 의근意根으로 무상無相과 무위無爲를 닦으면 32가지가 된다 했지요.

다시 말해서 32상이라는 겉모양만 볼 것이 아니라, 그것이 나오게 된 원인은 바로 육바라밀을 닦았기 때문입니다. 따라서 육바라밀을 닦아서 32상이라는 결과가 나타난 것입니다.

우리의 제각각인 얼굴은 무엇을 증명하고 있느냐 하면, 내가 이제껏 살아온 즉 금생이 됐든 전생이 됐든 그 생애를 어떻게 살았는지 드러내고 있는 것입니다. 학교 성적표는 숨길 수 있지만, 우리 인생의 성적표는 얼굴에 그대로 드러내놓고 다닙니다.

그렇지만 얼굴은 수시로 바뀝니다.
멀쩡하게 잘 있다가도, 예상치 못한 전화가 걸려오면 얼굴이 딱딱하게 굳어버립니다. 그것은 내 혈액순환이 제대로 돌지 않는다는 신호입니다. 아무리 좋은 반찬을 가지고 밥을 맛있게 먹다가도 아버지가 돌아가시려고 하니까 얼른 오라는 소식을 듣게 된다면, 이미 음식 맛은 하나도 없게 될 것입니다.

그런 식으로 내 마음의 상태 변화에 따라 순간순간 얼굴 모양이 바뀝니다. 얼굴의 모양이 바뀌기 때문에 관상에 의해 과거의 것을 알고 미래의 것을 안다 치더라도, 내가 순간적으로 자꾸 마음을 바꿔 쓰고 있게 되면 운명이 바뀌는 겁니다.
운명이 겉으로 보기에는 결정된 것처럼 보여도, 결정된 것으로 끝나는 것이 아니라 수시로 바꿀 수 있음을 뜻합니다.

그렇기 때문에 굳이 잘 본다는 사람에게 물어볼 필요가 없습니다. 그게 관상이 됐든 사주팔자가 됐든, 운명판정을 받는다는 것은 우리에게 굉장히 해롭습니다. 그것 때문에 도리어 인생을 망치는 사람이 참으로 많습니다.
모두 자신을 고정된 틀인 상相으로 한정시키기 때문입니다. 그래서 해로운 것입니다.

나의 참생명이 본래부터 부처님생명이기 때문에, 세상을 살면서 육바라밀을 닦으며 운명을 바꿔 나갈 수 있습니다.
분명히 그렇습니다.
그런데 우리가 상황이 어려워져 어찌할 수가 없을 때, 염불을 하게 되면 부처님이 날 지켜주신다고 했지요? 부처님이 날 지켜주는 것보다 더 좋은 것이 어디 있겠습니까? 어느 부적이 지켜주고 어느 예언이 지켜주고 하는 것들은 상대가 되지 않습니다.

그렇기에 사는 게 답답하여 어디 가서 물어볼 생각이 든다면, 바로 금강경을 읽으라는 겁니다.

답답한 상황은 왜 벌어졌을까요? 업장業障 아닙니까? 그 업장을 무엇으로 소멸한다 했습니까? 금강경으로 소멸한다고 했습니다. 금강경을 부지런히 읽어서 법문을 들으니 업장이 소멸되는 것입니다.

우리의 일상생활이라는 것은 전부 내 운명을 만들어가는 과정입니다. 운명을 만들어가는 과정이기에 영원히 존속되고 있습니다. 언제 생겨났다가 언제 없어지는 법이 없는 겁니다.

부처님의 32상이라는 것도, 과거에 한량없는 세월을 두고 육바라밀을 닦아서 그런 모습이 나온 것인데, 그 모습이 일회적으로 끝나 버리게 되는 것은 아닙니다.

부처님은 '겉모양으로 부처를 보지 말라.'고 하셨습니다.

그리고 겉모양은 육바라밀을 닦아서 나타나는 것이니까 그것으로 부처를 보지 말라고도 하셨습니다.

그러다보니, '부처님은 본래 완전한 조건을 갖추어서 아누다라삼먁삼보리를 얻은 것이 아니지 않은가? 굳이 육바라밀을 닦을 필요도 없겠구나.' 하는 생각이 들 수도 있습니다.

그러나 그건 그렇지 않다는 겁니다.

육바라밀을 닦지 않고 부처 되는 방법은 없기 때문입니다.

본래 완전한 조건인 구족한 상은 육바라밀을 닦아 나타나는 결과입니다. 나의 참생명이 부처님생명임을 깨쳐 가겠다는 마음을 일으키는 것이 아누다라삼먁삼보리심을 일으키는 것입니다.
그러니 육바라밀을 닦지 않고서, 아누다라삼먁삼보리를 얻었다는 말은 절대 하지 말라는 것입니다.

따라서 함부로 '다 끊어버리면 그만'이라는 식으로 생명의 흐름을 끊는 단멸斷滅을 말할 까닭이 없습니다.
어떤 환경에서도 우리는 육바라밀을 닦아나갈 뿐입니다.
그렇다고 육바라밀에 집착하라는 게 아니라, 다만 육바라밀을 닦기만 하라는 것입니다. 왜냐하면 나의 참생명인 부처님생명은 영원생명이니 말입니다.

"수보리야, 만약 보살이 항하의 모래 수와 같은 세계에
가득 찬 칠보를 가지고 보시에 썼더라도,
만약 또 다른 사람이 일체법이 아我가 없음을 알아
인忍을 이루게 되면,
이 보살이 앞의 보살이 얻는 공덕보다 나으리라.
어찌한 까닭이냐?
수보리야, 모든 보살들이 복덕福德을 받지 않기 때문이니라."
수보리가 부처님께 말씀드렸다.
"어찌하여 보살이 복덕을 받지 않습니까?"
"수보리야, 보살은 지은 바 공덕을 마땅히 탐착貪着하지 아니하니,
이 까닭에 복덕을 받지 않는다고 말하느니라."

———

須菩提 若菩薩以滿恒河沙等世界七寶 持用布施 若復有人 知 一切法無我 得成於忍 此菩薩勝前菩薩所得功德 何以故 須菩 提 以諸菩薩不受福德故 須菩提白佛言 世尊 云何菩薩不受福 德 須菩提 菩薩所作福德 不應貪著 是故說不受福德

행복을 누린다

우리가 한강의 모래알 수만 생각해 보더라도 무척 많은데, 그보다 몇 배는 큰 항하, 즉 갠지스강의 모래알은 얼마나 많을까요? 게다가 그 모래알 수만큼 많은 세계에 가득 찬 칠보라면, 양도 양이지만 그 값어치는 실로 어마어마할 것입니다.

그런데 그것을 보시했다면, 복福이 얼마나 많겠습니까?
하지만 이 또한 끝내는 상대적이고 유한적有限的인 복일 수밖에 없습니다.

세상에 나타난 모든 현상들이 실체가 없다는 것을 알게 된다는 것은, 모두가 그대로 부처님생명이라는 것을 알게 된다는 뜻이지요.
이는 내 밖에 남이 없고, 남 밖에 내가 없는 것입니다. 상대적인 존재가 없으니, 다만 부처 밖에 없습니다. 그러므로 이렇게 부처로만 살아가기에, 나[我]라고 주장할 바 내가 따로 없는 것입니다.

그런데 나라고 주장할 바 내가 따로 없음을 아는 것으로만 끝나지 않습니다. 마침내 '인忍'을 이루게 됩니다. 여기에서 참을 인忍자는 깨달을 각覺자와 같아, 내가 따로 없다는 것을 완전히 깨닫게 되어서, '아! 나라는 것이 본래 없구나! 그리고 내가 없으면 죽을 나도 또한 없겠구나!' 하는 지혜智慧가 터집니다.

그러니 내가 없는 자리에 들어간 사람은, 이미 죽고 사는 데에 매이지 않고 초월해 버린 것이지요. 그 사람에게는 이미 죽음도 없다는 얘기가 되는 것입니다.

왜냐하면, 나[我]라고 주장할 바 내가 따로 없다는 것은 절대세계에 들어갔다는 것입니다. 절대세계에 들어갔기에 유한세계와는 비교할 수 없는 것이고, 그렇기에 앞에 말한 공덕보다 훨씬 더 나은 것이 되는 겁니다.

그런 깨달음을 이루어 지혜롭게 산다는 것이야말로 부지런히 보시하고 있는 것입니다. 보시하고 있다는 것은 복을 짓는 것인데, 그것으로 인해서 어떤 복덕이 나에게 돌아올 것이냐에 대한 탐착을 할 것이 없습니다. 그 이유는 내가 따로 없으니, 남에게 한 것이 아니므로 복을 따로 구할 게 없기 때문입니다.

그렇습니다. 비록 보살이 복을 짓는다고 하지만, 그것은 내가 남에게 짓는 것이 아니지요. 결국은 내가 나에게 짓는 것입니다.
그러니까 설령 복을 지었다고 해도, 그 복이라는 것이 내가 나의 생명에 충실하기 위해서 하는 것에 지나지 않는 것입니다.
따라서 내가 나에게 지어 놓고서, 어떤 결과가 나에게 좋게 돌아오는가를 따질 까닭이 하나도 없는 것입니다.

"수보리야,
만약 어떤 사람이
'여래가 혹 온다거나 혹 간다거나
혹 앉는다거나 혹 눕는다'고 말한다면,
이 사람은 내가 설한 뜻을 알지 못함이니라.
어찌한 까닭이냐? 여래는 어디로 좇아오는 바도 없으며,
가는 바도 없으므로, 여래라 이름하느니라."

須菩提 若有人言 如來若來若去若坐若臥 是人不解我所說義
何以故 如來者 無所從來 亦無所去 故名如來

항상 계신 부처님

여래라는 말은 종여래생從如來生을 줄인 말입니다.

여如라는 것은 진리입니다. 진리로부터 오신 생生, 그런 뜻입니다. 진리라는 것은 무소불위無所不爲입니다. 어디에는 있고 어디에는 없고 한다면, 그것은 진리가 아닙니다. 언제 어디에나, 다 있는 것이 진리이지요.

이렇게 진리는 상대세계에 있는 것이 아니니, 여래는 오는 것도 아니요, 가는 것도 아니라는 겁니다.

앉는다거나 눕는다고 하는 것은 형상을 가지고 하는 말일 뿐입니다.

참된 부처님은 형상으로 보거나 음성으로 들을 수 없다고 했으니까, 그런 분이 왔다 갔다 할 수가 없을 것이고 앉거나 눕는 것 자체가 있을 수가 없습니다.

그래서 '여래가 혹 온다거나 혹 간다거나 혹 앉는다거나 혹 눕는다고 말한다면, 이 사람은 내가 설한 뜻을 알지 못함이니라.'는 말씀을 하십니다.

만약에 여래가 혹 온다고 했다면, 여기에 왔기 때문에 여기 나타나 있습니다. 여기 나타났다면 어디에서 왔는지는 모르지만 오기 전의 그쪽은 비어 있겠지요. 비어 있는 곳이 있고, 여기는 비워진 것이 채워지게 된다면, 그것은 여래가 아닐 것입니다.

따라서 여래는 어디로 좇는 바도 없으며, 가는 바도 없기에, 본래 온 우주에 두루 있는 법 자체가 여래입니다. 법 자체가 여래이고, 진리 자체가 여래인 것입니다.

부처님은 어느 때 어느 곳에든 다 계신 까닭에, 내 밖에도 계시지만 실은 내 안에 계심을 잊어서는 안 됩니다.
부처님을 먼 곳에서 찾는 것은 헛수고라는 것을 일러주십니다. 가장 가까운 곳에 계신 부처님, 곧 나의 안에 계신 부처님, 내 생명의 본질이 부처님인 것입니다. 그래서 '나의 참생명은 부처님생명'이라고 하는 것입니다.

이렇게 부처님을 자기의 내면세계에 모시게 되면, 무엇보다 교만심이 사라집니다.
교만심이란, 중생衆生인 내가 중생인 남들보다 우월하다는 생각에서 나옵니다.
그러나 내가 무슨 능력이 있다고 하더라도, 그 능력의 참 원천이 여래임을 생각한다면, 그 능력을 이유로 해서 중생적인 의미의 우월감을 가질 수는 없습니다.

우월감은 남들과의 비교에서 생겨납니다. 비교하는 마음은 결코 여래의 마음이 아닙니다. 중생의 마음일 뿐입니다.
내가 우월감을 가질 때, 나에게는 중생심이 일어나 내 안에 내재하신 여래를 가리는 결과가 됩니다.
교만심이 부처님의 무한공덕을 가로막는 가장 큰 마군魔軍인 것은 이 때문입니다.

여래는 절대능력이신 까닭에 내 생명의 본바탕에는 여래의 절대능력이 본래부터 있습니다.
현재 발휘되는 능력은 어느 의미에서도 완벽한 것이 못 된다고 할 때, 그 완벽하지 못한 책임이 오직 부끄럽기만 할지언정, 몇 푼 안 되는 능력을 발휘해 놓고 어떻게 우월감을 가질 수 있겠습니까?

우주에 두루하여 아니 계신 곳 없이 계시고, 아니 계신 때 없이 계신 부처님, 어느 때 어느 곳에나 항상 계신 부처님을 우리는 믿을 따름입니다.

"수보리야, 만약 선남자·선여인이 삼천대천세계를 부수어 가는 먼지를 만들었다면, 네 생각에 어떠하냐? 이 가는 먼지가 얼마나 많겠느냐?"

"몹시 많겠습니다. 세존이시여, 어찌한 까닭인가 하면, 만약 이 가는 먼지가 실로 있는 것이라면, 부처님께서 곧 저 가는 먼지라 말씀하시지 않았을 것입니다.

무슨 까닭인가 하면, 부처님께서 말씀하시는 가는 먼지가 곧 가는 먼지가 아니며, 그 이름이 가는 먼지입니다.

세존이시여, 여래께서 말씀하신 바 삼천대천세계도 곧 세계가 아니고, 그 이름이 세계입니다. 왜냐하면 만약 세계가 실로 있는 것이라면, 곧 이것은 하나로 뭉친 모양이니, 여래께서 말씀하시는 하나로 뭉친 모양도 곧 하나로 뭉친 모양이 아니고, 그 이름이 하나로 뭉친 모양입니다."

"수보리야, 하나로 뭉친 모양이라 하는 것은 이것이 말할 수 없는 것인데도, 다만 범부凡夫인 사람들이 그것에 탐착하느니라."

須菩提 若善男子善女人 以三千大千世界 碎爲微塵 於意云何 是微塵衆 寧爲多不 須菩提言 甚多世尊 何以故 若是微塵衆實有者 佛卽不說是微塵衆 所以者何 佛說微塵衆卽非微塵衆 是名微塵衆 世尊 如來所說三千大千世界 卽非世界 是名世界 何以故 若世界實有者 卽是一合相 如來說 一合相 卽非一合相 是名一合相 須菩提 一合相者 卽是不可說 但凡夫之人 貪著其事

세계는 참으로 있는가

삼천대천세계라고 하는 세계가 있습니다.
그 삼천대천세계가 내 밖에 있는 세계라면, 나하고 대립되어 있는 세계일 것입니다. 나하고 대립되어 있는 세계이므로, 그 세계에 대해서 우리는 두 가지 생각을 하는 게 됩니다.

한 생각은 '내 마음에 드니까 내 주머니에 넣겠다.' 고 생각할 것이고, 또 한 생각은 '마음에 안 맞으니까 걷어차야 되겠다.' 라고 생각하는 것입니다.

그렇게 '내 마음에 드니까 내 주머니에 넣겠다.' 며 가지려는 마음은 탐심貪心이고, '내 맘에 맞지 않으니까 걷어차 버리겠다.' 고 화내는 마음은 진심瞋心인데, 이는 모두 내 밖에 세계가 있다는 어리석은 마음인 치심癡心이 그 밑변에 웅크리고 있기 때문입니다.

그 결과, 내 밖에 있는 모든 세계는 전부 번뇌덩어리에 지나지 않습니다. 누가 내 앞에 나타나더라도 번뇌덩어리일 뿐입니다.
그러면 그 세계를 구성하고 있는 모든 요소들은 무엇이 되냐 하면, 전부 내 번뇌의 내용이 되어 버립니다.

이와 같이 삼천대천세계가 내 밖에 있는 세계라고 한다면, 그 세계는 탐·진·치의 세계인데, 그 세계를 부수어 가는 먼지로 만들었다는 것은, 삼천대천세계는 모두 다 번뇌덩어리로 이루어진 상태라는 것입니다.

사실 가는 먼지라는 것은 따로 없습니다. 왜냐하면 가는 먼지가 곧 세계이고 세계가 곧 가는 먼지이기 때문입니다.
내가 객관세계로서의 삼천대천세계를 보게 되면 가는 먼지인 번뇌로 가득하지만, 사실은 내 밖에 따로 있는 세계가 없습니다.

내가 곧 세계이고, 세계가 곧 나입니다.
그렇기 때문에 내 밖에 있는 먼지라는 것은 있을 수가 없게 되지요. 번뇌를 일으켰다는 것은, 나하고 바깥 세계를 주관과 객관으로 대립해 놓으니까, 그런 현상이 벌어지는 것입니다. 따라서 주관과 객관의 대립이 없다는 입장에서 세계를 보게 되면, 거기에는 가는 먼지라는 것이 있을 수가 없습니다.

세계라고 하는 것이 따로 있는 것 같지만, 사실 그 이름이 세계이지 세계라는 것이 따로 있지 않습니다. 세계가 있다고 한다면, 하나로 뭉친 큰 덩어리 모양으로 보일 것입니다. 하지만 그런 하나로 뭉친 덩어리로 되어 있는 객관적인 세계는 도무지 있을 수가 없습니다.

그러니 '세존이시여, 여래께서 말씀하신 바 삼천대천세계도 곧 세계가 아니고, 그 이름이 세계입니다.'라고 할 수밖에 없습니다.

그렇습니다. 좋은 세계가 따로 있는 것처럼 생각해서 천당에 가느니 마느니 하는 말들을 하지만, 그런 세계가 따로 있는 것이 아닙니다.

"수보리야, 만약 어떤 사람이 말하기를, '여래가 아견과 인견과 중생견과 수자견을 말하였다'고 하면 수보리야, 어떻게 생각하느냐? 이 사람이 내가 말한 바 뜻을 아는 것이냐?"
"아닙니다. 세존이시여, 이 사람은 여래의 설하신 바 뜻을 알지 못합니다. 어찌한 까닭인가 하면, 세존께서 말씀하신 아견과 인견과 중생견과 수자견은 아견·인견·중생견·수자견이 아니고, 그 이름이 아견·인견·중생견·수자견입니다."
"수보리야, 아누다라삼먁삼보리심을 발한 자는 일체법에 마땅히 이와 같이 알며, 이와 같이 보며, 이와 같이 믿고 이해하며, 법상法相을 내지 말지니라. 수보리야, 말한 바 법상이란 것도 여래가 곧 법상이 아니요, 그 이름이 법상임을 말하느니라."

―――――

須菩提 若人言佛說我見人見衆生見壽者見 須菩提 於意云何 是人解我所說義不 不也 世尊 是人不解如來所說義 何以故 世尊說我見人見衆生見壽者見 卽非我見人見衆生見壽者見 是名我見人見衆生見壽者見 須菩提 發阿耨多羅三藐三菩提心者 於一切法 應如是知 如是見 如是信解 不生法相 須菩提 所言法相者 如來說 卽非法相 是名法相

진리 또한 이름인 것을

지금까지 부처님이 말씀하신 것을 보게 되면, 아상·인상·중생상·수자상을 없애는 말씀을 계속 하셨습니다.
부처님께서 분명히 그것들을 없애라고 말씀해 주신 것은 사실이지만, 아상·인상·중생상·수자상이 참으로 있는 것이니까 그것들을 없애라고 하셨습니까?

내용인즉, 본래 없다는 것입니다. 그렇다면 나서서 굳이 없애고 말고 할 게 없을 것입니다.
그러니 아상·인상·중생상·수자상에 따르는 견해인 아견·인견·중생견·수자견도 따로 있을 수가 없습니다. 분명히 아견·인견·중생견·수자견을 말씀하신 것은 사실이지만, 그 자체가 따로 있지 않습니다.
단지 이름으로 그렇게 부를 뿐입니다.

그러므로 궁극의 깨달음을 얻겠다고 발심한 사람은, 나와 너가 따로 없고 주관과 객관으로 나누지도 않습니다.

참생명이 본래부터 절대무한생명이라는 것을 믿고 있지만, 그렇다고 해서 '아! 나는 이 세상을 전부 주관객관이 없는 절대세계로 보고 있다'는 마음을 가지게 되면 어찌 될까요?

그것도 또 하나의 상相에 집착하는 게 되므로, 끝내 절대세계가 아닌 것이 되고 말 것입니다.

이것이 바로 법상法相을 낸다는 의미입니다.
그래서 부처님께서는 따로 있는 것처럼 보일까봐 법상이라고 말하지만, 그것도 이름일 따름이라고 말씀하십니다.

오늘, 부처님생명으로 산다 ⑫

❀ 자기 능력에 대한 확신

불자佛子들의 믿음이란, 나의 참생명이 부처님생명인 것을 확신하는 것입니다. 그러므로 그 신앙의 대상은 자기 마음 밖에 있을 수 없습니다.
그에게 있어서는 자기 생명의 완전성 무한성을 남김없이 드러내어 쓰는 것이 곧 신앙생활이 되는 것입니다.

불자는 자기 마음 밖에 있는 어떤 초월자를 찾아 헤매는 사람이 아닙니다. 자기 생명에 본래부터 갖춰져 있는 부처님의 능력을 거침없이 드러내는 사람인 것입니다.

그러므로 그의 수행은 어떤 특정한 장소에서만 행해지는 것이 아니라, 모든 처소에서 행하여집니다. 특정한 시기에만 하는 것이 아니라, 모든 시간에 행하여지는 것입니다.
자기의 참생명이 부처님생명임을 믿는다는 것은, 자기 능력의 무한대無限大를 믿는다는 말과 같습니다.

실로 우리의 능력에는 결코 불가능이 있을 수 없는 것입니다.
나의 참생명은 부처님생명인 까닭에, 결코 환경에 지배받는 하찮은 존재일 수는 없는 것입니다. 오히려 환경의 주인이 되어 환경의 모든 조건들을 진리답게 가꾸어 갈 능력과 책임을 가지고 살아가는 것입니다.

원력願力으로 산다

불자가 자기 능력을 무한대라고 믿을 때, 불자는 그 무한대의 능력을 어떻게 써야 할 것인가?

그 능력으로 자기 멋대로 사는 것이 옳은 일일까?
또는 자기 행복에 도취되어 세상 돌아가는 것을 외면하고 살아도 상관없는 것일까?

만약에 그 능력을 그렇게 쓰고 사는 이가 있다면 그 사람은 참으로 자기 생명의 '무한성'을 모르는 사람입니다.
왜냐하면 부처님생명에는 너와 나의 차별이 없기 때문입니다.
'너의 불행은 내가 상관할 바가 아니야.'라는 생각은, 나와 너의 대립 내지는 차별을 전제로 한 생각인 것입니다.
그러한 대립세계 속에 어찌 부처님생명이 숨 쉴 수 있겠는가?
여래생명 곧 우리 모든 불자의 참생명은 대립세계, 차별세계가 아닌 세계에 절대생명으로 있는 것입니다.

그러므로 너의 아픔이 곧 나의 아픔인 것입니다.

불자의 생활 원리는 바로 여기에서 찾아집니다.

내 이웃 모두에게서 여래의 무한공덕이 드러나도록 원을 세우고 실천하는 것입니다. 이 국토 구석구석이 부처님의 능력으로 빛나도록 원을 세워야 합니다. 거기에는 미움과 갈등과 다툼과 투쟁이 있을 수 없는 것입니다.

바로 영원불변의 안녕과 평화가 펼쳐져야 합니다.
거기에는 가난과 질병과 슬픔과 한숨이 있어서는 안 됩니다.
그리고 무엇보다도 무명無明이 있을 수 없습니다.
바른 인생관과 바른 세계관을 가지고, 자기들에게 본래부터 간직되어 있는 참 생명인 부처님생명을 드러내도록 모든 사람을 일깨워 주어야 합니다.

저들의 어두움이 곧 '나'의 어두움인 까닭입니다.

이렇게 불자는 원력願力으로 살아가는 것입니다.

수보리야, 어떤 사람이 무량 아승지 세계에 가득 찬 칠보七寶를 가지고 보시에 썼더라도, 만약 보살심菩薩心을 일으킨 선남자·선여인이 있어 이 경을 지니며 내지 사구게四句偈 등이라도, 받아 지니고 읽고 외우며 다른 사람을 위하여 풀어 말하면, 그 복이 앞에 말한 보시보다 나으리라.

어떻게 사람을 위하여 풀어 말할까? 상을 취하지 아니하므로 여여하여 동動하지 않느니라. 어찌한 까닭이냐?

일체 함이 있는 모든 법은
꿈이며 환이며 물거품이며 그림자 같으며
이슬과 같고 또한 번개와도 같으니,
마땅히 이와 같이 관觀할지니라.

―――

須菩提 若有人以滿無量阿僧祇世界七寶 持用布施 若有善男子善女人 發菩薩心者 持於此經 乃至四句偈等 受持讀誦 爲人演說 其福勝彼 云何爲人演說 不取於相 如如不動 何以故

一切有爲法
如夢幻泡影
如露亦如電
應作如是觀

7가지 보배

이렇게 위대한 금강경 법문인데, 부처님이 자비로써 그 핵심을 새삼 펼치면서, 엄청난 양의 칠보七寶로 보시한다고 해도, 그것은 상대유한 일 수밖에 없다는 점을 다시금 강조하시는 까닭은 무엇이겠습니까?

일반적으로 금·은·유리·자거·산호·진주·호박 등을 칠보七寶라고 부르는데, 그러다보니 속세에 있는 재물로만 인식할 수 있습니다. 그렇지만 부처님께서는 그런 보시를 하지 말라는 것이 아니라, 보시를 하더라도 부처님생명이 드러나게 하라는 것입니다.

그래서 보다 적극적으로 7가지의 성스러운 보배[七聖財]로 살아가라는 뜻입니다. 이는 살아가는 데에 참으로 값있는 것이 무엇인가 하는 인생의 가치를 밝혀 주신 말씀이니, 살펴보기로 합시다.

1. 최상의 가치 – 믿음의 보배

'믿음[信]'이야말로 가장 귀중한 보배입니다. 믿음 곧 신심信心이라는 것은, 어떤 가르침을 받고 그것을 진리 또는 진실한 것이라고 인정하면서, 의심을 품지 않는 것입니다.

무조건 부처님께 점수만 얻으려고 애쓰는 것을 신심이라고 해석해서는 안 됩니다. 금강경을 계속 공부하고 마무리 지어가는 입장에서 '신심'에 대해 신중히 생각해 보십시다.

우리는 지금까지 세상을 살아감에 있어 '나'라는 것을 중심으로 생각하며 계속 지내 왔습니다. 그런데 공부해 나가다 보니까 그 '나'라는 것이 없어져야 될 것이란 말이지요.

그렇다면 신심이라는 말은 이 밖의 세계를 대상으로 말하는 것이 됩니다. 이곳에서 뛰어나간 밖의 세계가 되는 것입니다. 안에 남아 있는 상태에서는 재수도 있어야겠고 돈도 벌어야 하겠고 출세도 해야 되는 등 여러 가지 '나'라는 생각 안에서 바라는 마음이 들게 됩니다. 그래서 부처님에게 매달리면 이루어진다고 생각하는 안으로부터의 마음이 되는데, 그것을 신심이라고 말하는 것은 아닙니다.

'나'라는 울타리를 벗어나야 부처가 됩니다. 부처가 되겠다는 것이 우리가 불교를 믿는 근본 목적이라고 말하고 있으면서도, 내 욕심인 '나'라고 하는 것이 그대로 유지되는 연장선상에서 성불成佛이라는 결과가 나온다는 것은 말이 안 되는 소리입니다.

신심이라고 하는 것은 바로 내가 부처가 될 수 있다는 신심인 것입니다. 우리는 부처될 사람이고 사실 부처가 될 수밖에 없는 부처님생명을 살고 있는 것입니다.
우리 스스로 부처가 될 사람이라고 믿어 가는 것이 신심입니다. 우리들의 참생명이 본래부터 부처님생명이니까 결국 부처밖에 될 수 없는 것입니다.

그런데 중생이라고 할 때, 그것은 곧 생사生死의 세계를 의미합니다. 다시 말하면 상대유한相對有限의 세계를 이르는 말이 중생이라는 말입니다.
상대유한은 곧 괴로움[苦]을 낳기 마련입니다. 다툼과 죽음이 거기에 있는 것이기 때문입니다. 사람들은 이 괴로움을 여의고 싶어합니다. 다툼과 죽음을 떠나고 싶은 것입니다.

이렇게 보자면 중생과 부처님생명은 절대모순의 대립 개념인 듯 보입니다. 물과 불처럼 서로 용납할 수 없는 상대로 보이는 것입니다.
왜냐하면 중생은 곧 상대유한이요, 부처님생명은 곧 절대무한이기 때문입니다. 중생은 곧 다툼과 죽음이요, 부처님생명은 곧 평화와 영생永生이기 때문이기도 합니다. 중생은 곧 어두움과 괴로움이요, 부처님생명은 곧 광명과 즐거움 아닌가요?
그러니 이 두 개념은 결코 동시에 존재할 수 없는 것으로 생각되는 것은 당연한 논리입니다.

그런데 부처님께서는 이러한 당연한 논리에도 불구하고 중생은 본래부터 부처님생명이라고 가르치시는 것입니다. 이 가르침을 다른 말로 바꾸면, 중생은 결코 중생이 아니라 본래부터 부처라고 하는 말이 됩니다.
죄업으로 가득한 이 더럽고 속俗되기만 한 중생이 본래부터 부처라니 참으로 놀라운 일이 아닙니까? 죽음 앞에 공포에 떨고 있는 이 중생이, 본래부터 죽지 않는 영원생명의 주인이라니, 기절할 일이 아니겠습니까?

도저히 생각하고 의논할 수 없는 부사의不思議한 도리이지만, 이러한 가르침을 받고 이것을 진실이라고 받아들이고, 의심하지 아니하는 것이 믿음인 것입니다.

그러니 이 믿음보다 더 귀중한 것이 무엇이 있을까요?
세상에는 소위 가르침 또는 종교라고 하는 것이 수없이 많습니다. 그러나 어느 종교가, 어느 성인의 가르침이, '너는 본래부터 부처이니 그 사실을 깨쳐라.'고 일러주고 있는 것이 있던가요? '너 자신의 무한가치를 깨달아라.' 하고 가르쳐 준 성인이 석가세존 말고 어느 누구란 말인가요?

우리 불자들이 이 가르침을 만날 수 있었고, 이것을 믿을 수 있으니 얼마나 다행스러운 사람들입니까? 그래서 이 믿음이야말로 인생 최고의 보배인 것입니다.

2. 깨달음의 기회 – 정진의 보배

이러한 믿음에 근거해서, 중생을 부정하고 불성을 드러내는 노력이 있어야 할 것이니, 그것이 곧 정진精進입니다.
정진은 나의 참생명은 부처님생명 즉 절대생명임을 믿고서, 그 절대의 권능을 남김없이 발휘하며 사는 성스러운 삶인 것입니다.
따라서 정진은 중생을 부정하고 또는 중생이기를 거부하며, 모든 한계와 대립을 인정치 않는 삶을 의미합니다. 다시 말하면 자기에게 본래부터 있는 부처님생명만을 인정하고, 그것을 남김없이 쓰면서 살아가는 것이 다름 아닌 정진입니다.

그렇다면 정진보다도 쉬운 일이 있을 수 없어야 하고, 정진보다 즐거운 일이 있을 수 없어야 하는 것이 당연할 터인데, 실제로 그렇지 못하다면 참으로 안타까운 일이 아닙니까?
이 안타까운 일은 그릇된 습기習氣에 기인하는 것이니, 이 습기를 뽑아 버려야 합니다. 습기란 여태까지 익혀온 관성을 말합니다.

물리학에서 말하는 관성은, 달리던 자동차가 정지할 경우에 그 차에 타고 있던 사람들이 앞으로 넘어지는 것과 같이, 어떤 운동에는 반드시 그때까지의 어떤 경향이 있기 마련이라는 것입니다.
그런데 이 경향은 운동의 방향을 바꿀 때에 반드시 거부 작용을 하게 됩니다. 하지만 아무리 거부 작용이 현상적으로 나타나더라도 운동 방향이 바뀐 것이 사실이라면, 그 거부 작용에는 어떠한 실체도 있을 수 없습니다. 그것은 다만 일시적 현상임에 불과합니다.

이러한 물리학적 관성과 마찬가지로, 우리의 습기는 삶의 방향전환에 대하여 거부 작용을 하게 됩니다.
중생 생활을 하고 있던 나의 삶이, 부처님생명 생활로 삶의 방향을 바꾸게 되니 생활의 모든 방식이 바뀌어야 하겠는데, 그것이 순간사이에 이루어질 수 없는 것은 오랜 습기 때문입니다.
그러나 물리학적 관성과 마찬가지로, 이 습기 역시 아무리 현상적으로는 있는 것처럼 보여도 참으로 있는 것이 아닙니다. 그러므로 이 습기의 실체를 인정할 이유가 없는 것입니다.

이렇게 중생으로 살아왔던 그릇된 습기의 거부작용을 중화中和시키는 노력이 곧 정진입니다. 그러므로 부처님생명을 살아가는 삶이 모두 정진이지만, 특별한 시간을 마련해서 특정한 방식에 의해서 이 습기를 뽑아 버리는 공부를 하여야 합니다.

새벽에 일찍 일어나서 예불 드리고 독경하고 염불하는 것이 정진입니다. 일터에서 순간순간 나의 참생명 부처님생명을 되새기는 것, 이 세상이 그대로 여래의 세계임을 자신에게 일깨워 주는 것 또한 정진입니다.
그리고 내 생명에서 불성을 드러내듯 모든 사람에게서 불성을 보려는 것이 곧 정진입니다.
부처님생명은 절대이고 무한이며, 어떠한 경우에도 대립과 갈등과 원망과 미움과 책임전가와 근심과 걱정과 불안과 공포를 용납하지 않으려는 것이 곧 정진입니다. 그러다가 예불 드리고 독경하고 염불하며 하루를 마감 짓는 게 정진입니다.

이러한 정진이야말로 우리 생명의 본래 가치를 드러내는 일이므로 값진 보배인 것이나, 재물을 얻어 오는 것도 귀한 일임에 틀림없습니다. 지위나 명예가 높아지는 것도, 권한이나 세력이 커지는 것도, 인생에 있어서 의미 없는 일은 아닐 것입니다. 그러나 이러한 일들은 결국 무無로 돌아가고 말 허망한 것들에 지나지 않습니다.

'백년 동안(다시 말하면 평생을 두고) 물질을 탐해 보았다 하더라도 그것은 하루아침에 티끌이 되어 버릴 수밖에 없는 것이지만, 다만 사흘 동안만이라도(다시 말하면 잠시만이라도) 마음을 닦으면 그것은 오래도록 큰 보배가 된다[百年貪物一朝塵 三日修心千載寶].'는 말씀과 같이, 정진은 인생에 있어서 참으로 귀한 보배인 것입니다.

3. 법문의 생명력 – 문법聞法의 보배

하지만 그 '정진'이라는 것이 뜻대로만 되는 것은 아닙니다.
그렇다면 어찌해야 될까요? 계속해서 '법문法門'을 듣는 것입니다.

부처님의 모든 경전은 '이와 같이 내가 들었다.'로 시작됩니다. 역사적으로 보면 '아난존자'가 '부처님으로부터 그런 법문을 들었습니다.'라고 오백대중 앞에서 모두 말씀 드리고 발표했습니다. 그리고 대중들이 전부 승낙을 해서 통과되었기 때문에 경전이 편집되었고, 그래서 '이와 같이 내가 들었다.'라는 말이 들어가게 되었습니다.

그렇지만 우리가 옛날 이야기를 듣기 위해 금강경 공부를 하는 것은 아니기에, 모든 경전에서 '이와 같이 내가 들었다.'라고 시작되는 것은 어떻게 해석하여야 할까요?
계속해서 법문法門을 듣는다는 것입니다. 언제나 우리는 법을 듣는 사람이고 법을 듣는 자세를 가져야 합니다. 또 신심을 가지고 정진하다 보면 자꾸만 법을 듣고 싶어지게 됩니다.

따라서 법문을 듣는 까닭은 분명합니다.
나는 과연 어떠한 존재인가? 이것을 모르고 살아간다는 것은 하나의 모순이 아니겠는가? 이것은 곧 인생관의 확립입니다.
나의 삶의 장場이 되는 우리의 세계는 어떠한 것인지, 그것도 알아야 마땅할 것입니다. 이것이 곧 세계관의 확립입니다.
이렇게 인생관과 세계관을 올바로 파악해 놓고 살아가야 참으로 값진 인생을 살 수 있을 것입니다.

그래서 법문을 듣는 것은 심사위원이 점수를 매기듯이 듣는 게 아닙니다. 정말로 자기 자신에 비추어서 듣는 것입니다.
경전과 법문은 우리의 마음의 거울이 됩니다.

얼굴에 때가 묻었는지 머리가 제대로 되어 있는지 옷맵시가 괜찮은지 보려면, 거울을 보고 수정해야 되는 것과 마찬가지로, 마음의 상태가 어떤지를 보려면 경전을 읽습니다. 그리고 법문을 듣습니다.
법문 듣는 도중에 똑같은 말이 수천 번 나온다 하더라도 상관없습니다. 수없이 반복될 때마다 자기 자신에 비추어 보면서 내 마음의 때가 저기에 있나 없나를 보아 나가는 것, 그것이 법문입니다.
그렇게 나아가면 내가 잘못하고 있는 것이 다 비추어지게 됩니다. '아! 내가 부처님 말씀처럼 세상을 살아가고 있지 못하는구나!' 라는 것을 알아지게 됩니다.

방안에 먼지가 하나도 없어 보입니다. 아주 깨끗하게 보입니다. 그런데 정말 먼지가 전혀 없을까요? 다음날 아침에 햇빛이 들어오게 되면 먼지 덩어리가 보입니다.
그렇다고 햇살 스스로 없었던 먼지를 만들어 낸 것은 아니겠지요. 어두컴컴할 때에는 먼지가 있어도 있는 줄 모르고 지냈는데 햇살이라는 밝음이 들어오게 되면서 먼지가 드러나 보이게 된 겁니다.

그와 마찬가지로 스스로 마음이 어두워졌을 때에는, 내가 잘못한 것을 모르게 되고, 밝으면 밝아질수록 자신이 못난이인 것을 알게 되는 것입니다. '나는 잘 났습니다.' 라고 말하는 사람처럼 못난 사람이 없고, '나는 죄진 것이 없습니다.' 라는 사람처럼 죄 많은 사람이 없는 것입니다.

이와 같이 우리가 인생의 보배로 삼아야 할 세 번째의 것은, 법문을 듣는 것 즉 문법聞法입니다.
법문을 듣는 일이야말로, 우리의 참생명이 무엇이라는 것을 알게 되는 유일한 길임은 말할 것도 없습니다. 법문을 들어서 나의 참생명이 부처님생명이라는 것을 알게 되어 그릇된 중생衆生 생명관生命觀을 버리게 됩니다.

그런데 우리는 부처님 법문을 듣게 되었습니다. 다시없는 높은 진리의 소리에 귀를 기울이게 되었습니다. 이 세상의 온갖 진실을 남김없이 드러내 보이신 법문을 듣는데, 그것도 믿음을 가지고 듣게 된 것입니다.
믿음으로써 듣는 까닭에 의심이 없습니다.
그 내용을 그대로 진리로 받아들입니다. 믿음으로 듣는 까닭에, 들음이 순수합니다. 이 세상살이에서 이 보다 귀한 보배를 어디서 찾을 수 있겠습니까?

우리는 법회에 나가서 법문을 듣습니다. 선지식을 만나서 개인적 지도를 받습니다. 법문이 기록된 서적을 읽습니다. 그리고 경전을 독송합니다. 나아가서 온 천지의 자연현상 속에서 진리의 속삭임을 듣습니다.
이 모든 것이 문법聞法의 보배입니다.

왜냐하면 의심 없이 듣는 사람, 믿음으로써 듣는 사람은 이미 자기 자신의 알음알이를 내버렸기 때문입니다. 그리고 이 알음알이를 모두 내버렸을 때, 거기에 그 사람의 순수생명純粹生命이 드러날 수 있는 것입니다.
법문을 듣는 불자들은 믿음을 즐길 수 있는 행운아입니다.
법회에 나가는 일을 거르지 맙시다. 그리고 선지식의 가르침을 소중히 받듭시다.

4. 가치창조의 원동력 – 참회의 보배

법문을 들으면 들을수록 밝아지게 되는데, 밝아지면 밝아질수록 '아! 나는 부모에게 잘 못했고 자식에게도 잘 못했고 조국을 위해서도 한 일이 하나도 없고 너무 어리석은 사람이고 죄만 지은 사람이구나.' 하면서 스스로 점점 숙여지는 것이지요. 그래서 '참회懺悔' 하게 됩니다.

'참회' 라는 것은 뉘우치는 것도 물론 참회가 되겠지만, 그보다 근본적으로 들어가게 되면, 내가 당연히 무한세계에 있어야 되는데 이 울타리 속에 갇혀 있는 것, 그 자체가 참회가 되어야 합니다.
그래서 법문을 듣게 되면 참회를 하기 마련입니다. 참회를 하면서 '지난날 내가 잘못을 했습니다.' 로 끝나는 것이 아니라 '이제부터는 제가 부처님 가르침대로 제대로 살겠습니다.' 하는 결심을 하는 것이니, 참회야말로 우리 가치창조價値創造의 원동력이 아니겠습니까?

이러한 참회를 할 수 있는 사람이 되었다는 것은 나의 앞날을 밝음으로 이끌어갈 수 있는 사람이 되었다는 뜻이니 어찌 기쁘지 않으리요? 이 참회야말로 큰 보배인 것입니다.

흔히들 나에게는 잘못이 없다고 생각하기가 쉽습니다. 이러한 생각은 지난날 자기가 밝은 삶을 살았다는 착각에서 나오는 것인데, 이것은 너무도 어리석은 생각입니다.
이렇게 생각하는 사람은 반성을 모르는 사람이며 따라서 향상이 있을 수 없는 사람입니다.
참회에서 무한의 향상이 있게 되는 것이니, 이 참회의 보배로움을 무엇에 비길 수 있겠습니까?

세상의 모든 일은 인과因果의 법칙으로 나타납니다. 지난날에 지은 우리의 삼업三業, 몸과 말과 생각은 모두 씨앗이 되어 오늘날의 열매를 맺게 합니다.
오늘날 우리 현실세계는 남이 만들어 준 것이 아닙니다.
모두가 지난날에 몸으로, 입으로 그리고 생각으로 지었던 모든 일이 씨앗因이 된 열매果일 뿐입니다.

그러므로 현실적인 어두움 모두에 대한 책임은 바로 나에게 있는 것입니다. 현실세계의 부조리不條理가 결코 남의 일이 아닙니다. 현 시점에서 벌어지고 있는 비극적 사실들이 결코 남들 때문에 있는 것이 아닙니다.
나를 포함한 모든 사람들이 지어놓은 지난날의 삶이 원인原因이 되어 나타나는 필연적 결과일 따름입니다.
그러므로 그 모든 현상의 책임이 내 밖에 있을 수 없습니다.

남들인 듯 보이는 그 모든 사람들의 잘못이, 알고 보니 나의 책임입니다. 이렇게 밝게 알고 보면 참회하지 않을 수 없습니다. '나에게는 잘못이 없다.'는 어리석은 생각은 나를 지극히 왜소한 존재로 잘못 알고 있는데서 나오는 것입니다.

참으로 나의 가치를 아는 사람은, 모두가 나의 책임임을 통감하는 것이며 끊임없이 참회하는 것입니다.

결국 참회를 하는 것은, 나의 참생명 가치가 무한함을 인식하는 일인 것입니다. 그러니 얼마나 가치 있는 보배입니까?

5. 불자佛子 선언 – 계戒의 보배

다음은 계戒가 보배임을 알아야 합니다.
불자가 되면 수계受戒를 하지요? 계를 받기 전까지는 다만 부처님 가르침이 좋아서 법회에 다니고 있었던 것에 지나지 않았는데, 수계를 함으로써 비로소 참된 불자가 되는 것입니다.

이때 우리는 불명佛名을 받습니다.
다시 말하면 부처님 세계의 호적戶籍에 오르는 것입니다. 부처님 세계의 호적에 오르는 것이므로, 중생세계에서는 당연히 호적삭제가 이루어질 수밖에 없습니다.

계戒를 받음으로써 우리는 중생세계의 사람이 아닌 것으로 되는 것이니, 계가 얼마나 보배로운 것입니까?
계는 악을 버리고 선을 짓게[止惡作善]하는 불가사의한 힘을 가지고 있습니다. 불자들은 이 계에 의해서 범인凡人이기를 마치고 성인聖人으로 살기 시작합니다.

그래서 악을 버리고 선을 짓는 계를 지니고[持戒] 세상을 살면, 친하거나 친하지 않거나 하는 차별이 없어져 버립니다. 이른바 원친평등怨親平等이니, 원망스런 사람이나 친한 사람이나 모두 평등하게 보게 되는 대자유의 길에 들어서는 것입니다.

육조대사六祖大師는 다음과 같이 가르칩니다.
"자심自心 가운데에 그름이 없고[無非], 악함이 없으며[無惡], 질투가 없고 [無嫉], 탐진이 없으며[無貪瞋], 겁해가 없는 것[無劫害]을 곧 계향戒香이라고 이름한다."
다시 말하면 마음을 깨끗이 함이 곧 계를 간직하는 것입니다.

따라서 '마음이 청정하니 국토가 청정[心淨國土淨]이라는 말씀과 같이, 계는 곧 세계를 불국토로 화하게 하는 묘한 보배인 것입니다.

6. 운명의 전환 – 버림[捨]의 보배

여섯 번째의 보배는 버리는 것[捨]입니다.
그럼 무엇을 버린다고 하는가?
망심妄心과 집착심執着心과 차별심差別心을 버린다는 뜻입니다.

여기에는 몇 가지 중요한 뜻이 있음을 주목해야 합니다.
첫째로, '버림'을 통해서 우리는 자기중심주의自己中心主義에서 벗어나게 됩니다.

우리의 잘못된 삶은 나 위주의 삶이며, 이것은 나와 남의 대립과 투쟁을 가져오게 합니다. 인생이 불행하게 되는 것은 이 때문입니다.

이러한 나 위주의 삶은 자기를 중심으로 하는 가치를 설정합니다. 그래서 미움과 사랑이 나오며, 나 이외의 모든 사람을 이러한 기준에 의해서 분류합니다. 미운 사람은 모두 나의 적敵이 되고, 사랑하는 사람은 나의 편이 됩니다.
그러나 그 사랑도 나 위주의 사랑이기 때문에 서로 이해대립利害對立의 사랑일 수밖에 없습니다. 그러니 조만간 그 사랑은 미움으로 바뀔 수 있습니다.

남들에 대한 평가나 현상에 대한 가치 결정이, 오직 나와의 이해관계 속에서 내려지므로 공평이라는 것은 생각할 수도 없습니다. 이 자기중심주의는 우리를 지옥의 구렁텅이로 밀어 넣습니다. 지옥에 보내는 염라대왕이 먼 곳에 있지 않고, 바로 내 마음속에 있다는 것을 알게 됩니다.
그런데 우리는 이 버림에 의해서, 저 무서운 염라대왕 곧 자기중심주의로부터 멀리 떠나게 되니, 이 얼마나 기쁜 일입니까?

둘째는, '버림'을 통해서 탐욕貪欲을 여의게 되므로, 남들로부터 빼앗아 오려는 마음 대신에 주려는 마음이 생기게 됩니다. 이것이 보시입니다.
보시는 남들에게 주는 일이므로 마음이 넉넉한 것이고, 마음이 넉넉함

제6장 · 호념 속의 삶 | 443

은 곧 복을 짓는 것[作福]이므로, 탐욕의 마음보다도 더 많은 재물을 끌어들일 수 있는 길이기도 합니다.

탐욕이라 함은 무엇이건 끊임없이 끌어 당겨서 제 것으로 만들겠다는 마음인데, 밖에 있는 것을 나에게 오도록 하려면 먼저 그러한 씨를 심어야 하는 것입니다. 씨를 심지 않고 열매만 거두려고 하니까 무리가 생기고 다툼이 있는 것입니다.
그래서 참으로 나에게 재물이 들어오기를 바란다면, 먼저 주는 일부터 하여야 합니다.
이것이 바로 보시입니다.
보시에 의해서 복 받는 길에 들어서게 되는 것이니, 이 버림[捨]이 얼마나 고마운 보배인가!

그러나 참으로 버리는 것은 어떤 대가를 받겠다는 생각마저도 버려야 하는 것이니 이것이 '삼륜청정三輪淸淨'의 보시입니다.
'삼륜三輪'이라 함은 주는 사람[施者], 받는 사람[受者], 주고 받는 물건[施物]을 뜻하는데, 이들이 모두 공空해야 한다는 것입니다. 다시 말하면 '내가 너에게 무엇을 주었다.'는 생각이 남아 있어서는 참다운 보시가 아니라는 것이고, 이러한 생각마저도 버렸을 때 비로소 보시가 성립되는 것입니다.
머묾이 없는 보시의 공덕은 무량無量의 공덕이니까, 이 버림의 보배로움은 이루 말할 수 없는 것임을 알게 됩니다.

생각해 보면 이 세상의 많은 사람은 자기가 한 착한 일[善行] 또는 남에게 베푼 은혜 등에 대해서 생색을 내려고 합니다. 또는 은혜입은 쪽으로부터 그 은혜가 보답되기를 바랍니다. 그러나 그렇게 되지 않으니까 마음속에 섭섭한 마음이 그득해집니다.

배은망덕背恩忘德한 사람에게 미움이 생깁니다. 모처럼 좋은 일을 해놓고서도 오히려 마음은 괴롭기만 합니다.
이러한 어리석음은 버림을 모르는 데서 나오는 것입니다. 그런데 우리는 버림을 알게 되었으니 얼마나 기쁜 일입니까?

셋째는, '버림'이 우리에게 참음과 용서를 가능하게 한다는 것입니다. 우리는 조급한 마음을 가지기 쉽습니다. 무슨 일이고 성과가 급히 나타나기를 바라는 것입니다. 성과는 시간의 흐름이 있은 뒤에나 나타나게 되는 것이건만, 그 시간의 흐름을 참지 못합니다.
그러나 조급한 마음이 어떤 성과를 더욱 빨리 이루게 한다고 생각한다면 참으로 어리석은 일일 것입니다. 버림은 조급한 마음을 없애주므로 우리로 하여금 참고 기다릴 수 있게 합니다.

우리는 남들로부터 훌륭한 평가를 받고 그에 알맞은 대접을 받고자 합니다. 그러나 그러한 대접이 어느 때에나 꼭 있지는 않습니다. 오히려 부당한 대접을 받을 경우가 더 많습니다. 심지어는 심한 학대를 받을 경우조차 있게 마련입니다.
이러한 때에 우리는 미워하고 원망합니다. 미움과 원망은 우리의 생명력을 손상합니다.

그러니 평가받고 싶은 마음, 대접받고 싶은 마음을 버려야 합니다.
그러면 남들의 잘못을 심판하거나 저주하는 마음이 사라짐으로써 참음은 저절로 그 덕을 드러냅니다. 그리고 이러한 버림의 공덕은 무한의 용서를 가능케 합니다.
무한의 용서는 우리를 평화롭게 하여 주며, 자기 자신의 운명을 밝게 창조합니다.

남을 심판하는 것은 실지로는 자기 자신을 심판하는 것입니다.
자신의 잠재의식 속에서 자기를 심판하고 있는 것이 바로 남에 대한 심판으로 나타난 것이기 때문입니다.
마찬가지로 남에 대한 저주 역시 자기 자신에 대한 저주인 것입니다. 그러므로 자기의 운명이 저주스러운 것이 되지 않게 하려면 남에 대한 저주를 그만 두어야 합니다.

버림은 이러한 심판과 저주를 우리로부터 멀어지게 하는 것이니, 우리에게 얼마나 귀중한 보배이겠습니까?

7. 해탈의 힘 – 지혜의 보배

마지막으로 우리에게 있어서 보배로운 것은 지혜智慧입니다.

우리 모두는 '고苦'를 떠나고 싶어 합니다. 그래서 '낙樂'을 얻겠다는 것입니다. 이런 이고득락離苦得樂이야말로 불교가 우리에게 약속하고 있는 것입니다.

그러나 우리가 버리고자 하는 괴로움이 특정한 곳에 있고, 얻고자 하는 즐거움 역시 그곳을 떠난 먼 곳에 따로 있는 것이 아닙니다.
그러니 어디서 따로 구하겠습니까?
부처님은 심지어 부처님의 가르침마저 버리라고 했는데 말이지요.

이고득락離苦得樂은 공간적 이동을 통해서 가능한 것이 아니라, 미혹한 견해를 바꾸고 생명의 본래 가치를 깨침으로써 실현되어지는 것입니다. 이른바 미혹한 삶을 깨달음으로 전환하는 전미개오轉迷開悟가 바로 그것입니다.
그럼으로써 지혜가 밝아지니 괴로움을 떠나게 되는 것입니다.

지혜가 없으면 우리 인생은 대립과 투쟁으로 나타납니다. 그리고 지혜가 없으면 우리 인생은 유한有限으로 나타납니다. 죽음이 앞을 가로막고 있는 삶을 사는 것입니다. 이 죽음을 우리는 괴로워하며, 죽음으로부터 벗어나고 싶어 합니다.
대립과 투쟁으로 살면서도, 끝내 죽음 앞에서 무력하기 짝이 없으니, 인생은 허망하고 괴로울 뿐입니다.
그러나, 인생의 괴로움은 지혜 앞에서 사라집니다.
왜냐하면 지혜 앞에 드러나는 우리 생명은 본래부터 절대생명絶對生命이기 때문입니다. 모두가 부처님생명을 사는 생명뿐인 까닭에, 대립하려야 대립할 상대가 없고, 싸우려야 싸울 적敵이 없는 것이 밝혀집니다. 적으로부터의 해방이나 한계와 대립으로부터의 자유는 밖에서 오는 것이 아닙니다. 마음의 눈이 열림으로써, 곧 지혜가 밝아짐으로써 실현되어지는 것입니다.

그러니 지혜야말로 참된 보배 아니겠습니까?

이상으로 우리는 인생의 보배 7가지를 살펴보았습니다.
이 7가지의 보배는 우리에게 무상의 행복을 가져다주는 것이니, 그 보배를 부지런히 갈고 닦는 일이 곧 우리의 참된 인생이라는 것을 잊지 말아야 합니다.

위대한 보살심菩薩心

물질적인 보시는 당연히 해야겠지만, 그것은 끝내 상대유한일 수밖에 없다는 점에 대해서 누차 말해왔지요?
따라서 그보다는 세상 사람들에게, '네가 바로 부처다. 네가 바로 부처님생명으로 살고 있다.'고 하는 금강경의 말씀을 전해주는 것이야말로 큰 공덕입니다.

그래서 부처님이 말씀하시길, '보살심菩薩心을 일으킨 선남자·선여인이 있어 이 경을 지니며 내지 사구게四句偈 등이라도, 받아 지니고 읽고 외우며 다른 사람을 위하여 풀어 말하면, 그 복이 앞에 말한 보시보다 나으리라.'고 하셨습니다.

그러니까 어떻게 보면, 누구나 이제부터 어렵지 않게 큰 복을 지을 수 있을 것입니다.
왜냐하면 그는 보살심을 일으킨 사람이기 때문입니다.
한쪽으로는 내가 깨쳐서 부처 되겠다는 마음을 일으키고, 또 한쪽으로는 나만 깨우치는 것이 아니라 '이 세상 사람들도 깨우쳐서 우리 다 같이 부처를 이루는 길에 가겠습니다.'라는 그런 마음을 일으킨 사람이 보살심을 발하는 사람입니다.
나에게도 이롭고 남에게도 이로움을 주는 자리이타自利利他의 주인공인 것입니다.

그런 보살심을 일으킬 수 있는 이유를, '상을 취하지 아니하므로 여여하여 동動하지 않느니라.'는 말씀을 통해서 확실히 알 수 있습니다.
'상相을 취하지 않는다.'는 말이 무엇일까요?
한마디로 말하면 '상'이라는 것은 겉모양을 말하는 것이므로, 겉모양을 취하지 않는다는 것은 '끄달리지 않는다.' 즉, 마음을 가리고 있는 '생각에 사로잡히지 않는다.' '집착하지 않는다.' 그런 뜻이지만, 바꾸어 말하면 '속지 않고' 라는 뜻입니다.

겉모양에 속지 않고 여여如如하여 마음에 변화가 없어야 하는데, 우리는 모두 겉모양에 속고 지내게 됩니다. 이는 곧 어떤 경우가 된다 하더라도 내가 부처님생명을 살고 있다는 것을 우리 스스로 믿는다는 겁니다.

겉모양에 속지 않는다고 했습니다.
상相을 보면 중생이 반드시 있게 됩니다. 잘난 사람, 못난 사람, 죄지은 사람, 착한 사람, 남녀노소, 여러 가지 차별이 있지만 그러한 상에 속지 말라는 것입니다.
겉모양으로 보게 되면 중생처럼 보일지 모르지만 속의 내용은 중생이 아니며 이 세상 어디에도 중생이 없다고 했습니다.

그러면 중생처럼 나타난 것의 정체는 무엇일까요?
모두 다 내 업연業緣인 것입니다.
나하고의 인연에서 나타난 겁니다. 우리 생각이 '저 사람이 나보다 못났으니까, 중생모습으로 드러났기에 고쳐야겠다.'고 하는 겁니다.
냉수 떠 놓은 대접에 숟가락을 꽂으면 어떻게 보입니까? 굽어서 보이죠. 내 눈에는 굽어보이긴 하지만, 실제로 숟가락이 굽어 있는 것은 아니거든요. 굽어진 숟가락을 왜 가져왔냐고 해봐야 어리석은 것이 됩니다. 굽어진 원인을 찾아내서 그것을 제거 해야겠지요.
그 원인이라는 것은 나에게 있는 것이지 상대에게 있지가 않습니다. 숟가락에 원인이 있지 않다는 것입니다.

그렇기 때문에 우리 주변에 못 되거나 못났거나 처진 사람이 있다 하더라도, 그에 대한 상相을 취하지 않습니다. 겉모양에 속지 않고 여여如如하여 동하지 않는 것이며, 본래부터 부처님생명 밖에 없다는 그 믿음에 조금도 흔들림이 있어서는 안 되는 것입니다.

예전에는 도깨비 일화가 많았습니다.
밤에 나가면 어른들이 아이들한테 이야기 하던 것이 있는데, 도깨비를 만나면 씨름하지 말라며, 도깨비하고 씨름하면 반드시 진다는 겁니다. 그리고 도깨비를 만나게 되면 불을 켜는 수밖에 다른 방법이 없다는 겁니다.
그래서 성냥을 많이 가지고 다녔습니다. 가다가 도깨비가 나오면 씨름하지 않고 그때 성냥불을 켜는 겁니다. 그런데 도깨비인줄 알았던 것이 버드나무 가지가 흔들리고 있는 것으로 드러납니다.

본래 없는 도깨비를 있는 줄 알고 상대해서 싸우려고 하면, 번번이 질

수밖에 없는 것이지요. 백전백패입니다. 그러니까 도깨비처럼 보이는 것이 있을 때에는 얼른 불을 밝혀야 하지요. 그것이 반야般若입니다.

세상을 살면서 여러 가지 답답하고 어두운 상황을 겪다보면, 갖은 망상이 머릿속을 휘젓습니다.
'내가 사주팔자가 나쁜가 보다.', '부부 사이가 나쁜 것이 무슨 궁합이 안 맞아서 그런가 보다.', '이렇게 일이 안 되는 것은 우리 할아버지 산소자리가 안 좋아서인가 보다.', '금년에 내가 삼재三災가 들었다더니, 그래서 일이 안 되나 보다.' 등등으로 말입니다.

알고 보면 이런 것들이 모두 도깨비입니다. 있지도 않은 일이라는 겁니다. 그럴 때에 망설이지 말고 금강반야金剛般若, 깨뜨려지지 않는 금강같은 반야般若의 광명光明을 들이대라는 겁니다.
다시 말해서 '상을 취하지 아니하여' 내 눈에 나타나는 겉모양에 속지 않는 것입니다. 절대 속으면 안 됩니다. 겉모양으로 무엇이 나타나건 간에 속으면 안 됩니다.

어떠한 경우가 된다 하더라도 참으로 있는 것은 부처님생명 뿐이고, 내가 부처님생명을 살고 있기에 어두울래야 어두울 수가 없는 것입니다.
따라서 내 마음이 어두웠지만, 금강반야에 의해서 내가 밝아질 때 내 주변이 밝아지므로, 밝게 그 광명을 비추고 상相과 싸우지 말라는 것입니다.

뭔가에 자꾸 쫓긴다는 사람들이 있습니다. 그러면서 사주팔자나 운명을 물어본다는 것은, '나는 운명의 지배를 받고 있습니다.'를 스스로 인정하는 것입니다. 액난을 떼려고 한다느니 이사 가는 날짜를 물어본다느니 하는 것도, 운명의 지배를 받고 있음을 스스로 인정하는 겁니다.

우주에는 확실한 법칙이 하나 있는데, 그것은 바로 '인정하는 것은 다 나타나게 된다.'는 거예요. 인정하는 그대로 다 나타납니다. 그러니 내가 바라지 않는 것은 인정하지도 말아야 하는 것입니다.
인정하는 것에 비례해서 그만큼 점점 살기가 어려워지는 데도, 가서 묻고 다녀야겠습니까?
그런 것들을 물어보고 다니는 사람치고 나중에 좋게 되는 사람은 하나도 없습니다. 왜냐하면 법칙이 그래서 그렇습니다.

따라서 내가 나쁜 운명에 처해 있다고 여겨진다면, 즉시에 인과응보因果應報로 받아들이고, 나의 참생명에 금강반야의 광명을 얼른 들이대면 되는 것입니다.
그리하여 들리는 소리와 눈에 보이는 것에 속지 않고, '나의 참생명 부처님생명'으로 살고 깊은 인연에 따라 같이 살며, 만나는 그 사람을 부처님으로 보는 눈을 열게 되면 어둠은 저절로 없어지게 되는 겁니다.

법문 그대로 살 뿐

우리는 중생들로 보이는 사람들 속에서 살고 있지 않습니까?
즉, 유위법有爲法 속에서 살고 있습니다. 항상 놓치지 말아야 되는 생각은, '유위법이란 참으로 있는 것이 아니기에 내가 겉모양에 자꾸 속고 있구나!' 라고 하면서, 겉모양에 속지 않도록 노력하는 것입니다.

함이 있다는 것은 '유위법有爲法'이라는 것인데, 유위법이라는 것은 '상대세계相對世界'를 이야기합니다.
이것이 '함이 있는 법'으로 번역이 되어 있긴 합니다만, 여하튼 이 유위법이라는 말에 반대되는 것이 '무위법無爲法'이지요. 성현聖賢들이 계시는 절대무한絶對無限의 세계는 무위법이고, 중생들이 살고 있는 세계는 유위법입니다.

유위법이라는 말은 상대유한相對有限의 세계, 무위법이라는 말은 절대무한의 세계를 이야기합니다.
절대무한이 부처님의 세계이고, 상대유한이 우리 중생들의 세계인데 상대유한인 중생세계가 있을까요? 없을까요? 참으로 없다 했었죠.
본래 있는 것은 절대무한밖에 없습니다. 그렇기에 상대유한은 없습니다. 유위법이란 것이 본래 없는 것이지요. 상을 취하지 말라고 한 그 상이 유위법인 것이고 상대유한인 것입니다.

그래서 부처님이 이르시길, '일체 함이 있는 모든 법은 꿈이며 환이며 물거품이며 그림자 같으며 이슬과 같고 또한 번개와도 같다'고 하시는 까닭입니다.
그렇지요. 일체 함이 있는 모든 법은 꿈과 같습니다. 꿈속에는 무언가 있는 것처럼 보입니다만, 그 꿈을 깨고 나면 참으로 어디에도 있지를 않습니다.

그래서 나무南無하는 겁니다.
나무는 귀명歸命이라고 합니다. 우리가 예불 드리면서 '지심귀명례至心歸命禮' 하는 것처럼, 우리 불교인의 생활은 귀명의 생활입니다.
우리가 왜 부처님께 귀명을 하는 걸까요?
'시아본사是我本師'라 했듯이, 나의 본래 스승이기에 귀의하는 것입니다.

스승으로부터 내 인생의 근본문제를 해결할 수 있는 중요한 열쇠인 그 가르침이 나에게로 오도록 하는 겁니다. 지금까지는 내 맘대로 살아왔다가, 부처님의 가르침에 '귀의歸依' 하는 겁니다.

귀의는 돌아가 의지한다는 말인데, 귀순歸順이라는 말과 같습니다.
부처님 가르침의 내용은 '너의 진실생명으로 돌아와라!', '몸뚱이를 나라고 알고 있었지만, 그 몸뚱이가 아닌 참생명으로 돌아오라.'고 하는 것입니다.
나로서는 이에, '네, 참생명으로 돌아가겠습니다.' 하고 응답하는 것이, 부처님께 귀의하는 내용이 되는 겁니다.

나의 참생명은 부처님생명입니다. 그러나 우리의 일상생활은 부처님생명을 살고 있지 않고 이 몸뚱이를 나라고 착각하는 가짜생명을 살고 있습니다. 이 가짜생명을 부정否定해야 합니다.

그래서 귀명에는 세 가지의 뜻이 담겨 있음을 알아야겠습니다.
부처님의 가르침에 귀의한다는 것과, 나의 참생명으로 돌아간다는 것과, 내가 중생생명을 살고 있다는 어리석은 생각을 버리겠다는 것의 세 가지입니다.

이렇게 해서 우리가 상을 취하지 않고 여여하게 사는 것이야말로 참생명의 길임이 드러납니다. 이제 겉모양에 속지 않고, 나의 참생명이 부처님생명으로 살아가는 것만 남았습니다.
그러므로 금강경 법문을 듣는 모든 사람들은, 이런 부처님의 간곡한 당부를 잊지 말아야 하겠습니다.

부처님께서 이 경을 설하여 마치시니,
장로 수보리와 모든 비구·비구니와 우바새·우바이와
일체 세간의 천상·인간과 아수라 등이
부처님의 말씀하심을 듣고, 모두 크게 환희하여,
믿고 받아 받들어 행하느니라.

―――――

佛說是經已 長老須菩提 及諸比丘比丘尼優婆塞優婆尼 一切世
間天人阿修羅 聞佛所說 皆大歡喜 信受奉行

생명의 약동

부처님께서 지금까지 법문해 주셨듯이, 부처님 당신의 어떤 사상이 따로 있어서 그 사상에 '너희들 무조건 따라와!' 라고 하신다면, 그것은 부처님의 가르침이 아닙니다.

부처님께서 우리를 보시니 우리들이 전부 망상을 가지고 있는 것입니다. 우리의 참생명은 부처님생명이니까 당연히 부처 노릇하며 살아야 하는데, 막상 부처 노릇을 못하면서 그저 여러 가지 망상 속에 지내고 있는 것입니다. 따라서 병과 같은 망상을 없애려고 약으로 주신 것이 부처님의 법문입니다.

그러므로 부처님께서 우리에게 주신 법문은, 우리가 가지고 있는 마음의 병인 번뇌와 망상만 치료하면 그만이지, 치료한 다음에도 그것이 따로 있어야 된다는 것이 아닙니다.

부처님은 많은 경전을 우리에게 남겨 주셨지만 그 어떤 경전도 당신의 저술로 남겨 주신 것은 없습니다.
앞에서도 몇 번 나온 것과 마찬가지로 금강경이 이렇게 좋지만, 금강경도 금강경이 아니기 때문에 금강경입니다. 참으로 좋은 말입니다. 금강경이 금강경으로 따로 독립해 있으면, 그것은 이미 금강경일 수가 없겠지요.

금강경은 금강경이 아닙니다. 그래서 금강경이라고 부릅니다.
이제는 어느 정도 이해가 되었을 것입니다.

일체 함이 있는 법[有爲法]은 본래 없다고 했지요?
꿈이라는 건 없다는 얘기지요. 없으면서 있는 모습을 드러내고 있는 것이 꿈인 것입니다. 대개의 사람들은 기도할 때 복을 비는데, 이는 '지금 내가 복이 없으니 복을 달라'고 하는 겁니다. 복이 없다는 상相에 사로잡혀서 말입니다.

복이 있고 없고에 관계없이, 어떤 환경에 있고 어떤 겉모양을 나타내고 있다 하더라도 상관없다는 겁니다. 모두가 부처님생명을 살고 있다는 건 조금도 변함없으니, 그저 참생명인 부처님생명을 보는 겁니다. 이것이 상相을 취하지 아니하므로 여여如如하여 동動하지 않는 것입니다.

편찮으신 분을 위해 기도할 때에도 병을 앓고 있는 사람이 나아지기를 바라는 것이 아니라, 본래 병이 없는 부처님생명 자리만을 보는 겁니다. 난관에 부딪히고, 남들과 다툼이 있는 것은 왜 그럴까요? 업장業障이 나타난 것입니다.

따라서 우리가 금강경을 읽어가는 과정은, 업장業障이 소멸되는 과정이라고 할 수 있습니다.
부처님께 기도한다는 것은, 업장 속에 있는 나 자신을 참회하는 것에 있습니다. 업장이 참으로 있는 것은 아니어서 다행스럽긴 합니다. 업장이 참으로 있는 것이라면 없어지지 않겠지요.

'일체 함이 있는 법은 꿈이며 환이며 물거품이며 그림자 같다.'고 했으니까, 참으로 있는 것이 아니므로 참회만 하면 없어지는 것입니다.
내 업장을 참회하는 것 말고는, 우리가 복福을 누릴 길이 없습니다. 그러니까 나 아닌 밖을 향해서 복을 구하는 것이 아니란 것입니다.

왜냐하면 우리들은 본래부터 부처님생명을 살고 있으니까요.
그렇게 살게 되면 우린 참으로 자신만만하게 살 수 있게 됩니다.
밖에 좋은 경치가 있어도, 지저분한 창 너머로 보면 뿌옇습니다. 그렇다면 창을 닦으면 되는 것입니다.
이런 입장으로 살아가기를 결정하고, 금강경을 자꾸 읽으며 법문을 듣는 것입니다.

우리들의 참생명은 부처님생명입니다. 원죄原罪를 짊어지고 나왔다는 주장도 있지만, 우리의 참생명은 어둠과 죄악이 아닌 광명光明과 지혜 그 자체입니다.
내가 사는 환경이 어두운 것은 밖이 어두워서가 아니라, 내가 광명을 들여놓지 못해 어두운 것입니다. 이렇게 본래 우리의 참생명은 불안과 장애가 아닌, 참으로 행복하게 자재自在한 것입니다. 부처님생명이 어둠과 죄악은 아니기에 말입니다.

남이 보장해 주어야만, 내가 행복하리라고 기대하는 것은 미신迷信입니다. 행복이란 내가 발견하는 것입니다. 새삼스럽게 어디서 얻어 온다거나, 누군가가 나한테 잘해주면 행복할 것이라거나, 은행에서 나에게 돈을 주면 행복할 것이라는 그런 것이 아닙니다. 본래부터 있는 겁니다.

본래 있는 것을 금강경 법문을 들으면서 발견하게 되는 것이지요. 일체성취一切成就 원만공덕圓滿功德이 충만함을 깨달았습니다. 이것은 우리가 금강경을 읽어 깨달은 것입니다. 겉모양에 속지 않고 믿고 사는 것입니다.
따라서 '부처님의 말씀하심을 듣고, 모두 크게 환희하여, 믿고 받아 받들어 행' 하는 대중들을, 어찌 장소에 있어서 이곳과 저곳이 따로 있을 것이며, 때에 있어서 예전과 요즘을 나누겠습니까? 바로 지금·여기 동참하여 법문을 듣고 있는 대중이 그것을 증명합니다.

가만히 생각해 보면, 부처님생명이기에 내 생명에서 부처님의 자비로움과 무한능력인 지혜가 끊임없이 샘솟고 있음이라.
 그러니 우리 함께 동음同音으로, 큰소리 내서 읽도록 하겠습니다.
'부처님의 크신 자비와 큰 서원은, 항상 생명의 소망으로 빛나고 있음을 깨달았습니다. 나의 참생명, 부처님생명!'

제7장 회향

'나무아미타불'로

나 잘났다는 마음을 항복받으니

꿈에서 깨는 것과 같이

부처님생명으로 드러납니다.

불난 집에서 가장 급한 일

세상에서 행해지는 많은 교육들을 생명의 입장에서 본다면, 온통 지엽적인 수준에 머물고 있음을 알 수 있습니다. 그러나 종교는 생명 자체를 공부하는 것으로, 인생과 생명에 있어서 가장 중심이 되는 것을 가르칩니다.

부처님 가르침을 믿는 것은 내 마음을 항복降伏받는 것에서부터 시작합니다. 우리는 언제나 여러 가지 생각을 하고 있는데, 그러한 마음을 부정하는 것이 바로 항복받는 것입니다.

부처님 가르침을 믿는 것은 내 마음이 바라는 것, 즉 부족한 것을 채워달라는 욕심에 근거하는 게 아닙니다.
그런데 불교를 잘못 믿는 사람들을 보면 '내가 어떤 부족한 것이 있으니 부처님께서 그것을 채워주십시오.'라고 하고 있습니다. 부처님을 내 욕심 채워주시는 분이라고 생각하는 것입니다.

그러나 부처님의 참뜻은 그런 데에 있지 않습니다. 부처님께서는 무엇인가를 원하는 마음 자체를 항복받으라고 했습니다. 우리가 어떤 소원을 가지고 부처님께 오면, 부처님께서는 우리가 바라고 있는 그 마음을 항복받으라고 가르치십니다.
예를 들어 좋은 학교에 들어가겠다는 마음을 가지고 부처님께 오면,

부처님께서는 좋은 학교에 보내주시는 것이 아니라, 그것과 관계없이 그보다 차원 높은 것을 말씀하고 계신 것입니다.

부처님께서는 어떤 상황에서도 우리의 본래 참생명을 찾도록 하십니다.
나의 참생명은 부처님생명인데, 보통은 몸뚱이라는 껍데기를 뒤집어쓰고 몸뚱이에 구속받으면서 몸뚱이를 중심으로 하는 가치관을 가지고 삽니다.
그래서 몸뚱이를 좋게 하는 일은 좋은 일이고, 몸뚱이에 해로운 일은 좋지 못한 일이라고 규정합니다. 그러면서 부처님은 내 편을 들어주시는 분이므로 내가 지금 좋은 일이라고 생각하는 것을 꼭 성취시켜 주실 것이라고 우리 마음대로 생각해 버립니다.

그런데 부처님은 우리에게 우리가 지금 불난 집에 있다고 말씀하십니다. 불난 집에 있으면 당장 뛰어나와서 불에 타죽지 않도록 해야 할텐데, 불이 나서 타고 있다는 것도 모르고, 그 상태에서 다른 것을 자꾸 요구하고 있다는 지적입니다.

비유를 들어보죠.
버스를 타고 가는데 조금 있으면 다리를 건넙니다. 그런데 그 다리는 잠시 후에 무너져서 버스가 강으로 추락할 것입니다.
부처님께서는 이 사실을 미리 아시고 모두들 그 버스에서 나오라고 하십니다. 그런데도 그 안에 타고 있는 사람들은 탈출하는 것은 다음 문제라고 생각합니다. 그러면서 서있는 사람은 앉기를 원하고, 안 좋은 자리에 앉아 있는 사람은 보다 좋은 자리에 앉을 것을 원합니다.

또 다른 예를 봅시다.
감옥에 가면 그 속에서도 서열이 있어서, 서열이 낮은 사람은 높은 자리에 갔으면 좋겠다는 생각을 하기도 한답니다. 어떤 사람이 감옥에 있는 사람에게 감옥에서 나오도록 해주겠다고 했습니다.
그런데 어떤 어리석은 사람이 있어서 감옥에서 나오는 것을 다음의 문제로 돌리고 감옥 안에서 높은 서열에 있도록 해달라고 한다면 어떻겠습니까?
어리석은 사람이라는 것을 우리가 금방 알 수 있지 않습니까?
"여태 문간방에서 살았는데 좋은 방에서 살고 싶으니 방을 옮겨 주십시오. 내가 지금까지 덮었던 이불은 무명으로 만든 보잘 것 없는 것이었는데, 비단이불이 덮고 싶으니 비단이불을 덮도록 해주십시오."
하면,
"오냐 오냐. 네가 비단이불을 덮고 싶다니 비단이불을 주마."
하시는 분이 부처님이겠어요?
아니면 불났다는 것을 알려주시면서 빨리 그 집에서 나오도록 하시는 분이 부처님이겠어요? 답은 분명하겠지요.

우리가 살면서 여러 가지 원하는 것이 많은 것은 바로 위의 예와 같습니다.
이것이 바로 상대유한의 세계입니다.

부처님께서는 거기에서 벗어나라고 말씀하고 계십니다. 상대유한의 세계에서 벗어나서 절대무한의 세계로 들어가라고 말입니다. 절대무한의 세계로 완전히 들어가는 것을 성불이라고 합니다.

우리가 불교를 믿는 목적은 바로 이와 같은 성불에 있습니다.
어떤 사람들은 부처되는 공부는 도가 높은 분들만 하는 것으로 알고, 일반인들은 현세의 이익을 위해서 불교를 신앙하는 것으로 압니다. 그래서 사람들이 바라는 바에 영합하는 종교가 생기기도 합니다. 그렇지만 그렇게 현실세계를 긍정한다고 해도 내가 바랐다고 해서 그런 것이 이루어지는 것은 아닙니다.

여기에서 우리는 종교의 목적을 분명히 알아야 합니다.
종교를 믿는 목적은 오로지 '괴로움을 떠나서 즐거움을 얻는 것[離苦得樂]'밖에 없습니다. 괴로움을 떠나려면 괴로움의 원인을 찾아 그 근본 뿌리를 없애야 합니다.
그렇지 않으면 괴로움이 없어질 수 없습니다. 그렇게 근본 뿌리에서부터 괴로움을 없애 괴로움으로부터 벗어나도록 해 주시는 것이 바로 부처님의 가르침입니다.

부처님께서는 우리가 상대유한의 세계에 살고 있기 때문에 괴로움을 겪고 있는 것이라고 말씀하십니다. 정말로 즐거움을 원한다면 상대유한을 벗어나라고 일러주십니다.
이렇듯이 상대유한을 떠나도록 하는 것이 바로 불교입니다. 상대유한을 떠나면 절대무한으로 갑니다. 절대무한에 들어가자는 것이 불교이므로, 부처님 법문 앞에서는 상대유한의 세계에 머물러 있는 것을 전제로 한 모든 인생관과 가치관들은 아무런 의미도 없습니다.

가시밭을 꽃밭으로 바꾸려면

우리의 현실에서 벌어지는 모든 것은 인과응보因果應報입니다.
내가 지은 것이 나에게 돌아오는 것입니다.
그런데 짓지 않고 어떤 일이 나에게 돌아오기를 바라는 사람이 있다면, 그 사람은 도둑심보입니다. 또한 짓고도 돌아오지 않기를 바라는 것 역시 도둑입니다.
인과응보란 내가 짓고 내가 받는 것입니다.

내 앞길이 가시밭으로 꽉 차 있어서 아주 불편해요. 그것을 없애고 복숭아 꽃밭이 펼쳐졌으면 좋겠다는 마음을 냅니다.
그래서 전문가를 찾아가 말씀드렸더니, 가시나무를 모두 뽑아내고 복숭아나무를 심기 전에는 방법이 없다고 합니다.
그러니 이 사람이 생각하기를, '그런 정도는 누구나 아는 것인데, 전문가라는 사람이 기껏 그 정도밖에 못 가르쳐 준다.' 고 생각하고는 다른 사람을 찾아갑니다.

이번에는 부적을 써서 소원을 이루게 해준다는 곳에 찾아가서 이야기를 했습니다.
그랬더니 부적을 써주는 사람은 방법이 있다며 100만원짜리 부적을 써서 가시밭길에 묻으면 된다고 말합니다. 그래서 이 사람이 시키는 대로 하고, 다음날 가보았더니 가시밭길이 복숭아 꽃길로 바뀌었습니다.

과연 이런 일이 일어날 수 있습니까?

100만원이 아니라 그 이상의 돈을 들여도 안 된다는 것을 우리는 알고 있습니다.

그래서 이번에는 다른 방법을 쓰기로 했습니다. 철야정진을 하자고 마음먹고는 고명한 스님을 모셔다가 밤 내내 관세음보살을 불렀습니다. 그렇다고 복숭아 꽃길로 바뀔 수 있습니까?
어떤 일을 동원해도 가시나무를 캐고 복숭아나무를 심기 전까지는 해결할 수 없습니다.

우리의 운명이란 것도 내가 뿌린 대로 거두는 것이기 때문에 나에게 벌어지는 모든 것은 내가 뿌린 씨앗이 열매를 맺은 것입니다. 살기가 어려워서 스님을 찾아가면 마음을 바꾸라고 말씀하십니다. 가시밭길을 만든 것도 마음이고 앞으로 복숭아가 열렸으면 좋겠다고 하는 것도 마음이니 마음을 바꾸는 것밖에는 길이 없다고 말씀하십니다.

그런 말은 누구는 못합니까? 그러니 그 말을 듣고도 더 쉽게 되는 길을 찾아다니지요. 그래서 부적을 씁니다. 그러나 그렇게 한다고 되는 것이 아니지요. 부적을 가지고 안 되는 것은 관세음보살을 불러도 안 되고 주 예수를 불러도 안 된다는 말입니다.
근본적으로 마음을 바꾸는 것 외에는 방법이 없습니다.

부처님께서는 현실세계에서 원하는 모든 일은 씨앗을 뿌려야 맺어지는 것이고, 저절로 생기는 법이 없으니 헛된 꿈을 꾸지 말라고 말씀하십니다. 또한 나에게 다가오고 있는 모든 것도 하늘에서 벌을 주는 것이거나, 혹은 산소자리가 나빠서가 아닙니다.
스스로 그렇게 지어서 나타난 것이니 남을 원망하는 마음을 갖지 말고 마음을 바꾸라고 말씀하십니다.

현실세계에 어떤 일이 벌어지든지 그것을 가지고 시비를 하거나 마음을 쓰거나 원망하지 말고, 근본으로 돌아가서 자신의 마음을 문제의 중심으로 삼으라고 하십니다.
그래서 여기 금강경에서 마음을 항복받으라고 하신 것입니다. 마음에 일어나는 시기나 질투, 욕심, 짜증 등은 항복받아야 할 것들입니다.

기도란 무엇인가

부처님과 같이 진리의 길을 가시는 성인聖人에게 무슨 차별이 있겠습니까? 자신한테 잘한다고 특별히 잘해주고, 못한다고 안 봐준다는 법이 있을 수 있겠습니까? 그런 기도는 미신적인 기도일 뿐, 참으로 있을 수가 없습니다.

그럼 기도는 무엇입니까?
기도는 내 마음을 항복받는 것입니다.

지금 우리 아이가 고등학교 3학년인데 좋은 대학교에 들어갔으면 좋겠다고 부처님께 말씀드리면,
부처님께서는, "어째서 네 자식만 귀엽다고 그러느냐? 다른 사람에게 물어보면 그 사람의 자식도 귀엽다고 그러지 않느냐? 네 자식만 귀엽다고 하는 것이 바로 번뇌망상이고 상대유한의 세계고 상대유한의 세계는 곧 괴로움이다. 그러니 너는 상대유한의 세계, 괴로움의 세계에서 떠나야 한다."고 하십니다.

우리가 좋은 대학에 보내야겠다고 말씀드리면 좋은 대학에 넣어야겠다는 그 마음을 내 버리라고 하시지, 우리가 당신에게 공양물을 가져다가 바쳤다고 해서 우리의 소원을 들어주시는 것은 아닙니다.

우리에게 벌어지는 문제의 해결방법은 나 자신에게서 찾아야 합니다. 나의 밖에서 무엇인가를 찾으려고 하는 것은 너무나 어리석은 짓입니다. 그것은 고등종교를 신앙하고 있는 것같이 보이지만, 그 마음 씀씀이는 천하기 짝이 없습니다.

우리는 간혹 생각과 마음의 뜻을 혼동해서 쓰기도 하는데, 마음은 근본이고 그 근본에 일어난 현상이 생각입니다. 따라서 우리는 내 마음의 상태부터 문제 삼아야 합니다.

마음의 상태를 가만히 보니 남과 대립해서 사는 상대세계에 살고 있습니다. 남과의 대립 속에 살고 있다는 말은 내 입장을 고수한다는 말과 같습니다.
이때의 나는 중생의 입장입니다.
그러면서 중생의 입장에 있는 내가 영광스러워지기를 바라고 긍정되기를 바랍니다. 그런데 이러한 자신의 입장이 영광스러워진다고 해도, 이것은 중생의 연장선상에 있는 것입니다.

때문에 이것 역시 괴로움의 세계입니다. 괴로움의 세계는 부처님께서 우리에게 약속해주신 절대무한의 세계가 아닙니다.

전철을 타면 가끔 막무가내로, '믿으면 천국에 가고, 믿지 않으면 지옥에 간다.' 고 말하는 사람을 만납니다.
그러나 가만히 생각하면 그 사람이 예수님을 욕하고 다닌다는 생각이 듭니다. 예수님을 믿어서 천당에 간다는 말까지는 이해할 수 있습니다. 그렇지만 믿으면 천당에 보내고 안 믿으면 지옥에 보낸다는 악의에 찬 분이 하나님이라면, 그런 하나님에게 진리는 있을 수 없습니다. 교회에 다니는 사람만이 그런 것이 아니라 불교를 믿는 사람 중에서도 그런 식으로 생각하는 사람이 많습니다.
그러나 금강경을 보면, 부처님께서는 우리가 원하는 바를 항복받으라고 가르치십니다.

많은 사람이 미신迷信을 배격합니다.
그러나 정작 문제가 되는 것은 미혹한 신앙이라기보다는 '미혹한 마음의 상태迷心'입니다. 마음의 상태가 어리석기 때문에 여기저기를 찾아갑니다.

이러한 미심이 결국 미신을 낳습니다. 뿐만 아니라 인생 자체에서 헤매는 결과를 가져옵니다. 아무리 많은 재산과 아무리 많은 지위를 확보했다고 하더라도 미심으로 있는 동안은 마음에 안심이 없습니다.
때문에 우리들 마음속에 어떤 마음이 떠오르든지 빨리 항복받아야 합니다. 내 마음을 항복받는 것은 내 마음을 바꾸는 것입니다. 부처님께서는 다만 내 마음을 바꾸라고 하고 계십니다.

어떤 사람이 '문제가 여러 가지니 답도 각각이어야지, 왜 답은 하나냐?'고 묻습니다. 그럼 물어봅시다.

만약 어떤 사람이 꿈을 꾸는데 홍수를 만나 떠내려갈 것 같습니다. 그 사람을 물속에서 구하는 방법은 무엇이겠습니까?
그렇지요. 즉시 꿈에서 깨어나게 하는 것입니다.
또 어떤 사람은 꿈에서 이루 말할 수 없는 무서운 불을 만났습니다. 홍수를 만난 사람을 구할 때는 꿈에서 깨도록 해서 구해냈는데, 이 사람은 불을 만났으니 물로 죽을 뻔한 사람과 다른 방법으로 구해야 한다고 할 수 있겠습니까?

내 마음을 바꾼다고 하는 것이 바로 꿈에서 깨는 것과 같습니다.
마음을 바꾸는 것 말고는 복 받을 것이 없습니다. 또한 마음을 바꾸는 것 외에 부처 되는 길이 없습니다.

우리가 불교를 공부하는 이유는 우리 자신의 마음을 바꾸려고 하는 것입니다. 나의 고집을 계속 다른 이에게 강요하거나, 남을 미워하는 마음을 유지하거나, 내게 부족한 무엇인가를 이루고자 하는 마음을 충족시키기 위해서 법회에 나오는 것이 아닙니다.

무엇을 이루어야겠다는 마음을 내고 그것을 부처님께 충족시켜 달라는 생각으로 법회에 오는 사람은, 왔지만 온 게 아닙니다. 집에 머문 것과 다르지 않습니다.
우리는 모든 중생과 대립해서 내 입장만을 고수하려는 마음으로 세상을 삽니다.
거기에 대해서 부처님께서 '네 입장을 버려라. 네 입장을 항복받아라.' 고 말씀하십니다.

그러면 자신의 입장을 버리면 어떻게 됩니까?
부처님께서 다음과 같이 말씀해 주고 계십니다.

'내가 바뀌면, 세상이 바뀐다.'

문사수 聞思修로 회향하며

이렇게 말씀하셨지요?

'수보리야, 만약 보살이 아상과 인상과 중생상과 수자상이 있으면, 이는 곧 보살이 아니니라.'

보살은 구도자입니다. 내가 지금 부처 되겠다는 마음을 일으키면 보살입니다. 다른 말로 하면 '나의 참생명이 본래부터 부처님생명' 이라는 것을 믿으면서 사는 사람을 말합니다.

부처님생명을 살고 있으면서도 부처님생명 아닌 내 생명을 따로 살고 있다고 우기는 마음[我相]이 우리들에게는 있습니다. 또한 내 생명이 따로 있기 때문에 내 생명이 아닌 다른 생명이 따로 있다고 생각합니다.
그래서 남과 대립하는 마음[人相]을 갖습니다.
그렇게 남과 내가 대립해서 살고 있다고 생각을 하니 다른 사람과 더불어서 생존경쟁을 할 수밖에 없습니다. 생존경쟁에서 누가 잘되면 그 사람에게 시기심을 내거나 다른 사람보다 내가 더 잘되면 우월감을 갖습니다.
그래서 기회가 되면 남을 때려눕히고라도 내가 잘되어야 한다[衆生相]고 생각합니다.

이렇게 중생상으로 지내면서, 역시 내가 가장 잘났다[壽者相]고 생각합니다.

적어도 보살이라는 사람은 나의 참생명이 부처님생명이라는 것을 믿는 사람이어야 할텐데, 그것을 믿지 못하고 내 생명이 따로 있다고 생각하면, 그 사람이 사는 세상은 지옥밖에 될 수 없습니다. 남들과 대립되어서 생존경쟁을 벌이며 살기 때문입니다.

생존경쟁이란 내가 나 이외의 모든 사람을 적으로 삼고 있는 것입니다. 이 말은 적에 의해서 완전히 포위되었다는 말과도 같습니다.
이러한 생활은 죽었느냐 살았느냐를 가릴 필요 없이 이미 지옥입니다.
그렇게 모든 사람이 내 적이 되어서 내가 적에게 포위되어 살고 있다고 생각하며 사는 사람은 정말로 불쌍한 사람입니다.

우리가 그렇게 살지 않는 방법은 참생명으로 돌아가는 방법밖에 없습니다. 하지만 온갖 마음속에 일어나는 생각들은 우리가 참생명으로 돌아가는 것을 방해하는 것들입니다.
그러니 참생명으로 돌아가는 것을 방해하는 번뇌망상을 모두 항복받아야 합니다.

내 마음에 나타나는 번뇌망상이, 내 밖으로 나와 형태를 드러내며 구체적으로 다가오는 것이 바로 주변에 나타나는 일들입니다.
중생들이 따로 있는 것이 아니라, 내가 가지고 있는 번뇌망상이 내 앞에 외형적으로 모양을 드러내놓고 있는 것이 바로 중생입니다.

그러니 나의 번뇌망상을 항복받으면, 중생은 사라지고 내 주변 사람들이 모두 부처님으로 드러납니다. 원래가 부처님생명이니까요. 이렇게 내 마음속에서 일어나는 번뇌망상을 항복받는 방법은 나의 참생명이 부처님생명이라는 믿음으로 들어가야 되는 것인데, 그것이 나무아미타불입니다.

'내가 내 참생명으로 돌아가겠다'고 했을 때 모순이 생길 수도 있습니다. '내가 내 참생명으로' 할 때 '내가'가 붙습니다. 그러면서 점점 더 굳어집니다. 이것이 바로 아상이 굳어지는 것입니다.
참생명으로 돌아가는 것은 아상을 버리는 것인데, 아상을 버리는 것을 내가 한다고 생각하니까 아상이 자꾸 굳어지는 결과가 오는 것입니다.

그렇게 자꾸 어리석은 생각을 하지 말아야 합니다. 중생생명인 내 힘으로 아상을 버리는 것이 아닙니다. 우리의 참생명인 부처님생명 자체의 원력입니다. 우리들 참생명인 부처님생명의 자연스러운 움직임, 자연스러운 원함이 바로 나의 참생명을 드러내는 것입니다.

이것이 바로 '나무아미타불南無阿彌陀佛'입니다.
나무아미타불로 참생명을 드러내며 사는 것이 참 보살입니다. 나무아미타불로 참생명이 드러나면 내 주변에 있는 모든 사람들이 본래 부처님생명인 제 모습으로 보이게 되는 것입니다.

나무아미타불 앞에 중생이 따로 있을 수 없습니다.

중생이 따로 있다면 나무아미타불이 아닙니다. 그래서 우리가 '나무!' 했을 적에 중생생명은 부정되고, 본래부터 참생명인 영원·절대생명, 무량수·무량광인 '아미타'가 드러납니다. 마치 먹구름이 걷히면 푸른 하늘이 저절로 드러나는 것과 마찬가지입니다.

나무아미타불을 겉으로 보기에는 내가 부르는 것 같지만, 내가 부르는 것이 아닙니다. 나의 진실생명이 부르심에 대해서 내가 스스로 응답하고 있는 것입니다.

그렇게 해서 우리의 본래 생명인 부처님생명을 드러내기만 하면 됩니다. 아니, 드러내려고 할 것도 없습니다.

그것밖에는 없기 때문에 나무아미타불을 부르면 그 뿐입니다.

아무것도 되지 않습니다. 만약 나무아미타불을 불러서 무엇인가가 된다고 한다면 한정되는 것입니다. 한정되지 않는 것이 절대무한이지요. 다만 나무아미타불입니다.

따라서 우리가 부지런히 해야 할 일은 나무아미타불을 부르는 것입니다. 그런데 앞에서 말했듯이 그 나무아미타불도 내가 부른다고 생각하면 아상이 생깁니다. 원래 나무아미타불을 부르면 아상이 없어져야 하는데도, '내가' 부른다고 생각을 하기에 아상이 생기는 것입니다.

나무아미타불을 만 번 불렀다고 해 봅시다. 남들은 이천 번 불렀는데 자신은 만 번을 불렀다고 생각해서 자신이 더 잘났다는 마음이 남습니다. 이것이 아상입니다.

우리가 염불할 때 내가 하는 것처럼 보이지만 사실은 내가 하는 것이 아니라, 나의 참생명인 부처님생명이 부르시는 소리입니다. 때문에 참생명으로 돌아가야겠다는 마음 자체도 내가 일으킨 것처럼 보여도 부처님 쪽에서 일으켜 주신 것입니다.

그러므로 내가 사는 것이 아닙니다. 부처님생명에 의해서 '살려지고 있는 나' 입니다.
부처님생명이 우리를 살려주시는 삶을 산다고 했을 때, 거기에 내가 잘났다는 생각이 들 틈이 없습니다.
내가 잘났다는 마음을 갖지 않는 것이 바로 내 마음을 항복받는 것인데 이렇게 내 마음을 항복받고 보면, 이 세상 사람 모두가 고마운 사람들이며 부처님생명을 살고 있는 사람들일 뿐입니다.

이렇게 대승불교를 믿는 사람의 자세는 자신의 입장을 계산에서 빼고, 헤아림에서 제외하는 것입니다. 나를 계산의 중심에 두고 내가 잘되어야겠다고 생각하지 않는 것입니다.
내가 잘되어야겠다고 생각할 나는 본래 없습니다. 본래 없는 것을 잘되겠다고 하니, 이는 허깨비를 붙잡고 잘살겠다고 하는 것과 다를 것이 없습니다.

이렇게 아상·인상·중생상·수자상을 없애는 방법으로 법문을 들어야 합니다.
아는 소리라도 법사를 통해서 듣기 때문에 듣는 과정에서 자기의 참생명을 느끼게 됩니다. 다른 사람을 통해 듣는 것은 내 스스로 나름대로 느끼는 것과는 다릅니다.
듣는 과정에서 자신이 얼마나 자기중심적으로 살았는지를 느껴야 합니다. 그러면서 저절로 마음이 닦아지는 것입니다.

이것이 바로 문사수聞思修입니다.

들으면서 마음을 가다듬고 내가 살고 있는 방식을 바꿉니다. 그러면서 나 잘났다는 마음을 항복받아가는 것입니다.
이렇게 하는 것이 법회에 나와서 공부하는 것입니다. 그것과 더불어 금강경 법문을 계속 읽으며 들어야 합니다.

금강경을 모시고 읽을 때에는, 먼저 자세를 바르게 하고 합장을 합니다. 마음으로는 내가 독경을 한다고 생각하지 말고, 법문을 듣는다고 생각해야 합니다. 처음에는 내가 외우는 것 같지만, 나중에는 내가 듣고 있다는 것을 알게 됩니다.
이런 듣고 있는 과정에서 잘 생각해 보면, 자연히 문사수가 이루어지고 있음을 알게 될 것입니다.

그러면 내 생명이 따로 있다고 우기면서 살았던 어리석은 생각이 없어집니다. 또한 그만큼 지혜광명이 돋아나서 내 인생이 밝아질 수밖에 없습니다.

한탑스님

문사수법회 회주會主로 전수염불도량인
전남 담양 정진원·정토사에 주석하며 오직 염불수행에 전념하셨다.
'나의 참생명 부처님생명!'을 신앙의 지표로
대중에게 지혜의 눈을 열어주시다가 2022년에 영원한 빛으로 돌아가셨다.

『나의 참생명 부처님생명』과 『반야심경과 나무아미타불』,
『반야심경의 재발견』, 『행원』, 『황금의 수레바퀴』, 『직장인의 신앙생활』 등
다수의 저서가 있다.

여여법사

동국대학교 불교학과 및 동 대학원을 졸업하고,
현재, (사)문사수불교문화원 이사장과
문사수법회聞思修法會 대표 법사로서,
부처님 가르침대로 사는 법우들과
대중법회와 경전법회를 모시고 있다.

저서 및 논문으로는
『진리로 피어나는 삶』, 『사는 것이 아니라 살려지는 것이다』,
『문사수법회_법요집』, 『아미타불』, 『수행문답(공저)』
『시절인연』, 『인생찬탄』, 『가피충만』
「8세기 신라불교와 사회의 공시적 의미체계연구」 등이 있다.

E-Mail : yoeyoe@munsasu.org

문사수聞思修란

부처님의 법문을 듣고[聞]

스스로를 비추어 보아[思]

자기 삶을 수정함으로써[修]

정토淨土에 이르는 길입니다.

중앙전법원 | 전화 031)966-3581~2
(10523) 경기도 고양시 덕양구 무원로 6 무원빌딩 8층 (행신동 709-1)
　　　　대중법회 매주 일요일 오전 10시 30분
　　　　경전학당 매주 화요일 오전반 10시 30분
　　　　　　　　　　　　　저녁반　7시 30분

대전전법원 | 전화 042)485-8111
(34837) 대전광역시 중구 중앙로 137번길 43(중구 선화동 21-1)
　　　　대중법회 매주 일요일 오전 10시 30분
　　　　경전학당 매주 금요일 저녁 7시 30분

정진원 · 정토사 | 전화 061)381-0108
(57351) 전라남도 담양군 담양읍 깊은실길 112 (학동2리 492-1)
　　　　참생명 법회 매월 1, 3째주 일요일 오전 10시 30분
　　　　전수염불 매월 4째주 토요일 오후 2시

문사수법회 www.munsasu.org

금강경 법문

2016년 4월 08일 초판 1쇄 발행
2025년 1월 10일 초판 2쇄 발행

법문한 탑	
엮은이	여 여
발행인	김태영
발행처	문사수
편집인	범 열
디자인	도서출판 배종음

등 록 1997년 4월 2일 제30호
     경기도 고양시 덕양구 무원로 6 무원빌딩 8층
     전화 (031)966-3581
     전송 (031)966-3584
     메일 webmaster@munsasu.org

값 23,000원

ISBN 978-89-87914-08-4 03220